上海图书馆中国文化名人手稿馆 编

From Inspiration to Masterpiece:
Manuscript Collection of Shanghai Library

# 妙笔生辉

## 上海图书馆藏名家手稿

上海人民出版社

# 妙笔生辉：上海图书馆藏名家手稿
# From Inspiration to Masterpiece:
## Manuscript Collection of Shanghai Library

## 编委会

| | | |
|---|---|---|
| 主　编： | 周德明 | 刘明辉 |
| 策　划： | 黄显功 | |
| 撰稿人： | 黄显功 | 刘明辉 |
| | 陈　雷 | 王　宏 |
| | 沈从文 | 计宏伟 |
| | 胡　坚 | |
| 翻　译： | 周　庄 | |
| 文献摄影： | 周文强 | 李　新 |
| | 林　桦 | 王笑旖 |

## Editorial Board

| | | |
|---|---|---|
| Editor-in-chief: | Zhou Deming | Liu Minghui |
| Curator: | Huang Xiangong | |
| Author: | Huang Xiangong | Liu Minghui |
| | Chen Lei | Wang Hong |
| | Shen Congwen | Ji Hongwei |
| | Hu Jian | |
| Translator: | Zhou Zhuang | |
| Photographer: | Zhou Wenqiang | Li Xin |
| | Lin Hua | Wang Xiaoyi |

# 序

  上海图书馆历来重视特色文献的收集，古籍善本、方志家谱、朱卷尺牍、碑帖拓片、私人档案、名家手稿……品种丰富，数量巨大，向来为海内外学者和广大读者查阅、研究所倚重。如此特藏，于图书馆而言至关重要，是服务之源、立馆之本，是保持先进性的前提和展示核心竞争力的关键。

  特藏建设必须要盯住目标并一以贯之地坚持操作，才能有所成就。以中国文化名人手稿而言，自20世纪50年代始，在国内专家学者、文化人士及其家属的热忱支持下，上图几代员工不懈地履行文献收集和典藏职责，使包括巴金、茅盾、夏衍、老舍、冰心在内的著名文化先贤以及中国文化史上一大批现当代名家名作的手稿先后入藏。近数年，手稿馆不断拓宽收藏范围，加强了对翻译家、科学家、作曲家、画家和医学名家等手稿的征集、整理工作，截至2019年8月，手稿著录数量已达89527件。其中，主要有创作手稿、译稿、信函、日记、笔记、设计原稿、乐谱草稿，还有与此相关的名人口述历史、视频资料、证件、书画篆刻作品等。手稿馆适时通过展览、研讨会、出版发行等方式揭示馆藏，使手稿在促进文化传播、学术交流和科学研究中，起到了不可替代的作用，也是本馆称著业界、获得口碑的重要原因。记得复旦大学章培恒教授在参观上图"馆藏明清名家手稿展"时，惊见明代才子祝枝山《艳体诗册》手稿，旋即将此新发现增补进其主编的《中国文学史》，即为范例。

  手稿是一种具有特殊地位的文本形态。从文本学角度言，手迹与手稿应有所区分，前者是所有书写形式的产物，而手稿则是作者创作行为的结果，是指作者以文字、符号等亲自书写的稿本，是各类原创作品的记录载体，包括作者将其正式印刷（或复制）发布前的各种文本，如初稿、修正稿、校改稿等。正是基于手稿的这种特性，它被学者认为具有揭示创作过程、富含校勘功用和反映创作技巧等独到价值。

手稿能体现作者创作的心路历程，稿件上的涂抹、修改、增补、删减均表达了作者认知的变化和精益求精、追求完美等心理活动。读者可从手稿中探视、揣摩种种改动的原因甚至隐于字里行间的信息。如夏衍《林家铺子》的剧本手稿，通篇少有改动，几乎一气呵成，那种准备充分、烂熟于胸的气势跃然纸上；而同是他的《懒寻旧梦录》，手稿上则呈现了诸多修改痕迹，那种反复斟酌、力求妥帖表达的心态也给人留下深刻印象。手稿具备校勘价值和反映创作技巧的直接原因是它忠实保留了作者的原始意图和修改痕迹，比较原始的字句和修改后的字句，人们能注意到他思考的留痕。阅读手稿和印刷品是两种不同的体验，前者更具探索性。因为手稿的原生态令读者或可从中感受作者斟字酌句较劲、灵感喷发狂喜的心态，或可发现作品一改再改过程中隐藏的秘密，从而感悟只有手稿才具备的价值，而这是读者在看印刷品时无法发现的。当然，通过校勘还能比较容易地发现排版印刷后成品与手稿的异同，既可评判文字的正误，又能研讨编辑改动作者文稿的水准高下，给文艺评论提供了话题和空间。

近百年来，书写方式、出版环境的嬗变，特别是现代科技对人际交往形式产生的冲击，尤其是电脑的普遍使用令写作、创作发生了一系列改变，手稿的生态已变得面目全非。创作越来越活跃，可手稿总量却越来越少，名人手稿已成为一种稀缺性文献，抢救手稿已到了刻不容缓的时候。上图中国文化名人手稿馆以"立足上海、面向全国、兼顾海外"为征集原则，同时间赛跑，走南闯北，不辞辛劳。更要说明的是，海内外文化名人及其亲属均对此高度赞赏，认定这是一件十分有意义的工作，并予以大力支持。他们置日益上涨的手稿市场价值于不屑，慷慨捐献，化私为公。因此，我们手稿馆所有的藏品几乎全部是无偿获赠而得。

正因为如此，我们深知所负荷的责任，不敢怠慢每一件手稿。收藏手稿，是为了保存文化记忆；保护手稿，是为了文明遗产的传承；利用手稿，是为了展现其独特价值、促进文化传播和发展。本图录便是集中展示中国文化名人手稿馆馆藏部分现当代名人手稿的又一次尝试，全书共介绍手稿200余件，主要有三个特点：其一是种类广，有文史类创作稿、科技作品原稿、译文稿、其他各种类型书稿、乐谱、讲稿、画稿、日记、笔记、信函、题词等，尽可能展现广义手稿的品种和风貌。其二是数量多，本馆曾数次以图录方式介绍馆藏名人手稿，如2011年出版的《上海图书馆藏中国文化名人手稿》，但一册汇集200余件并择要注解尚属首次，初衷是想更多地从创作者角度揭示馆藏的丰富性。其三是当代性，以往各种手稿呈现虽方式有异，但多是已故名人手稿，而本书一反常态，较多展示了当世作者的作品，此举试图探索读者和作者的更多对话途径，有利于手稿的充分利用。其四是延伸性，在出版社的帮助下，我们首次尝试利用现代科技对图录中的60多件手稿以语音等方式作进一步说明，或请作者朗诵其作品，让读者感受其自我演绎；或播放作曲手稿的音乐，深度体会其韵律；或由征集者介绍手稿背后的故事，补充描述一些书中的未尽事宜。上述信息均凝聚于一个个二维码之中，读者扫码后即可取得"额外"收获，使听书和读书相结合。必须一提的是，尽管设想让更多的作者及其手稿得到和读者、研究者交流的机会，但这类亮相同巨量的馆藏相比，总是极少数，且限于能力和篇幅，难免挂一漏万。好在我们绝不会停止于一两次的手稿揭示，而会不断加大力度，做好宣传工作。即将建成的上海图书馆东馆手稿室会以更大的空间、更现代的展现方式使更多的馆藏和读者见面，以弥补图录、展览容量不足造成的遗憾。

把手稿列入图书馆特藏并予以珍藏是我们的历史职责，按照图书馆学著录规则进行系统整理，有计划地揭示、研究、出版是手稿馆的日常作业；通过各种方式宣传、开发，促进手稿的利用是我们所有工作的目的。我相信，尽力做好手稿的收藏与利用一定是对文化名人及其奉献的最好纪念和感谢，也是图书馆人坚守"传承文明，服务社会"初心的用心实践。

上海图书馆副馆长
中国文化名人手稿馆馆长
周德明
2019年9月15日

# 前　言

　　手稿是人们有意识地主要运用笔、墨、纸书写的一种文本形式。通过此类工具、介质和载体完成的书写行为长期主导了人类的文字、符号、图画及其思想的表达方式，具有悠久的历史。不同的人，不同的书写工具和载体所产生的笔迹各具风采，是人类文明创造过程的记录形式之一。图书馆作为人类文明智慧成果的保存中心之一，手稿是重要的文献收藏对象。上海图书馆具有手稿收藏的传统，不仅手稿类型多样，而且数量众多，已形成富有特色的文献资源体系。本书是中国文化名人手稿馆编纂的第二部馆藏现当代名家手稿图录，重点对2000年以来入藏的各类手稿择要揭示。

## 一

　　在2011年出版的《上海图书馆藏中国文化名人手稿》一书中，我们对上海图书馆的手稿收藏历史与中国文化名人手稿馆的沿革，以及对前一阶段的手稿收藏特点，结合图录中所收文献作了简要的叙述。同时从文献学角度对手稿的文本形式与特征进行了阐述。在此略作补充。特色文献资源建设是一个长期积累，不懈坚持的过程。近十余年来，本馆手稿征集与收藏与时俱进，成果显著，其特点如下。

　　1.建立了手稿征集工作管理规范。近几十年来，手稿已成为公私藏家争相收藏的稀缺文献，中国文化名人手稿馆面对手稿资源日益显现的竞争局面，及时调整和制定了一系列工作原则与规范，不断增强自身的工作能力。我们以"立足上海、面向全国、兼顾海外"为征集方针，制定了手稿捐赠的荣誉鼓励机制，设计制作了青铜雕塑"妙笔"手稿贡献奖，颁发给重要的手稿捐赠者以资纪念。在2012年上海图书馆成立六十周年之际，我们隆重地举行了颁奖活动，首次向历史上60位重要的手稿捐赠者颁发了此奖。

2.拓展了手稿征集的类型与范围。在以往的征集基础上，开拓了乐谱、画稿和科学家手稿的征集，在馆藏手稿结构上得到了补充和完善，收藏了一批名家名作。此外，从2009年持续至今的版画与藏书票收藏，不仅丰富了馆藏书画专藏，而且形成了"上海图书馆版画日"系列活动品牌，成为我国首个开展版画公益性收藏的公共图书馆。还有来自境外的手稿捐赠也呈可喜的增长势头。

3.手稿入藏呈现量多、完整的景象。近年来的入藏手稿不仅总量多，而且个人的捐赠数量也有突出的表现。如数量最多者叶永烈，每次均是以十箱的规模与我们交接，科学家吴建屏、出版家丁景唐的手稿等相关文献的入藏量均超过二十箱。周有光、姜椿芳等人的捐赠量超过千件，而过百件者比比皆是。同时，文稿、译稿、论著稿的完整著作稿入藏量明显增长，其中不乏作者的代表作和获奖作品。

4.本馆手稿征集工作获得良好的社会效应。在名家手稿日益市场化的社会环境下，本馆的公益性手稿收藏取得了手稿作者与后人，以及文化界人士的认同，纷纷以不同形式支持本馆的手稿征集工作，形成了良性互动的局面。通过自身的不断努力，赢得了捐赠者的信任。上海的多家媒体对此作了报道和宣传，有力地促进了本馆的手稿征集工作，连续获得了一系列重要的捐赠。同时，上海图书馆的手稿征集工作经验发挥了溢出效应，指导和影响了其它图书馆的手稿收藏。

二

图书馆的基本职责在于文献的保存与服务，而一馆文献收藏特色的形成，既承之传统，也勤于现实。上海图书馆的手稿收藏在继承传统中不断进取、踵事增华，名家手稿的征集成果蔚为可观。其收获的原因有以下四个方面。

1.来自于服务的反馈。上海图书馆以独特的平台和丰富的资源成为上海重要的文化中心，在"三个面向"的服务过程中取得了良好的社会效益。手稿征集也得益于图书馆的发展效应，收获了一批重要的手稿。众所周知，三毛漫画形象是上海城市文化标志之一，具有广泛的社会影响力，但三毛漫画形象诞生于何时？张乐平在20世纪三四十年代创作了多少漫画？在本馆所藏历史文献的服务中找到了答案。在《三毛流浪记》创作五十周年、六十周年，三毛漫画形象诞生七十周年、八十周年，张乐平诞辰一百周年之际，上海图书馆均为其举行了纪念活动。因此，张乐平后人两次向本馆捐赠了他的画稿和手稿。中国《文心雕龙》研究会副会长林其锬在上海社会科学院供职时，业余研究《文心雕龙》和《刘子》。在上海图书馆查阅古籍时，得到了素不相识的顾廷龙的关注，主动向他提供了馆藏宋本《刘子》，令其铭感在心。2013年，当《增订文心雕龙集校合编》、《刘子集校合编》三卷出版后，作者将两百多万字的手稿捐赠本馆以示敬谢当年上图的周到服务。

2.来自于友谊的结晶。社会资源的流动，其要素在于人。历史上文献的递藏与转移，在买卖等形式之外，无偿馈赠多缘于友情。本馆前身之一的合众图书馆在八十年前创办之后，其馆藏主要得之各界友人的捐赠。前辈广结善缘，多交文友的遗风深深影响了后进同仁。我们在此编结友谊纽带的过程中，得到了无数次令人感动的友情馈赠，续写了一篇篇文坛佳话。如中国社会科学院文学研究所的刘福春研究员多次向我们推荐在北京的文化名人，翻译家、诗人屠岸即为其中之一，相熟之后，屠岸向我们推荐了表兄著名学者周有光，这两位名家均向本馆捐赠了大量文献。还有一位令我们怀念的已故友人施宜圆，他是《文汇报·学林》原主编，他将好友中央党校的吴江，中共中央文献研究室的金冲及推荐给我们，经联系后使本馆入藏了《十年的路》和《二十世纪中国史纲》等手稿。此外，还有上海文艺出版社的修晓林、上海人民出版社的王为松，复旦大学的陈麦青、贺琦，新民晚报的戴逸如，上海作家协会的周立民，还有黄曙辉等朋友们都曾为上海图书馆的手稿收藏伸出友谊之手，给予了积极支持。对此，我们铭感在心，由衷致谢。

我们尊敬的翻译家草婴自1994年向本馆捐赠了译稿之后，与我们保持了长久的友谊交往，多次到馆为读者签名，我们请版画家为他制作了两种藏书票。2009年，中国现代百科全书事业的奠基人姜椿芳之子来沪与草婴相见时，他通知手稿馆派人到他寓所与之会面。为促成姜椿芳手稿入藏上海图书馆尽心出力。

3. 来自于信任的托付。上海图书馆作为国内重要的大型公共图书馆，具有广泛的社会影响力。1996年新馆开放后，设立了中国文化名人手稿馆陈列室，馆所合一的业务创新与良好的服务氛围，吸引了社会各界的高度关注，为手稿征集创造了有利条件，各方文化名人的手稿纷至而来。特别是一些名家后人到馆实地考察之后，对上海图书馆的设施、技术、管理、服务和人员给予了充分的信任，把家中珍藏的手稿捐于本馆。如诗人任钧子女将父亲的诗稿等文献全都托付给了上海图书馆收藏。文化将军陈沂的子女基于对上海图书馆的信任，把十分珍贵的一百多本日记交予本馆收藏，双方商定五十年后再公开。还有民国时期的著名政治家、书法家、军事家谭延闿的全部日记秘藏台湾七十余年，由后人郑重地转交到本馆保存。凡此种种事例，不胜枚举。令我们感动的是捐赠者对上海图书馆的信任具有持续性，出现了父子、父女接力捐赠的情景。如黄苗子去世后，其子黄大刚送来父亲珍藏的周作人手书诗稿册页，以实现黄苗子生前捐藏的承诺。作曲家朱践耳逝世后，他的夫人和女儿又多次将整理后的朱践耳手稿交给了上海图书馆。所以，面对文化名人和子女对上海图书馆的信任，当我们每一次从捐赠者手中接过手稿时，我们都深感这份托付的分量。这是他们心爱的"儿女"，我们将尽全力呵护。

4. 来自于馆员的使命。上海图书馆的手稿收藏是一项馆藏资源建设，抢救文化遗产的传薪接力长跑，每一代人均付出了艰辛的努力。近十余年来，书写工具的转变使手稿的存世环境发生了剧烈转变，手稿已呈日益稀缺的趋势。但新一代的图书馆人秉持"积沉文化，致力于卓越的知识服务"的组织文化理念，以更主动的工作热情，更行之有效的工作方法，更真诚的交友联谊态度，不惜花费大量业余时间，积极征集名家手稿。除中国文化名人手稿馆的专职人员之外，上海图书馆的其他同仁也群策群力，努力为本馆争取名家的手稿，如扬之水所藏书信、余振的译稿等是由同事梁颖推荐而入藏。还有因本馆专业人员的研究成果吸引了手稿收藏者而促成的捐赠，如历史文献中心研究馆员胡坚在元史研究中，以清末民初时期的著

名学者屠寄为对象，在撰著《屠寄评传》的过程中，与屠氏后人相识，著作出版后，深受海内外屠氏后人的好评，于是为本馆争取到了史学名著《蒙兀儿史记》手稿。丁聪之子丁小一在评估了手稿征集人员的研究成果和能力之后，捐出了父亲为老舍《二马》所作的全套插图画稿。

## 三

以手稿为对象的研究，因目标不同，其研究的视角、方法和结果往往并不一致。而且在历史上，人们对手稿的认识也有不同的理解，至今并未统一。所以，以手稿为对象的一系列概念和定义，不论古今还是中外，尚未建立公认的手稿文献术语系统，学者们倡导的"手稿学"尚处于建构之中，需要学术界的共同努力。

现代手稿的研究源于文学作品的手稿收藏与创作过程的分析。西方历史上的文学手稿是18世纪初开始保存的，手稿被视为个人创作的记载，"通过手稿，人们开始感觉到手稿的真正关键所在是作家这个人，他的写作、方法及个性。"（德比亚齐：《文本发生学》，汪秀华译，天津人民出版社，第4页）随着大作家维克多·雨果在遗嘱中明确将其所有手稿捐赠巴黎的国家图书馆后，该馆为此成立了现代手稿部门，从此，作家手稿成为一种文化遗产被作家和家属捐赠给各机构收藏，于是现代手稿成为人们的收藏和研究对象而深受重视，19世纪末以来，手稿的文本研究特别在文学作品的起源方面取得了一系列成果。据德比亚齐介绍，法国在20世纪70年代还成立了专门的研究机构——法国国家科学研究中心（CNRS）的手稿分析中心（CAM）。之后，法国国家图书馆参与其中，改名组建的文本和现代手稿研究所（ITEM）有一百多位研究人员负责研究19世纪和20世纪的文学作品。

我国的现代手稿研究主要也是以文学范围为主，研究作家的文稿、诗稿和日记、书信、读书笔记、写作素材的记录，关注作家手稿的价值主要在于根据手稿来校书的校勘价值，通过手稿探索作者创作的心路历程，还可以从手稿中揣摩作家的写作技巧。（陈子善：《签名本和手稿：尚待发掘的宝库》，收入《边缘识小》，上海书店出版社，2009年1月）这种文学研究的取向可谓中外皆然。

上海图书馆的手稿收藏虽然具有文学作品较多的特点，但总体上类别多样，内容丰富，为手稿研究提供了丰富的文本素材，从文献学到文本的专业内容都有其特点。通过近十余年馆藏手稿文献的征集工作，我们对手稿收藏与研究有如下思考。

1.我们对于手稿收藏价值的认识需进一步加强。西方18世纪末以来"知识产权"观念形成后，作者对作品出版后的手稿具有主动保存的意识，形成了手稿作为遗产之一由继承者捐赠图书馆等机构收藏的传统。西方重要图书馆常设立手稿部从事手稿的收藏与研究，历年积累了大量手稿。我国的手稿收藏除传统的古籍稿本与尺牍外，只有少数图书馆将现当代手稿纳入馆藏资源建设范围，重视程度低于西方。就作家而言，重出版轻手稿，作品发表后手稿随之遗弃的情况较普遍，以致近百年间的手稿收藏呈现严重缺失的状况。所以，作者将手稿保存于国家公藏机构的意识也亟需宣传和提高。上海图书馆的手稿收藏实践让许多捐赠者认识到公私合作，才能藏之名山，传于百世。在书写变革的时代，我们需更新观念，倡导社会各界共同担负起保护文化遗产的社会责任。

2.我们对手稿收藏工作的力度需要进一步加强。重视手稿在行动上要体现在两个方面，一是重视收藏和保护；二是重视研究和刊布。我们曾经表达过这样的心愿：我们怀念手稿，就是为了寻找思想的轨迹，一段曾经书写的纸上岁月；我们收藏手稿，正是为了保存文化的记忆，一片正在消逝的文坛风景；我们保护手稿，就是为了抢救文明的遗产，一场不容懈怠的传薪竞赛；我们研究手稿，正是为了揭示智慧的创造，一个逐渐隐匿的文字背影。在此，我们十分缅怀顾廷龙老馆长开创的手稿收藏事业，八十年前合众图书馆成立之始即注重各类手稿的蒐集，历经不同时期的积累，奠定了上海图书馆的手稿馆藏基业。在他逝世后，其哲嗣顾诵芬多次将顾廷龙各种手稿捐赠本馆，本图录特别在多个类别中选刊了顾先生手稿，以示我们由衷的尊崇。顾先生的"片纸只字都是宝"的收藏观，令我们懂得只有不弃涓流才能汇成汪洋的哲理。所以，不论是一页诗稿，还是一箱文稿，我们接受捐赠时都奉如至宝。在加强名家手稿专藏的系统性，注重名家作品手稿的代表性，完善名家手稿类型的结构性方面，我们还将继续努力征集。

3.我们对手稿研究工作的深度需要进一步加强。目前对我国影响最大的手稿研究方法与理

论是法国皮埃尔—马克·德比亚齐的《文本发生学》。此书2005年由天津人民出版社出版了中译本后，成为研究者的重要参考书。2014年，我们在上海图书馆曾与德比亚齐交流讨论了手稿收藏与研究的相关问题，了解到西方从19世纪末以来，手稿研究曾运用发生校勘学、结构主义、符号学等理论与方法。20世纪中期之后，文本发生理论对手稿研究发挥了重要的指导作用，完成了一批作家手稿的分析研究，经历了从实验到实证的过程。同时，他提出一个值得思考的观点，即在计算机代替手写的新时代，手稿定义的外延已不局限于书写在纸上的文稿，以敲键盘的方式书写在硬盘上的信息也是一种新载体的手稿，任何修改均会在硬盘上留下痕迹。因此，德比亚齐建议手稿收藏机构应征集作家的计算机硬盘。因此，手稿研究面临着一系列新的挑战，手稿的文本分析已从理论延伸到信息技术。因此，加强学习，不断探索，努力实践现代手稿研究理论与方法，提高研究能力已成为我们的新目标。本馆近年在手稿征集的同时，加强了对馆藏手稿的研究，在未刊稿的整理、研究与出版上取得了初步的成果，我们将为此而继续努力。

# 四

本书是一部反映近年手稿征集成果的馆藏选刊图录。由于篇幅所限，未能一一介绍各件捐赠手稿，敬请捐赠者见谅，在此，我们向所有的手稿捐赠者和推荐人表示诚挚的感谢。本图录按下列凡例编纂。

本书所收录的文献以2000年之后入藏的为主，兼收少量早期藏品。

本书按手稿的内容与形式分为十个类别，即文稿、诗稿、译稿、论著、书信、日记·笔记、剧本·题词、科学家文稿、乐谱、画稿。全书按类排序，每类标题特邀篆刻家刻印，并请书中的手稿作者题字（集字）。

各类所收录的文献按作者生年为序排列（个别因版面设计之需，先后略有调整），附人物简介，并对该作者的手稿入藏情况稍作介绍。若收录文献有多类者，只在首次出现的类别中刊登人物简介。

各件文献标注尺寸、页数、捐赠时间、捐赠者信息。部分有特征的纸张略作说明。少量手稿附相关文献和作品以作补充和参见。本书采用二维码技术延伸阅读。

本图录由本馆同仁合作完成。按撰写的文字与文献数量排序。

## 结束语

手写时代的风景并未完全消逝，我们依然与之同行。沿波讨源，文字书写的长河虽波涛起伏，后浪掩前浪，但瞻前顾后，涟漪仍然斑斓。我们收藏手稿，从手迹的视觉性中体会书写的精神价值，寻觅思与文字的时序逻辑。但手稿的价值在于它的创作行为，而非书写行为，核心在人，在内容。我们收藏手稿不是追求文本的形式，而是保存智慧成果创造过程的记录。

黄显功

2019年10月21日

# 目 录
## CONTENTS

## 诗稿 笔裁锦字
### Manuscripts of Poems

## 译稿 文津激艳
### Manuscripts of Translations

## 论著 砚田墨稼
MANUSCRIPTS OF SCHOLARLY WRITING

**书信** 雁字瑶章

*Correspondence*

## 日记·笔记 信今传后

### Diaries·Notes

## 画稿 丹青底色

Sketches of Paintings and Designs

## 题字篆刻作者

落纸惊风

书法题字 / 赵丽宏

篆刻者 / 李文骏

雁字瑶章

书法题字 / 吴钧陶

篆刻者 / 张遴骏

纸上余音

书法题字 / 陈钢

篆刻者 / 谭飚

笔裁锦字

书法题字 / 欧阳江河

篆刻者 / 李文骏

信今传后

书法题字 / 顾廷龙（集字）

篆刻者 / 张遴骏

丹青底色

书法题字 / 戴逸如

篆刻者 / 谭飚

文津潋滟

书法题字 / 周克希

篆刻者 / 刘葆国

摘藻流芳

书法题字 / 杨扬

篆刻者 / 周建国

砚田墨稼

书法题字 / 郑重

篆刻者 / 刘葆国

格物致知

书法题字 / 杨秉辉

篆刻者 / 周建国

# 文　稿

　　文稿从广义上来说，指的是各种写作而成的作品手稿。文稿可以长短不一，或是单篇文章，或是长篇书稿。本书的文稿范围取其狭义的以文学作品为主的手稿类型，体裁有小说、散文、纪实文学等。

　　在我国尊崇作家的社会氛围中，人们试图通过写作成为作家，在较长的时期内曾是许多人的理想。曾几何时，全国各地的文学报刊构建了我国数量最为庞大的报刊群落，各级作家协会和文学团体遍及各地，这一具有广泛社会影响力的文化生态景象可谓举世无双。因此，文稿类的手稿具有写作人数广、产出数量多的特点，既是最爱关注的手稿类型，也是手稿收藏的主要对象，国内有多个机构开展此类文稿的收藏。

　　上海图书馆在建立之初，陆续接收了政府部门移交的包括手稿在内的各种文献，同时也先后得到了社会各界的捐赠，其中有许多现代名家的文稿。1992年，本馆中国文化名人手稿室成立之前重要的文学作品手稿有巴金捐赠的中篇小说《第四病室》（185页）和《团圆》（66页）的手稿。之后巴金又捐赠了《随想录》第一集的手稿。此外还有茅盾的长篇小说《走上岗位》（225页）、夏衍的《懒寻旧梦录》等一批文稿。21世纪初，本馆还开展了上海中青年作家手稿征集活动，入藏了一批以小说为主的作品文稿。在北上南下，自东向西的手稿征集过程中，来自全国各地的文稿收藏日益丰富，社会影响不断扩大，逐步受到了国内文学界的关注。

　　近十余年来，本馆积极加强与作家的友好合作，文稿征集取得了一系列重要的收获，在数量与质量上均有明显的提升。其主要特点为：

　　一、名家文稿捐赠数量大。如上海著名作家叶永烈将几十年创作积累的众多文稿分批捐赠于本馆，其中有一大批广受读者喜爱的科幻文学、历史纪实、人物传记等作品的手稿，如"红色三部曲"、《"四

人帮"兴亡》等。

二、完整的作品文稿入藏增多。近年来，在往年散篇居多的基础上，完整的长篇小说稿、中篇小说稿与文集稿入藏不断增多。这一势头在译稿、论著稿的入藏中也时常出现。

三、文学代表作文稿收获渐丰。除上述叶永烈的作品外，中国当代文学史上"知青文学"先驱作家竹林的长篇小说《女巫》《呜咽的澜沧江》《苦楝树》的文稿被本馆征集成功。云南作家张昆华以创作少数民族题材的长篇小说闻名，其作品《魔鬼的峡谷》是中国第一部反映傈僳族的长篇小说，曾入围首届茅盾文学奖，《不愿纹面的女人》是中国第一部表现独龙族的长篇小说，还有获奖散文《冰心的木香花》等。这些文稿均由本馆收藏。

四、创作素材稿渐成规模。手稿的收藏不仅限于作品本身，还包括创作前期书写的文本，如构思笔记、提纲、采访记录、文献摘录、通信与录音材料等。这是文本生成过程中的重要素材，揭示了作品完成的过程与依据，因此，我们十分重视这类材料的搜集。本馆最系统的收藏来自叶永烈捐赠的大量采访笔记和录音磁带，还有丁景唐后人捐赠的多箱资料。正如歌德所说："倘若你想完全领悟伟大的杰作，你不仅要看到过它们的成品，而且必须了解到它们形成的过程。"（茨威格《昨日的世界：一个欧洲人的回忆》，三联书店1991年版，第179页）文稿与各种创作素材正是我们观察的主要对象。

文学作品是读者阅读最广的文本，其手稿也是关注度最高的类别，是手稿研究的主要对象。以馆藏文稿为基础的宣传、展览与研究，已成为上海图书馆特色文献资源建设与服务的重要内容，为研究中国文学史积累了丰富的原始文献。本书遴选部分馆藏文稿，供读者管窥一斑。

# 陈源

陈源（1896—1970），一名陈沅，字通伯，笔名西滢。早年就读于上海南洋公学附属小学、中学，1913 年得吴稚晖之助前往英国留学，修毕中学课程，先后入爱丁堡大学、伦敦大学，习政治经济学，获博士学位。1922 年回国，任北京大学、武汉大学教授，与王世杰等创办《现代评论》杂志。20 世纪 40 年代起，历任国民参政会参政员、国民政府常驻联合国教科文组织代表等职。1970 年在伦敦去世。著有《西滢闲话》《西滢后话》等。

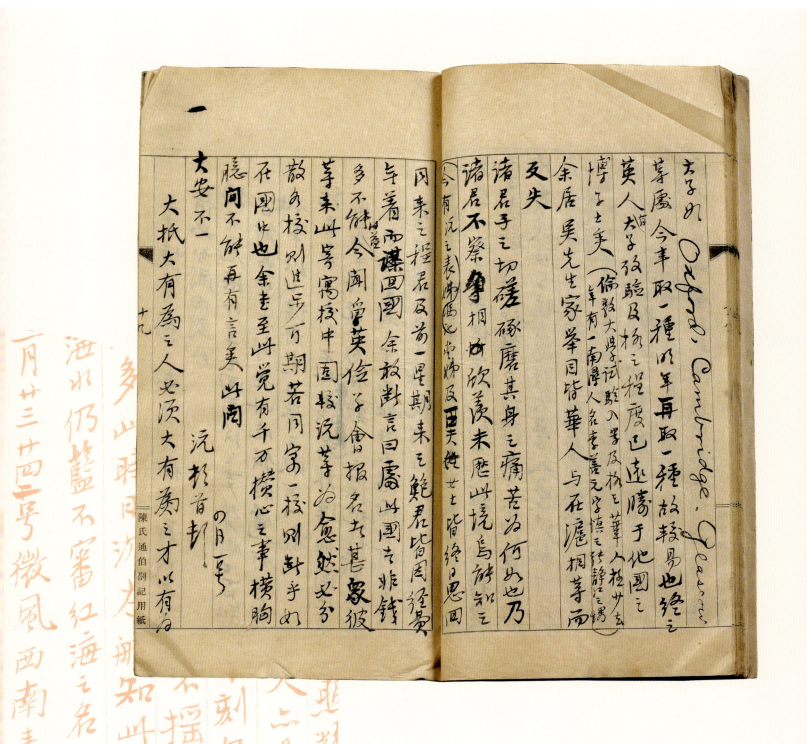

赴英行程记

　　此稿写于铅印黑格线装簿上，半叶九行，版心印"陈氏通伯劄记用纸"，每叶墨书叶码，凡十九叶，未见题名，文中自署"沅"。全篇记事自民国二年（1913）正月十四日至三月十三日，以致同学长信形式，逐日记述赴英旅途见闻，兼及英国风土人情、留学注意事项等等。近人论著多称陈氏赴英留学在1912年，据此稿可以纠正。此篇虽为少作，然文笔已颇工丽，记事写景，俱有可观，并可见一战前亚欧各地风情之一斑。此文未刊。

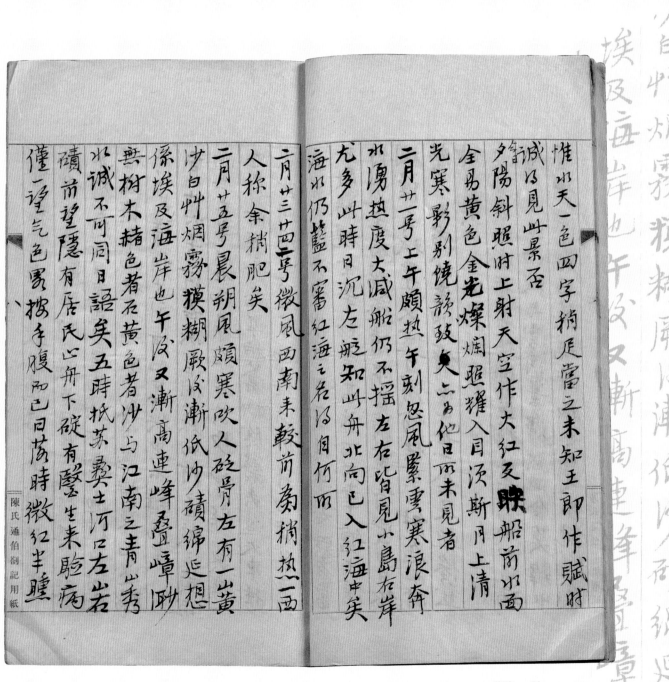

此稿 19 页，23.5×12.5cm

（沈从文）

# 萧军

萧军（1907—1988），原名刘鸿霖，出生于辽宁，毕业于东北陆军讲武堂。1930年代初在哈尔滨与女作家萧红出版第一部作品合集《跋涉》，二萧被称为东北作家群的代表人物。1935年在鲁迅的帮助下于上海出版小说代表作《八月的乡村》，被誉为抗日文学的一面旗帜，并参加左翼文学活动。1930年代末到达延安从事文学编辑工作，1945年回归故里，担任东北大学鲁迅文学艺术学院院长，创办《文化报》和鲁迅艺术出版社。1948年受到错误批判，后迁移北京从事戏曲及考古工作。1980年，获得平反，被喻为文坛出土文物。主要作品有《第三代》《吴越春秋史话》《延安日记》等。

## 《晚晴集》前言

作家李克异（1919-1979）青年时代参加中共地下党活动，以"袁犀"为笔名创作了大量爱国主义题材作品，在抗美援朝时期曾作为《人民铁道报》特派记者，深入前线采访，撰写了多篇战地通讯。与萧军友情甚笃，曾在其主编《文化报》上供稿支持。代表作长篇小说《历史的回声》，散文集《晚晴集》，萧军均给予了高度评价，并为后者撰写了前言。此文作于1982年7月4日。

此稿6页，26.3×31.9cm
2019年萧军长孙萧大忠捐赠

# 陈沂

陈沂（1912—2002），作家、文艺理论家，被誉为"文化将军"。1929年在上海参加革命，曾任北平左翼作家联盟候补执行委员，北平学生联合会执行委员，北方文化总同盟党团书记，河北省反帝大同盟党团书记。1931年加入中国共产党。1937年底进入太行抗日根据地，任八路军115师宣传部长，山东《大众日报》社长。解放战争期间，先后参与辽沈、平津、衡宝和海南岛战役后勤保障的领导工作。中华人民共和国成立后，任解放军总政治部文化部部长，中共上海市委副书记兼宣传部部长，1955年被授予中国人民解放军少将军衔、二级独立自由勋章、一级解放勋章。代表作有《白山黑水》《我们从朝鲜回来》《在国际主义大家庭中》《辽沈战役三部曲》等。

白山黑水

2014年，陈沂家属向上海图书馆集中捐赠了陈沂手稿1600余件，涉及十一大类，有小说、日记、笔记、历史原照、证件等。其中包括文学创作手稿485件，代表作《白山黑水》即是其中之一。正文由陈沂秘书吴占一的夫人赵可协助抄录，"写作说明"由陈沂手书。此作品写于20世纪90年代初，于1992年由上海文艺出版社出版。

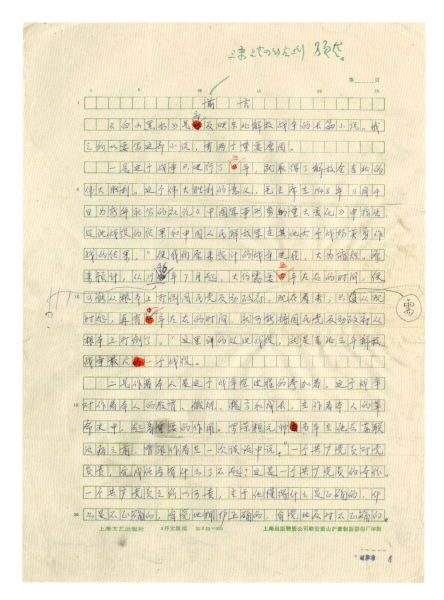

此稿753页，38×26cm
2014年陈沂家属捐赠

《白山黑水》上、下部写作说明。19 页，26.5×21cm
2014 年陈沂家属捐赠

（刘明辉）

## 嵇鸿

嵇鸿（1920—2017），作家。长期执教于上海，1951年开始发表作品。著有长篇小说《毒窟》，科幻小说《失踪的雪狮》《扑朔迷离》，童话《雪孩子》《最珍贵的礼物》《神秘的七色光》《红宝石的心》《珍珠贝姑娘》《中国名家经典童话·嵇鸿专集》等。1987年散文《橘红的光》被选入上海初中语文补充读本，童话《小白兔和小灰兔》被选入上海小学语文课本，《神秘的小坦克》（节选）被选入全国统编小学语文课本。《"没兴趣"游"无算术国"》获全国第二届儿童文学三等奖，《雪孩子》入选《世界金奖童话库》《中国经典童话》，被摄制成动画片，获文化部大奖。《冰雕姑娘》获第二十届陈伯吹儿童文学奖。

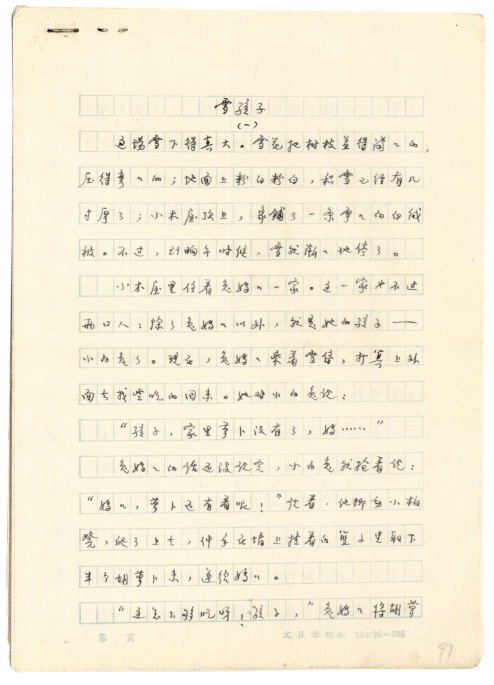

此稿 96 页，26.5×18.3cm
2015 年嵇鸿捐赠

（刘明辉）

### 雪孩子

《雪孩子》是嵇鸿的小说代表作，写于 20 世纪 70 年代。发表后，被转载和编入选本达百余次，被摄制成动画片广泛流传于海内外读者和观众中，成为我国儿童文学的传世之作，作者因此被誉为"雪孩子之父"。这部作品旨在弘扬中华传统美德，向社会传播正能量，尤其在少年儿童中有较大影响。1980年，该动画片由上海美术电影制片厂出品，导演林文肖，编剧嵇鸿，丁建华等配音，获文化部优秀影片奖。

# 屠岸

屠岸（1923—2017），诗人、翻译家。曾任人民文学出版社总编辑，中国诗歌学会副会长、名誉会长。著有多部诗集、文学评论集。1950年翻译出版了中国第一部《莎士比亚十四行诗》中文全译本，译有多部济慈、惠特曼、斯蒂文森作品。出版《屠岸诗文集》（八卷本）和《屠岸译文集》（八卷本）。2010年获中国翻译协会翻译文化终身成就奖，2011年获中国版权产业风云人物奖。《济慈诗选》获第二届鲁迅文学奖文学翻译奖。

扫一扫 更精彩

此稿9页，28.9×20.5cm
2009年屠岸捐赠

## "上帝把我给忘了……"——记周有光102岁

周有光与屠岸系表兄弟。他们的家乡常州有俗语称"一表三千里"，因屠岸工作单位人民文学出版社与周有光家仅一墙之隔，故屠岸称"与有光大哥是'一表五十米'"。本文作于2007年，发表于《文汇报》，后收录于《周有光年谱》。

## 附：屠岸致刘绪源函（2007年1月31日）

此函是为《"上帝把我给忘了……"——记周有光102岁》一文投给《文汇报·笔会》刘绪源所写。屠岸告诉他，周有光是他的表哥，长他17岁。并附了他为表哥祝寿时的照片及表哥赠他著作的封面和扉面题字的复印件。

此函1页，25.8×18.8cm
2012年刘绪源捐赠

**人民文学出版社**
北京朝内大街166号　　电报挂号2192

绪源先生：

您好！

现寄上拙文《上帝把我给忘了……——记周有光102岁》，请审阅。如能在"笔会"加以发表，我会高兴。

周有光是我的表哥，他比我长高17岁，但按辈分论，我们是同辈。

这篇文章投到有光写于今年初的文章《丁亥春节抒怀》，因此，如果你们准备发表的话，最好发表在2月18日（丁亥元旦）前后。

另附上照片一帧，摄于我为有光祝寿之那一天，今年1月6日。照片上右为周有光，左为我，中间是我送给他的祝寿花篮。您看上周有光，102岁老人，那么精神，毫无衰迈之态！再附上他那天赠我的他的著作《语言文字上的辉煌》扉面和扉页题字的复印件为一。供选用。

谢托！祝

新春快乐！

屠岸
2007.1.31.

（刘明辉）

# 辛丰年

辛丰年（1923—2013），原名严格。作家，古典音乐研究者。1945年开始从事文化工作。20世纪80年代开始，为《读书》《音乐爱好者》《万象》等杂志撰写音乐随笔。著有《乐迷闲话》《如是我闻》《处处有音乐》等十余种作品，出版有通信集《书信里的辛丰年》。

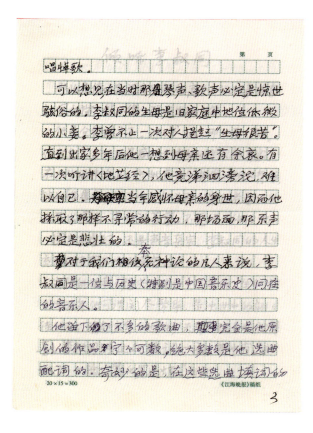

## 倾听李叔同

此文作于2006年，系为《文汇报·笔会》所作，是辛丰年的音乐随笔，文中评论了部分李叔同选曲配词的作品，如1906年发表的《隋堤柳》，歌词取自汉代乐府的《涉江》，脍炙人口的代表作《送别》等，认为李叔同善于中西结合，用"洋酒瓶"装"中国酒"的艺术本领很高。

此稿7页，26.7×19.2cm
2012年刘绪源捐赠

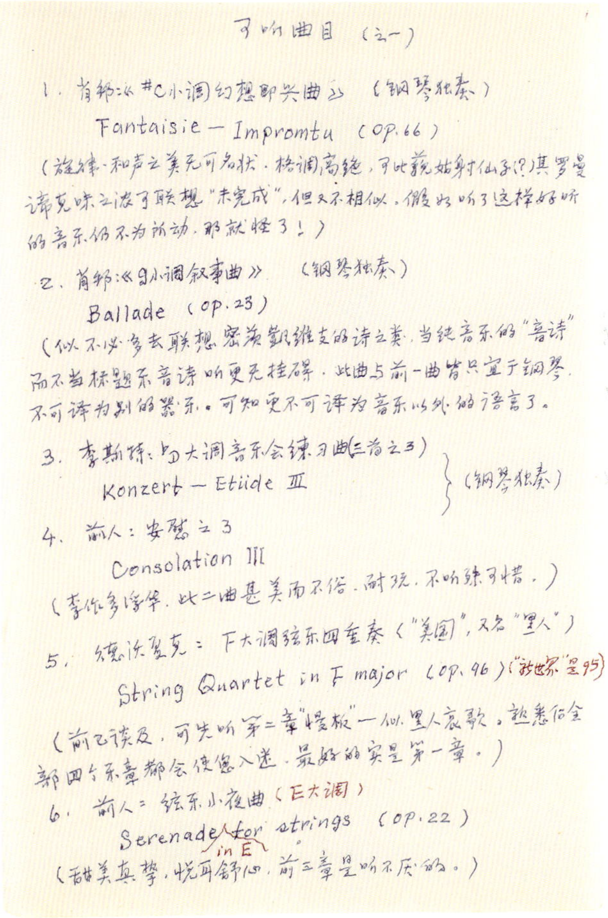

可听曲目（之一）

1. 肖邦：《#C小调幻想即兴曲》（钢琴独奏）
Fantaisie—Impromtu (op.66)
（旋律、和声之美无可名状，格调高绝，可比藐姑射仙子？！其罗曼谛克味之浓可联想"未完成"，但又不相似，假如听了这样好听的音乐仍不为所动，那就怪了！）

2. 肖邦：《g小调叙事曲》（钢琴独奏）
Ballade (op.23)
（似不必多去联想密茨凯维支的诗之类，当纯音乐的"音诗"而不当标题乐音诗听更无挂碍。此曲与前一曲皆只宜于钢琴，不可译为别的器乐。可知更不可译为音乐以外的语言了。）

3. 李斯特：♭D大调音乐会练习曲（三首之3）
Konzert—Etüde III
（钢琴独奏）

4. 前人：安慰之3
Consolation III
（李作多浮华，此二曲甚美而不俗，耐玩，不听练习惜。）

5. 德沃夏克：F大调弦乐四重奏（"美国"，又名"黑人"）
String Quartet in F major (op.96)（"新世界"是95）
（前已谈及，可先听第二章"慢板"——似黑人哀歌。熟悉后全部四个乐章都会使您入迷，最好的实是第一章。）

6. 前人：弦乐小夜曲（E大调）
Serenade in E for strings (op.22)
（甜美真挚，悦耳舒心，前三章是听不厌的。）

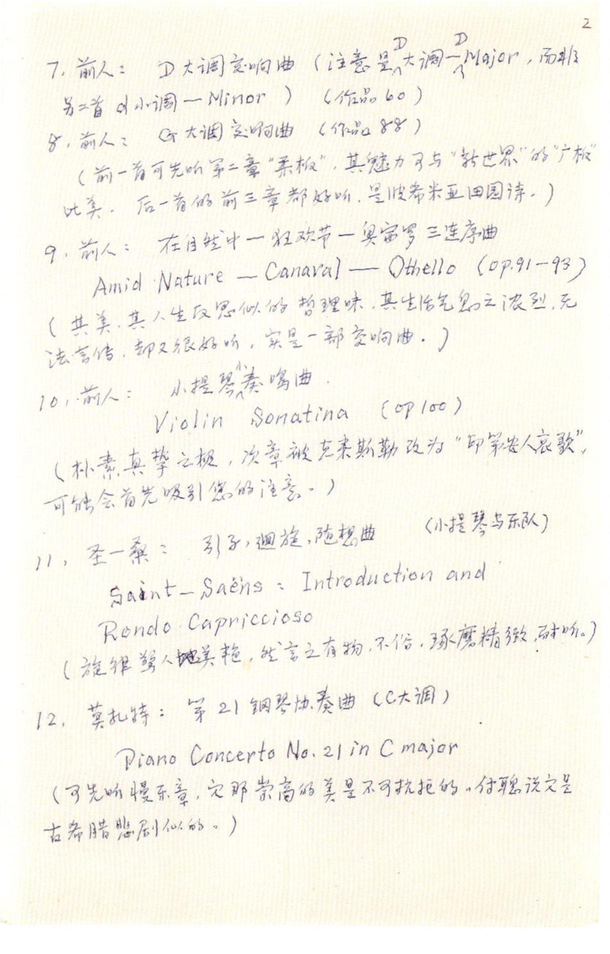

2

7. 前人：D大调交响曲（注意是D大调——D Major，而非第二首d小调——Minor）（作品60）

8. 前人：G大调交响曲（作品88）
（前一首可先听第二章"柔板"，其魅力可与"新世界"的"广板"比美。后一首的前三章都好听，是波希米亚田园诗。）

9. 前人：在自然中—狂欢节—奥赛罗三连序曲
Amid Nature—Canaval—Othello (op.91—93)
（其美，其人生反思似的哲理味，其生活气息之浓烈，无法言传，却又很好听，实是一部交响曲。）

10. 前人：小提琴小奏鸣曲
Violin Sonatina (op100)
（朴素真挚之极，次章被克莱斯勒改为"印第安人哀歌"，可能会首先吸引您的注意。）

11. 圣—桑：引子、回旋、随想曲（小提琴与乐队）
Saint-Saëns: Introduction and Rondo Capriccioso
（旋律跳人之美艳，绝言之有物，不俗，琢磨精致，耐听。）

12. 莫扎特：第21钢琴协奏曲（C大调）
Piano Concerto No.21 in C major
（可先听慢乐章，它那崇高的美是不可抗拒的。傅聪说它是古希腊悲剧似的。）

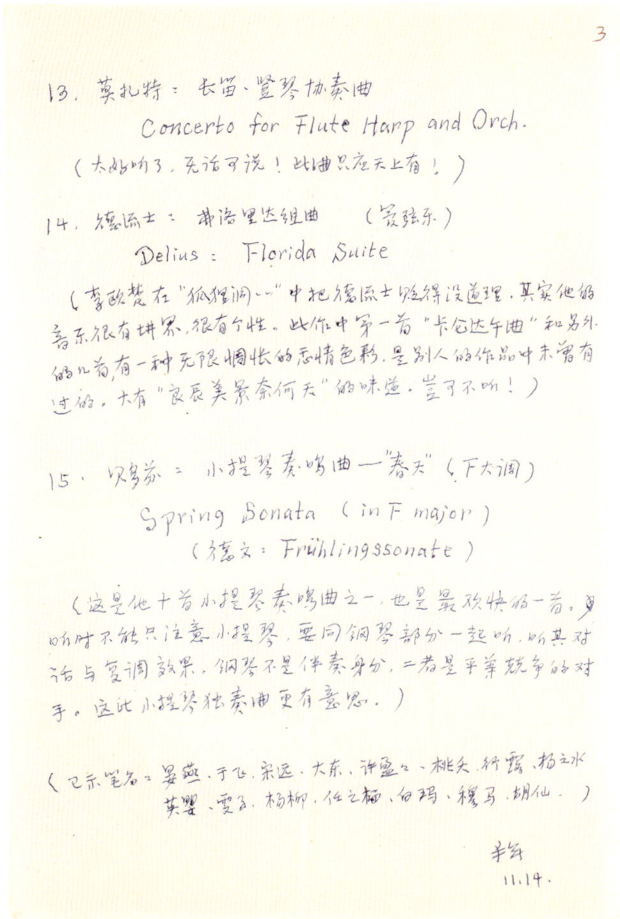

3

13. 莫扎特：长笛、竖琴协奏曲
Concerto for Flute Harp and Orch.
（太好听了，无话可说！此曲只应天上有！）

14. 德流士：弗洛里达组曲（管弦乐）
Delius: Florida Suite
（李欧梵在"狐狸洞……"中把德流士贬得没道理，其实他的音乐很有境界，很有个性。此作中第一首"卡伦达午曲"和另外的几首，有一种无限惆怅的恋情色彩，是别人的作品中未曾有过的。大有"良辰美景奈何天"的味道，岂可不听！）

15. 贝多芬：小提琴奏鸣曲——"春天"（F大调）
Spring Sonata (in F major)
（德文：Frühlingssonate）
（这是他十首小提琴奏鸣曲之一，也是最欢快的一首。听时不能只注意小提琴，要同钢琴部分一起听，听其对话与复调效果。钢琴不是伴奏身分，二者是平等竞争的对手。这比小提琴独奏曲更有意思。）

（已示笔名：晏燕、于飞、宋远、大东、许盈盈、桃夭、行露、杨之水、英婴、雯子、杨柳、任之楣、白玛、穆马、胡仙。）

辛丰
11.14.

## 可听曲目

此为辛丰年写给好友扬之水的一份曲目推荐单，不仅列明了中英文曲名，还加上了自己的评论和说明文字。"辛丰年"这一笔名即得之于"交响乐"的英文，作者最初设计为"辛封泥"，后改为现名，在 1986 年 8 月 10 日《新民晚报》上发表《活电脑——神奇的音乐记忆力》一文时使用，并在 1987 年出版的《乐迷闲话》书中署此名。

此稿 8 页，27 × 17.4cm
2018 年扬之水捐赠

（刘明辉）

# 艾明之

艾明之（1925—2017），原名黄志堃。上海电影制片厂一级编剧。上海市第一、二、三、四、七届政协委员，中国作家协会上海分会副主席，中国电影文学学会副会长。他在小说、电影、话剧创作方面取得卓越成就。著有长篇小说《雾城秋》《狼窟》《不疲倦的斗争》《浮沉》《火种》《燃烧吧，上海》等；话剧剧本《幸福》；电影文学剧本《伟大的起点》《护士日记》《幸福》等 20 部。电影文学剧本《伟大的起点》获 1954 年文化部剧本奖。2012 年，获中国电影文学学会和《中国作家》杂志社终身成就奖。

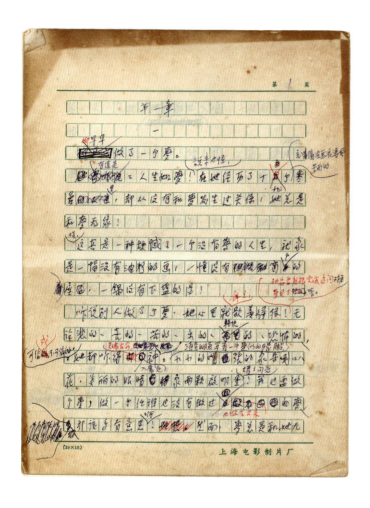

此为《火种》部分手稿，共 6 页，1952—1962 年创作，26.5×18.9cm
2017 年艾明之女儿黄晓蓓捐赠

## 火种

自 20 世纪 40 年代以来，艾明之先后出版作品二十余部，其中拍摄成电影的有十余部，部分作品曾在德、俄、日等国翻译发表。50 年代初期发表的长篇小说《浮沉》，深受读者喜爱。先后再版十余次，发行逾百万册。由该小说改编的电影《护士日记》，受到观众的热烈欢迎。其中插曲《小燕子》风行一时，传唱至今。同一时期发表了四幕七场喜剧《幸福》，北京青年艺术剧院连演一百多场，全国各省市剧团竞相演出。此为长篇小说"火焰三部曲"第一部《火种》，是艾明之创作生涯的又一个高点，作品描写了 1918—1927 年这一中国社会形势急剧变化的历史时期上海工人的斗争生活，叙述了工人的苦难生活。茅盾曾在《收获》上发表长文评析，并呼吁各方面支持作者完成这一大胆创作计划。

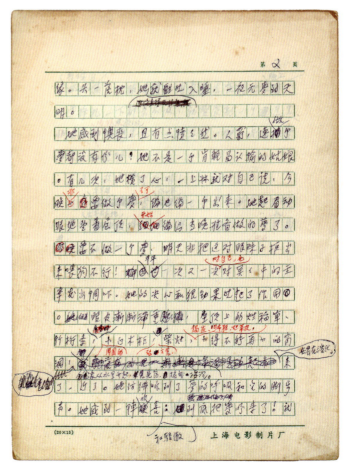

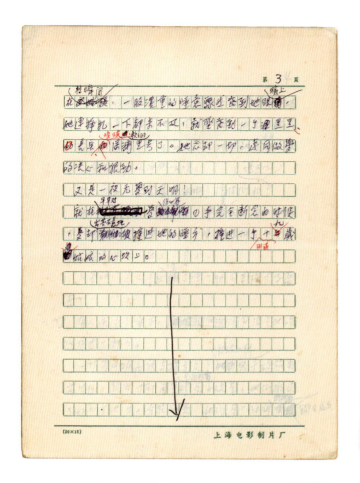

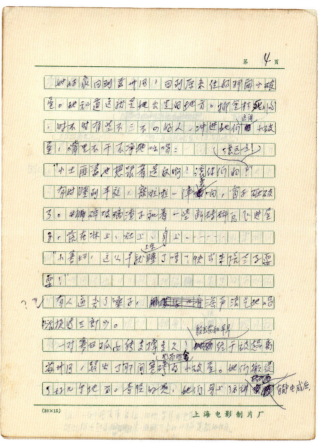

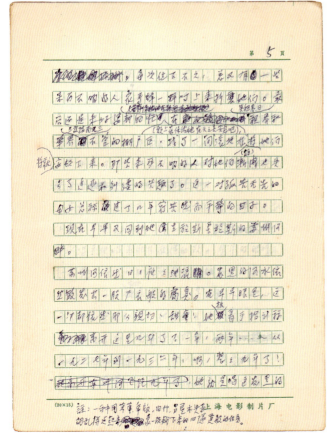

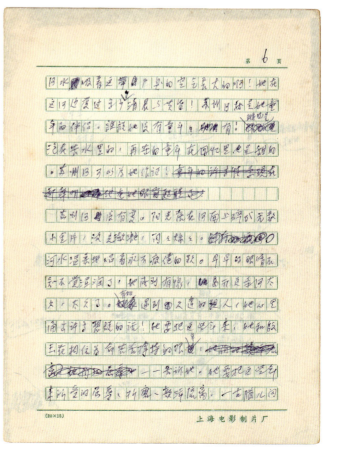

# 高莽

高莽（1926—2017），作家、诗人、翻译家、画家。1962年调中国社会科学院外国文学研究所，主要从事俄苏文学研究、翻译和编辑工作。曾任《世界文学》主编。著有《久违了，莫斯科！》《帕斯捷尔纳克传》《心灵的交颤》《高贵的苦难》《墓碑·天堂》等。译有普希金、马雅可夫斯基、帕斯捷尔纳克、阿赫玛托娃等人的诗歌以及现当代乌克兰、白俄罗斯等作家的作品。获俄罗斯多种奖章与勋章，是俄罗斯科学院远东研究所名誉博士、俄罗斯作家协会名誉会员、俄罗斯美术院荣誉院士，俄罗斯联邦"友谊"勋章和乌克兰"功勋"勋章获得者。

上海图书馆藏有高莽文稿、诗稿、译稿、画稿近400件。2007年曾在本馆举办个人画展；在他去世后，家属继续捐赠手稿。在创作时，高莽崇尚实用和节俭，常使用废旧稿纸的背面和药品说明书的背面书写，或将废旧纸片拼接后形成稿纸。

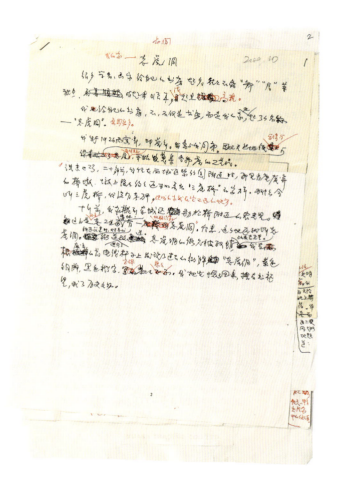

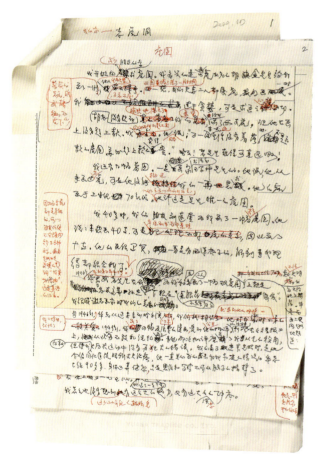

### 我的家——老虎洞

此为高莽《我的家——老虎洞》初稿和第三稿，页面右上方分别注明了写作时间。文中记叙了"老虎洞"名称的由来和家庭生活点滴。作者在此寓所中居住近二十年，直至去世。

扫一扫 更精彩

《我的家——老虎洞》初稿。拼接纸张，7页，尺寸不一
2010年高莽捐赠

《我的家——老虎洞》第三稿。4 页，29.6×21cm
2010 年高莽捐赠

## 学画自述

高莽在翻译和写作之外，还是一位画家，曾举办多场画展，画作多次在报刊中发表。此文作于2013 年，收录于《谈艺问源》（生活书店出版有限公司，2015），题名改为《作画自述》。在文中，作者不仅回顾了学画和作画的历程，还附上了自己作画对象的生卒年信息。此文写于旧稿纸的背面，有多处纸张拼贴痕迹。

扫一扫 更精彩

此稿 3 页，29.7×21.1cm
2013 年高莽捐赠

（刘明辉）

# 新凤霞

新凤霞（1927—1998），原名杨淑敏，小名杨小凤。中国评剧表演艺术家，评剧新派创始人，被誉为评剧皇后。历任北京凤鸣评剧团团长，首都实验评剧团团长，中国人民解放军总政治部评剧团团长。第六至八届全国政协委员。擅演剧目有《刘巧儿》《花为媒》《杨三姐告状》《金沙江畔》《志愿军的未婚妻》等，其中《刘巧儿》《花为媒》已由长春电影制片厂拍摄成电影。著有《新凤霞回忆录》《以苦为乐》《新凤霞说戏》等作品。

请来天桥乐　　天桥钻圈人　　楼内团结

新凤霞、吴祖光伉俪早年曾向上海图书馆捐赠手稿一百余件。二人去世后，女儿吴霜继续向本馆捐赠。此为新凤霞文章手稿三篇，作于 20 世纪 90 年代，曾收录于《舞台上下——新凤霞自述散文新作》等书中。

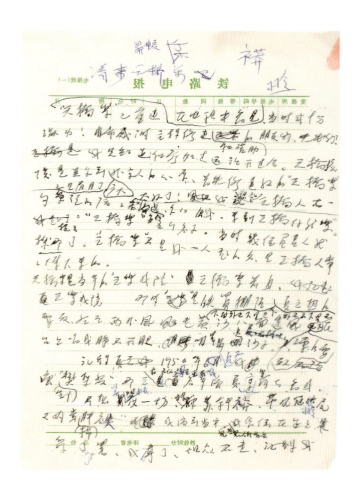
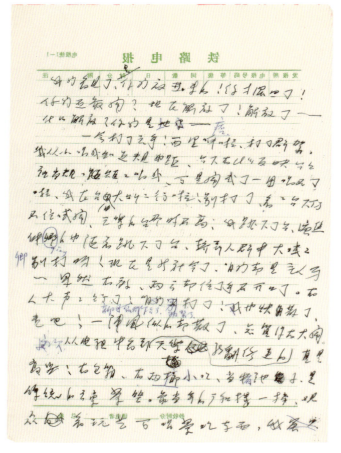

《请来天桥乐》。6 页，26.1×18.8cm
2019 年新凤霞之女吴霜捐赠

《天桥钻圈人》。12 页，26.1×18.8cm
2019 年新凤霞之女吴霜捐赠

《楼内团结》。3 页，26.8×19cm
2019 年新凤霞之女吴霜捐赠

（刘明辉）

# 白桦

白桦（1930—2019），原名陈佑华。作家、诗人、编剧。1947年参加解放军。历任宣传干事、教育干事，野战师俱乐部主任，昆明军区、总政治部、武汉军区创作员，上海海燕电影制片厂编剧。湖北省作家协会副主席，上海市作家协会副主席。1946年开始发表作品。著有小说、诗歌、话剧剧本、散文随笔、电影文学剧本等作品。其中多部被译为英、法文在国外出版。2017年获第三届中国电影编剧终身成就奖。

## 哀莫大于心未死

此为白桦的长篇小说，作者自述："这是我唯一幸存的手稿。"

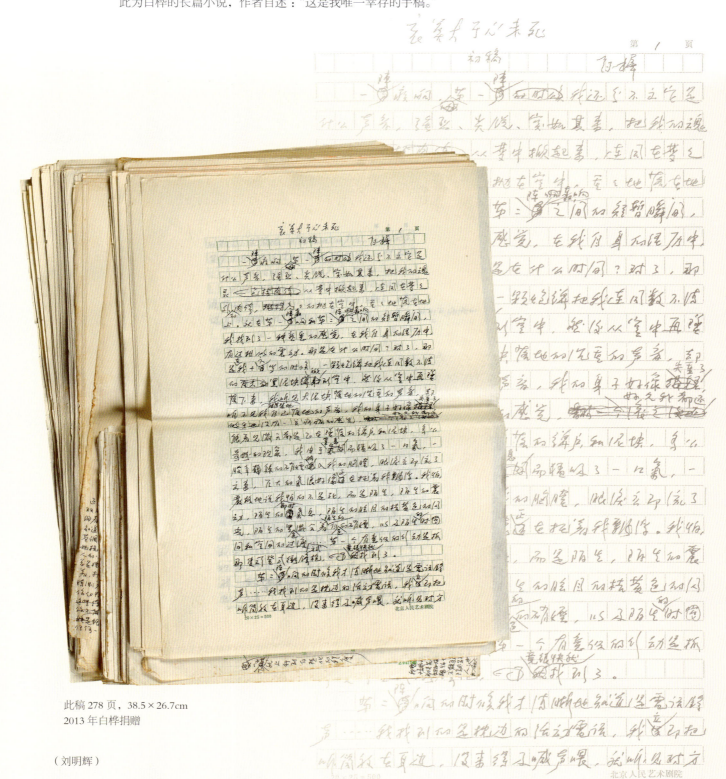

此稿278页，38.5×26.7cm
2013年白桦捐赠

（刘明辉）

# 流沙河

流沙河，1931年出生。诗人、编辑、学者。幼习古文，后考入省立成都中学，转习新文学。1947年以第一名成绩考入四川大学农化系。曾任多家报刊的副刊编辑，1985年起专事写作，著有《文字侦探》《Y语录》《流沙河诗话》《画火御寒》《正体字回家》《白鱼解字》《晚窗偷得读书灯》《庄子闲吹》等作品，《就是那一只蟋蟀》《理想》曾被收入中学语文课本。

读书人的幸福

此文系为《文汇报·笔会》所作，后收录于2007年第3B期《杂文月刊》。作者曾自称希望做一名"职业读书人"，坚持"从兴趣出发"读书的观点。

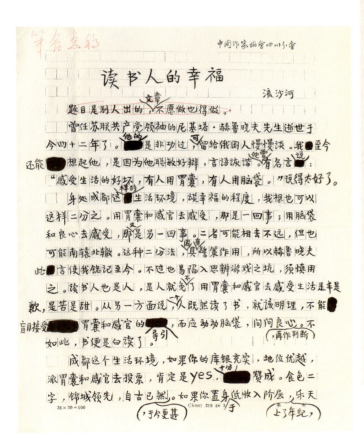

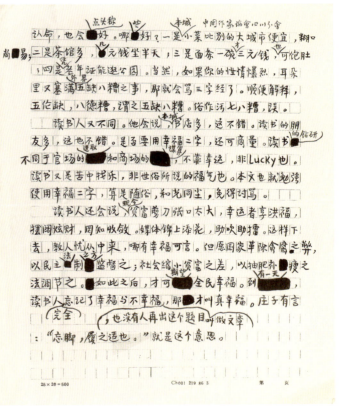

此稿2页，30.5×25cm
2012年刘绪源捐赠

（刘明辉）

21

# 於梨华

於梨华，1931 年出生。毕业于台湾大学，后进入美国加州大学新闻系深造，获硕士学位。1956 年获美国米高梅公司在该校设立的文艺奖（Samuel Goldwyn Creative Writing Award）第一名。后在纽约州立大学奥尔巴巴分校讲授中国文学课程，任该校中文研究部主任。著有《梦回青河》《归》《又见棕榈 又见棕榈》《彼岸》等作品。2014 年，於梨华的家乡宁波市设立"於梨华青年文学奖"。

## 又见旧金山

此文发表于 1999 年 1 月 6 日《世界日报》副刊，后收入散文集《别西冷庄园》。手稿书写于於梨华专用稿纸上，为自上向下，自右向左的书写顺序，保留了中国传统写作习惯。

1953 年，於梨华只身飞到美国旧金山，开始自立自强的生活，其间经历了诸多困难挫折，凭借顽强奋斗完成了学业，开启新的人生道路。此文是时隔四十五年后作者回到旧金山，记录的所见所感。

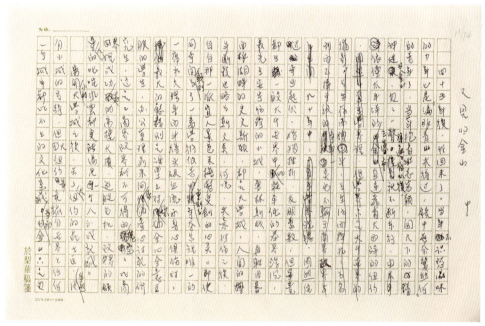

此稿 12 页，21.1×30cm

2013 年於梨华捐赠

（刘明辉）

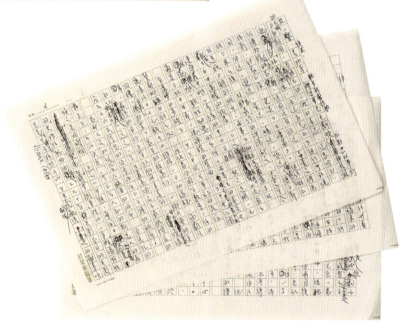

**朱正** | 朱正，1931 年出生。作家，鲁迅研究专家。曾任湖南人民出版社总编辑。1956 年出版了《鲁迅传略》。在冯雪峰帮助下撰写了《鲁迅回忆录正误》，著有《辫子、小脚及其它》《门外诗话》《当代学人精品：朱正卷》等历史专著和杂文随笔集。

还谈"全集"

此文作于 2007 年，初次发表于 2007 年 11 月 29 日《文汇报·笔会》，系对 10 月 24 日"笔会"版面《也谈"全集"》一文的补正。

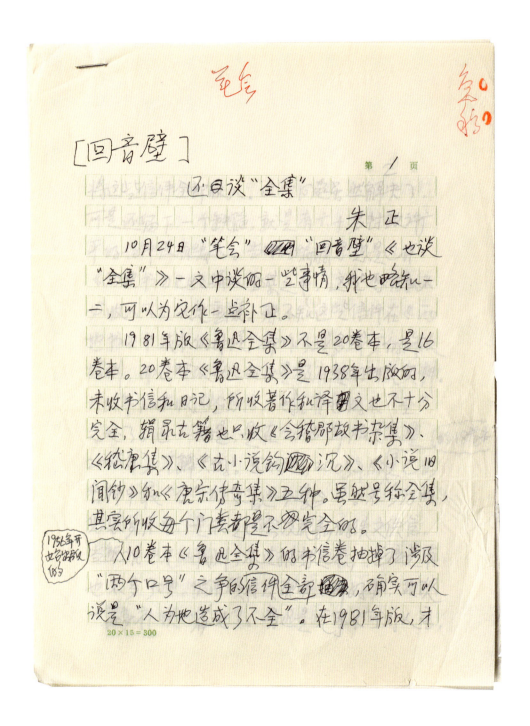

此稿 3 页，26.5×19cm

2012 年刘绪源捐赠

（刘明辉）

# 张昆华

张昆华，1936 年出生。1951 年参军，1979 年调云南省作家协会，先后任《边疆文艺》副主编、云南省作家协会副主席，1973 年由昆明军区宣传部转业到《云南日报》任副刊主编。后任中国作家协会全国委员会委员、名誉委员。国家一级作家。出版小说、散文、诗歌四十余种，作品曾被译为六国文字出版，有"文学三头鸟"之称。作品曾三次获冰心图书奖，并获骏马奖，全国优秀少年儿童读物奖一等奖、"台湾乡情文化征文奖"第一名等。

本馆藏有张昆华创作的《魔鬼的峡谷》《不愿纹面的女人》《天鹅》《冰心的木香花》等十余部作品手稿，其中《冰心的木香花》获中国广播节目国家级政府奖。描写云南边疆怒江傈僳族生活的长篇小说《魔鬼的峡谷》在《萌芽》增刊《电视·电影·文学》创刊号头条位置首次发表，长篇小说《天鹅》、中篇散文《鸟和云彩相爱》也皆首发于上海刊物，张昆华希望这些数十年前诞生于云南的手稿回到它们问世的"第二故乡"并得到珍藏。

### 不愿纹面的女人

作于 1984 年，是中国第一部表现云南边疆独龙江峡谷独龙族原始氏族社会风情的长篇小说，首发于《当代》杂志，中国文联出版公司、台湾殿堂出版社、文汇出版社先后多次出版，并由峨眉电影制片厂拍摄成故事片。原名"在雪山那边"，后改为现名。

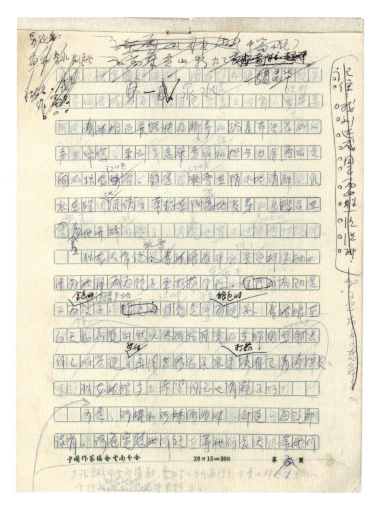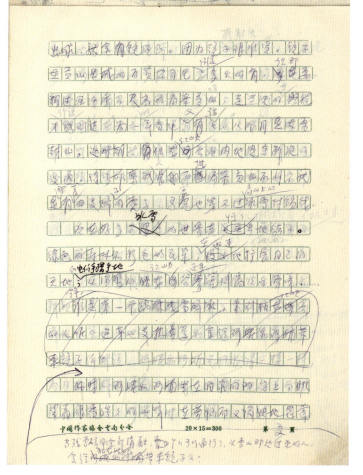

此稿 233 页，26.7×19.2cm
2016 年张昆华捐赠

## 魔鬼的峡谷

　　作于 20 世纪 70 年代末，是中国第一部反映云南边疆高黎贡山傈僳族生活的长篇小说，原载上海《萌芽》增刊《电视·电影·文学》1981 年第 1 期创刊号，云南人民出版社 1981 年 3 月出版。入围第一届茅盾文学奖评选。

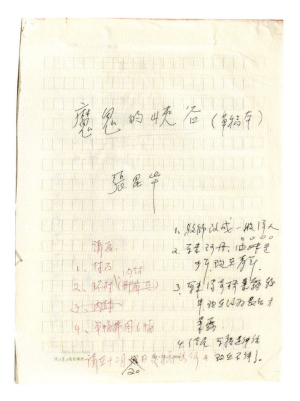
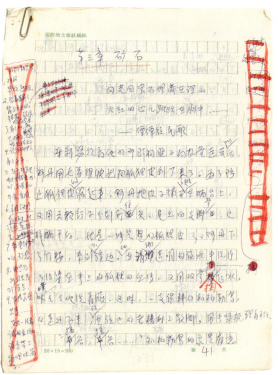

　　此稿 621 页，尺寸不一
　　2014 年张昆华捐赠

# 叶永烈

叶永烈，1940 年出生。1963 年毕业于北京大学。曾任中华全国青年联合会常委、上海市科学技术协会常委，1987 年起任上海市作家协会专业作家，1992 年被评为国家一级作家。2016 年受聘为上海市文史馆馆员。著作约 3500 万字，纪实文学代表作为"红色三部曲"及《"四人帮"兴亡》，长篇小说代表作为"上海三部曲"。早年从事科普创作，1960 年成为《十万个为什么》主要作者，1961 年完成《小灵通漫游未来》。2017 年出版 28 卷、1400 万字《叶永烈科普全集》。

叶永烈在创作生涯中建立了完善的个人创作档案，将各种文稿、书信、照片、采访录音、笔记、作品剪报、评论、样书等分类保存。他将此集中整理后，持续向上海图书馆捐赠八个大类的文献，包括：一、1992 年使用电脑写作前的手稿；二、与众多名家往来的书信原件；三、采访录音带、数码录音；四、叶永烈著作、剪报集（包括著作目录、文章目录、报道目录、评论目录，著作签名本，叶永烈作品及报道、评论的剪报集）；五、档案（包括个人档案，如小学一年级至高中毕业所有成绩报告单、历年日记等，按照人物或专题分类的采访档案等）；六、1992 年之后叶永烈作品的电子文件；七、叶永烈照片、底片、数码照片；八、创作参考书。上海图书馆将此批数量庞大的捐赠文献以"叶永烈专藏"的名义予以收藏，这是上海图书馆首次为在世的中国作家命名文献捐赠专藏。

## 红色的起点

《红色的起点》是叶永烈"红色三部曲"之一，于 1988 年开始创作，1990 年改定，1991 年由上海人民出版社出版。作者在上海作了长时间采访，并专程赴北京、南湖等地访问，以 T 字型结构，从横剖面和纵剖面记叙了中国共产党诞生的历史和中共"一大"代表们后来的命运。这是作者长篇纪实文学的代表作之一。中文简体字版多次再版、重印。

此稿共 92 篇，26.7×19.2cm
2003 年叶永烈捐赠

卷首语

"中国产生了共产党，这是开天辟地的大事变。"

——毛泽东《论人民民主专政》

谨以本书献给中国共产党七十华诞！

——作者

0002

且有写作这方面书籍的经验。

内容提要

中国共产党成立即将七十周年了。本书是七十多年来第一部以三十万字篇幅详尽记叙中国共产党诞生的长篇。由于作者是上海作家协会女作家，因此不仅征结史料丰富、翔实，而且文笔流畅，可读性强，能够使广大读者，尤其是古今新读者，一口气读完。

中国共产党是中华人民共和国的执政党。拥有四千五百多万党员，走在十五个中国共产党成员之中，使每一位中共党员，正因为这样，中国共产党在七十华诞庆祝多的。也是每一位中国读者都非常关切的话题。

本书采用"丁"字型结构，既着重写一九二一年前后的历史横断面，也写及中共"一大"代表们的右寿，给人以历史的纵深感，荡气回肠的剧正。

中国共产党是在上海诞生的。这部由上海作家创作、上海人民出版社出版的长篇，是对这一在上海发生重大历史事件的七十周年的纪念。

0003

扫一扫 更精彩

27

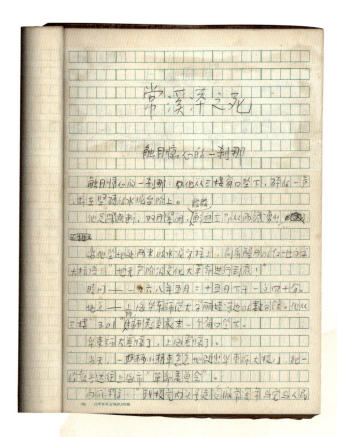

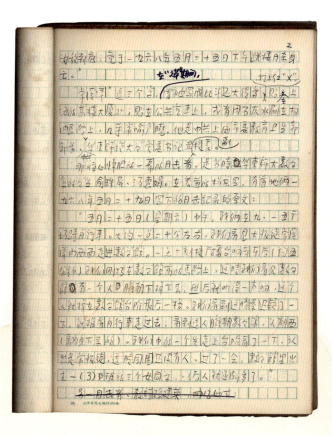

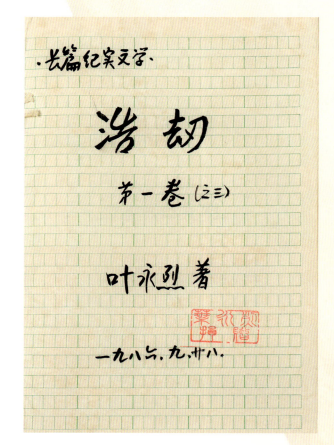

## "四人帮"兴亡

《"四人帮"兴亡》是叶永烈长篇纪实文学代表作之一，写于 1986 年，于 2009 年由人民日报出版社出版，后由当代中国出版社出版增订版。全书 216 万字，共四卷，通过大量历史文献、档案材料、采访口述，讲述"四人帮"和极左路线给国家和人民带来的深重灾难及党和国家与之搏斗并取得胜利的历史过程。

扫一扫 更精彩

此稿 305 页，26.2×19.2cm
2014 年叶永烈捐赠

（刘明辉）

四牌楼

此稿完成于 1992 年 9 月 1 日，次年由上海文艺出版社出版，获上海市第二届长中篇优秀小说二等奖。

作品对人的生存状态和命运给予了深切关注，并且融入了自己对文学创作的态度和见解。

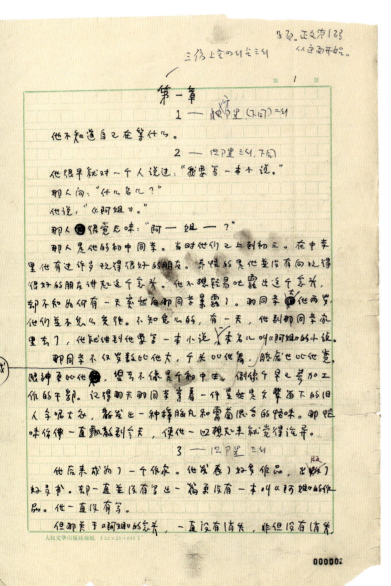

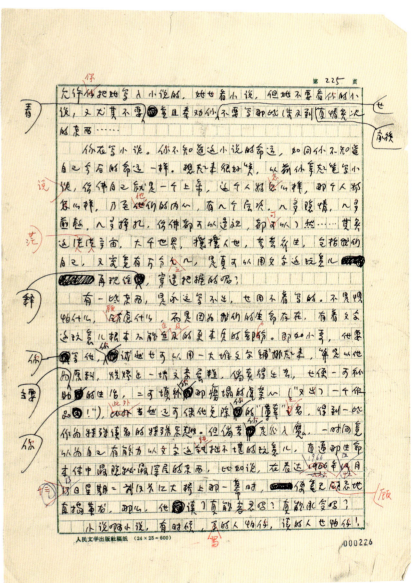

此稿458页，38.6×26.3cm

1994年刘心武捐赠

（刘明辉）

# 王小鹰

王小鹰，1947 年出生。作家，上海文史馆馆员。著有长篇小说《你为谁辩护》《我为你辩护》《丹青引》《我们曾经相爱》《长街行》《假面吟》等；中短篇小说集《一路风尘》《相思鸟》《前巷深 后巷深》《意外死亡》《点绛唇》等；散文集《寻常情怀》《女人心事》《可怜无数山》等。曾获"五个一工程奖"、人民文学奖、全国优秀中篇小说奖、上海文化艺术优秀成果奖等。

**点绛唇 解连环 懒画眉**

王小鹰中篇小说《点绛唇》《解连环》《懒画眉》创作于 2010 至 2013 年间，其中的人物本是创作《长街行》时生长起来的故事角色，但作者当时没有为她们找到合适的位置，经过多年的酝酿，终于将其融入到新的作品中，并挑选了古典诗词的词牌来为故事命名，尽可能与小说人物相契合。

扫一扫 更精彩

《点绛唇》。100 页，28.7×21.1cm
2019 年王小鹰捐赠

解连环

王小鹰

1.

老辈人常说："憨人有憨福。"这是他们历经世事沧桑后心平气和总结出的人生经验。后辈人参不透其中（由衷），只当是老辈人甘于寻常的心路表露。

宋安娜就是老辈人说的"憨人有憨福"的典范。说她"憨"，她长得可是一副聪明面孔，不是闷闷蠢蠢沉鱼落雁的，却是甜蜜的乖巧可爱。只因她打小起就是没心没肺马马大哈脾气，说的好听点，是胸无城府，说的难听点，就是个聪明面孔笨肚肠的傻大姐。

宋家在里弄里是唯一一幢楼的殷实人户，宋安娜小时候穿的衣裳，大都是定居海外的爷叔姑娘阿姨们寄回来的，所以她的打扮也跟弄堂里其他小孩子不一样，因此还得了个洋娃娃的绰号。

后来上小学了，有一次学校里举办公益募捐活动，捐助西部贫困山区的孩子们建一座完全小学。小朋友们都非常积极，纷纷把爸妈给的压岁钱、点心钱、车钱等种种"零花钱"投进红彤彤的捐款箱里。没几日，讲台边上的捐款箱就被塞得满"膛"。因大都是角票和分币，老师清点下来，跟学校分配给每个班级的捐款数目还差一截。于是，放学后，班主任老师就把宋安娜叫到办公室。安娜心里扑扑跳，不晓得自己做错了什么，耷着眼皮都不敢看老师的面孔。老师却把她胖嘟嘟的小手捏在自己手掌中，温暖可亲地问道："宋安娜，你一直在争取当三好学生对吧？"安娜怩怩地动了动脑袋，下巴抵住胸口。老师又说："你回家跟爸妈好好商量商量，是不是可以为山区的孩子们多捐点钱，帮助他们早快

《解连环》。77 页，29.3×21cm
2019 年王小鹰捐赠

扫一扫 更精彩

32

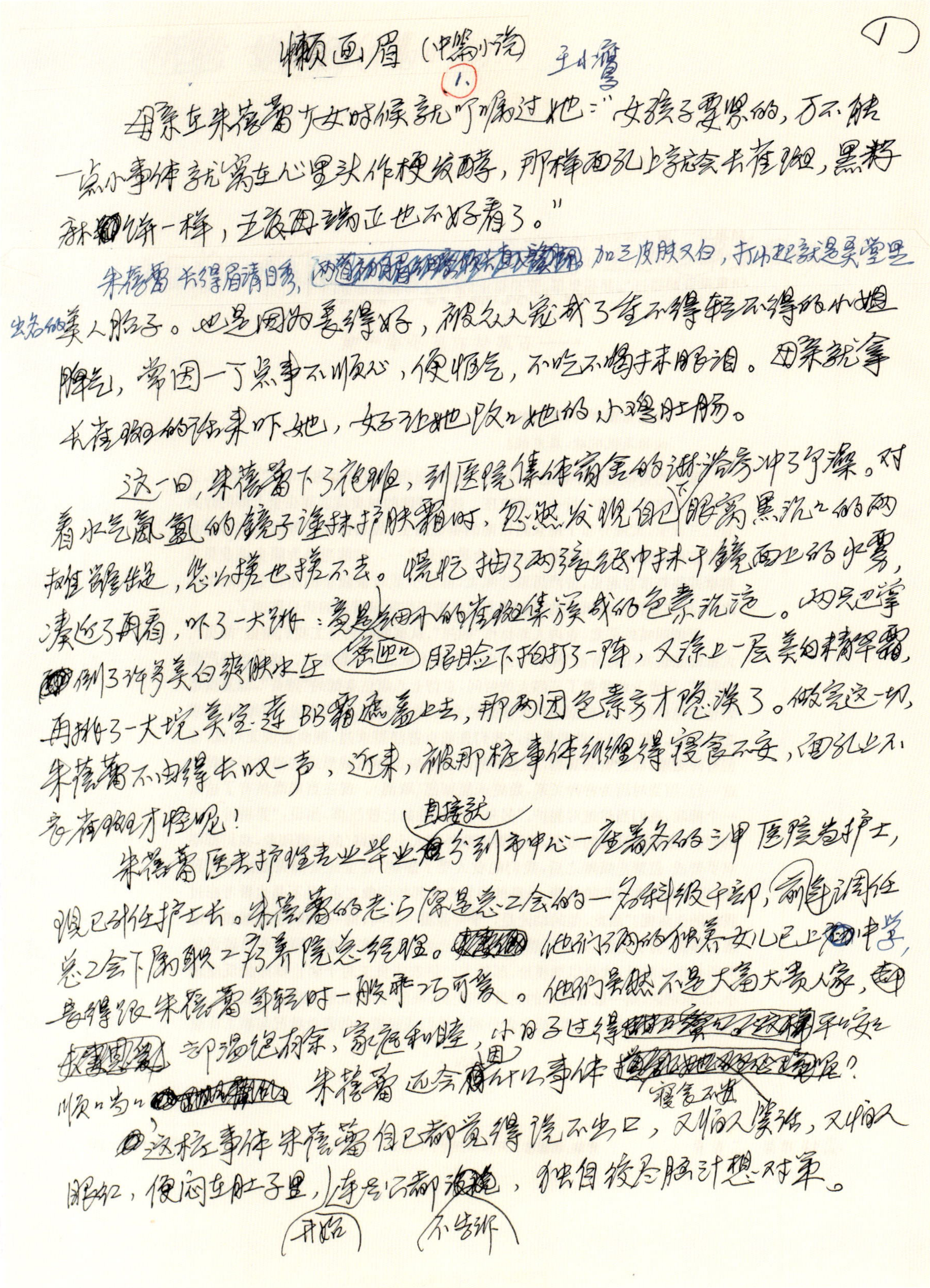

懒画眉（中篇小说）　王小鹰

①

母亲在朱蓓蕾小女时候就叮嘱过她："女孩子要紧的，万不能一点小事体就窝在心里头作梗发酵，那样面孔上就会长雀斑，黑籽麻饼一样，五官再端正也不好看了。"

朱蓓蕾长得眉清目秀，加之皮肤又白，打小起就是吴堂里出名的美人胎子。也是因为长得好，被众人宠成了碰不得轻不得的小姐脾气，常因一丁点事不顺心，便怄气，不吃不喝抹眼泪。母亲就拿长雀斑的话来吓她，好让她放放她的小鸡肚肠。

这一日，朱蓓蕾下了夜班，到医院集体宿舍的淋浴房冲了个澡。对着水气氤氲的镜子涂抹护肤霜时，忽然发现自己下眼窝黑沉沉的两摊雀斑，怎么揩也揩不去。慌忙抽了两张纸巾抹干镜面上的水雾，凑近了再看，吓了一大跳：竟是细小的雀斑集簇成的色素沉淀。她只得倒了许多美白爽肤水在掌心，眼睑下拍打了一阵，又涂上一层美白精华霜，再挤了一大坨美宝莲BB霜遮盖上去，那两团色素方才隐淡了。做完这一切，朱蓓蕾不由得长叹一声，近来，被那桩事体纠缠得寝食不安，面孔上不长雀斑才怪呢！

朱蓓蕾医专护理专业毕业直接就分到市中心一座著名的三甲医院当护士，现已升任护士长。朱蓓蕾的老公原是总工会的一名科级干部，前年调任总工会下属职工疗养院总经理。他们俩的独养女儿已上中学，长得跟朱蓓蕾年轻时一般乖巧可爱。他们虽然不是大富大贵人家，却也富足有余，家庭和睦，小日子过得平安顺顺当当。朱蓓蕾还会因什么事体寝食不安呢？

这桩事体朱蓓蕾自己都觉得说不出口，又怕人笑话，又怕人眼红，便闷在肚子里，开始连老公都不告诉，独自绞尽脑汁想对策。

《懒画眉》。56 页，29.7×21.1cm
2019 年王小鹰捐赠

扫一扫 更精彩

（刘明辉）

# 李黎

李黎，1948 年出生。本名鲍利黎。小说、散文、剧本及专栏作家。20 世纪 70 年代赴美留学，曾任编辑及教师，现居美国，专事写作。出版小说、散文、翻译、电影剧本等三十余部，获多项小说、电影剧本奖。著有小说《最后夜车》《天堂鸟花》《倾城》《袋鼠男人》《浮世书简》等；散文《别后》《天地一游人》《世界的回声》《晴天笔记》《寻找红气球》等；译作有《美丽新世界》；回忆录有《昨日之河》。

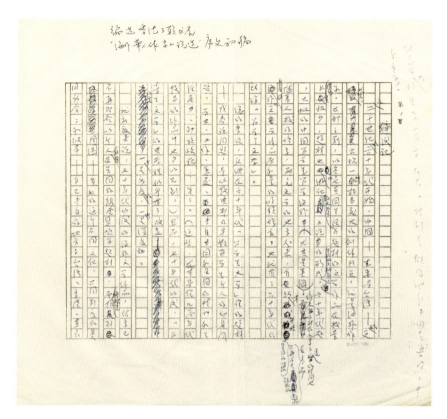

《海外华人作家小说选》编后记

卡纳克的月夜

　　1977 年，李黎应三联书店邀请，向读者介绍台湾文学的状况及自己创作的心路历程。2012 年，李黎向上海图书馆集中捐赠了创作手稿。此为作者述及海外生活和人生感悟的两篇作品，作于 20 世纪 80 年代。

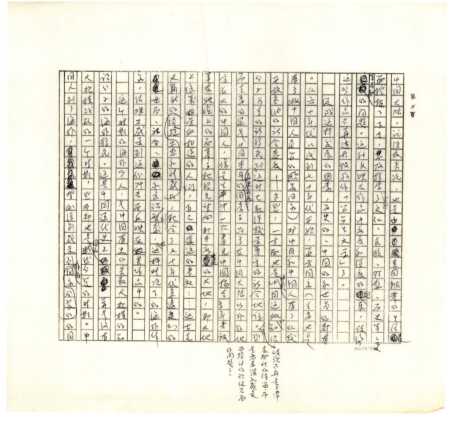

《海外华人作家小说选》编后记
此稿 7 页，27.8×28.6cm
2012 年李黎捐赠

卡纳克的月夜
此稿 8 页，21.5×27.2cm
2012 年李黎捐赠

（刘明辉）

# 竹林

竹林，1949 年出生，原名王祖铃。作家。1968 年在安徽凤阳插队落户，1975 年回城。1979 年出版全国第一部反映知青生活的长篇小说《生活的路》，开知青文学之先河。1980 年参加"文革"后的全国第一届文学讲习所学习，毕业后赴沪郊农村深入生活和写作。代表作有《生活的路》《苦楝树》《呜咽的澜沧江》《魂之歌》《女巫》《今日出门昨夜归》等，作品曾获全国优秀长篇小说奖、第十届"五个一工程奖"和 2007 年度"上海文艺创作精品"奖。《竹林村的孩子们》被收入百年百部儿童文学经典。

2017 年，竹林将珍藏多年的代表作《女巫》《呜咽的澜沧江》《苦楝树》手稿捐赠给上海图书馆，全部为创作时的初稿。竹林对每部作品都进行数年锤炼后才正式出版，书稿由她亲自抄写或复印后交出版社，因此捐赠本馆的手稿能够呈现出完整的创作和修改痕迹。

## 女巫

竹林被誉为"知青文学第一人"。其反映知青生活的作品《生活的路》于 1979 年由人民文学出版社出版。《女巫》于 1980 年初构思，几经反复，定稿完成于 1990 年，1993 年出版。萧乾为此书撰写了序言《中国农村社会的历史长卷——读竹林长篇小说＜女巫＞》，在其出版之际又撰写《从竹林的＜女巫＞谈起》一文，对当时作为"毫无攀援、极普通的知青"的竹林给予了很高的评价。

此稿 1418 页，26.6×18.9cm
2017 年竹林捐赠

## 呜咽的澜沧江

《呜咽的澜沧江》描写了在那个特殊年代里，一群云南兵团知青在极其严酷的思想压力和生存环境下所遭受的不幸和人性扭曲，以及他们对人生理想和人类命运的思考和追求。

此稿 759 页，26.7×19.2cm

2017 年竹林捐赠

37

## 苦楝树

《苦楝树》写作始于 1980 年深秋时节，完成于 1981 年秋。1980 年秋，竹林在沪郊农村潜心创作，开始更加关心和思考中国农民的命运。作者看到了中国封建习惯势力在农村的强大力量，在思想上、精神上的桎梏依旧存在，由此，希望从比较深层次上反映中国农村和农民的生存状态。此部作品以一对青年男女的恋爱悲剧为主线，他们由于阶级出身的悬殊而遭遇了人生的坎坷不幸。作者通过农村中的各色人对这对青年的爱情的不同态度，从一个角度来控诉当时仍在我国农村某些地区存在的封建习惯势力，以期唤醒新一代的农村青年。在创作时，作者对每个章节都运用了抒情散文的笔力，试图以优美的抒情性的艺术力量来对应人物的苦难命运，在对照中舒展艺术张力。

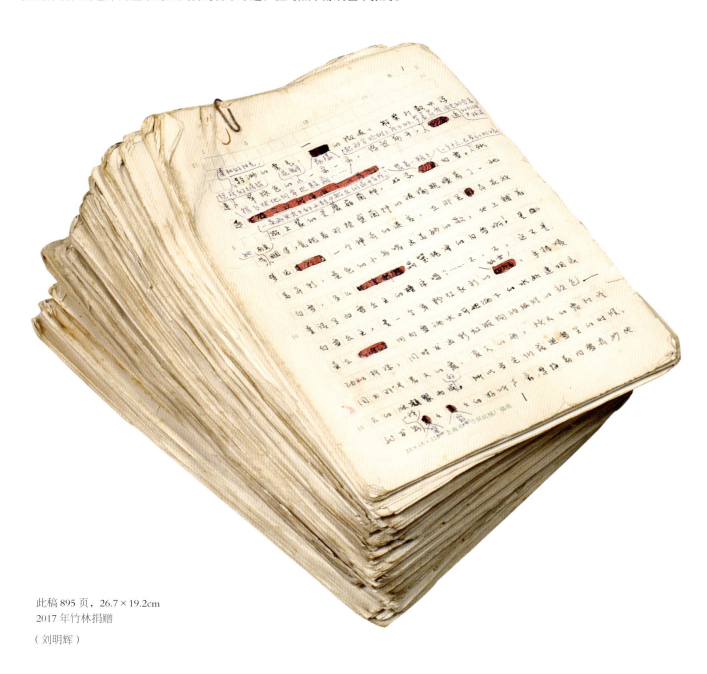

此稿 895 页，26.7×19.2cm
2017 年竹林捐赠

（刘明辉）

# 赵丽宏

赵丽宏，1952 年出生。散文家，诗人。中国作家协会全国委员会委员，中国散文学会副会长，上海市作家协会副主席，《上海文学》杂志社社长，《上海诗人》主编，著有散文集、诗集、小说和报告文学集等各种专著共九十余部，有十八卷文集《赵丽宏文学作品》行世。曾数十次在国内外获各种文学奖。散文集《诗魂》获新时期全国优秀散文集奖，《日晷之影》获首届冰心散文奖。2013 年获塞尔维亚斯梅德雷沃金钥匙国际诗歌奖；2014 年获上海市文学艺术杰出贡献奖；2019 年获罗马尼亚"米哈伊·爱明内斯库国际诗歌奖"。有十多篇散文被收入中小学和大学语文课本，有多篇作品被收入中国香港和新加坡、韩国的中学语文课本。作品被翻译成十二国文字在海外发表出版。

## 赵丽宏散文手稿

赵丽宏从 1992 年开始用电脑写作，但一直坚持用笔写诗，并沿袭自己的习惯，在手稿的文字空隙随着思路的流转信手作画。此为赵丽宏从 1989 年至 1991 年的部分散文手稿，其中含散文集《岛人笔记》《死之余响》《抒情的回声》《白夜之旅》《天堂就在我身边》的部分初稿。

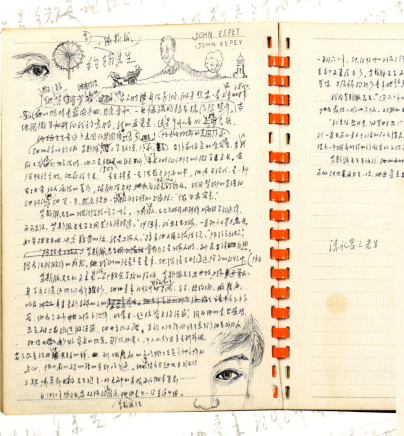

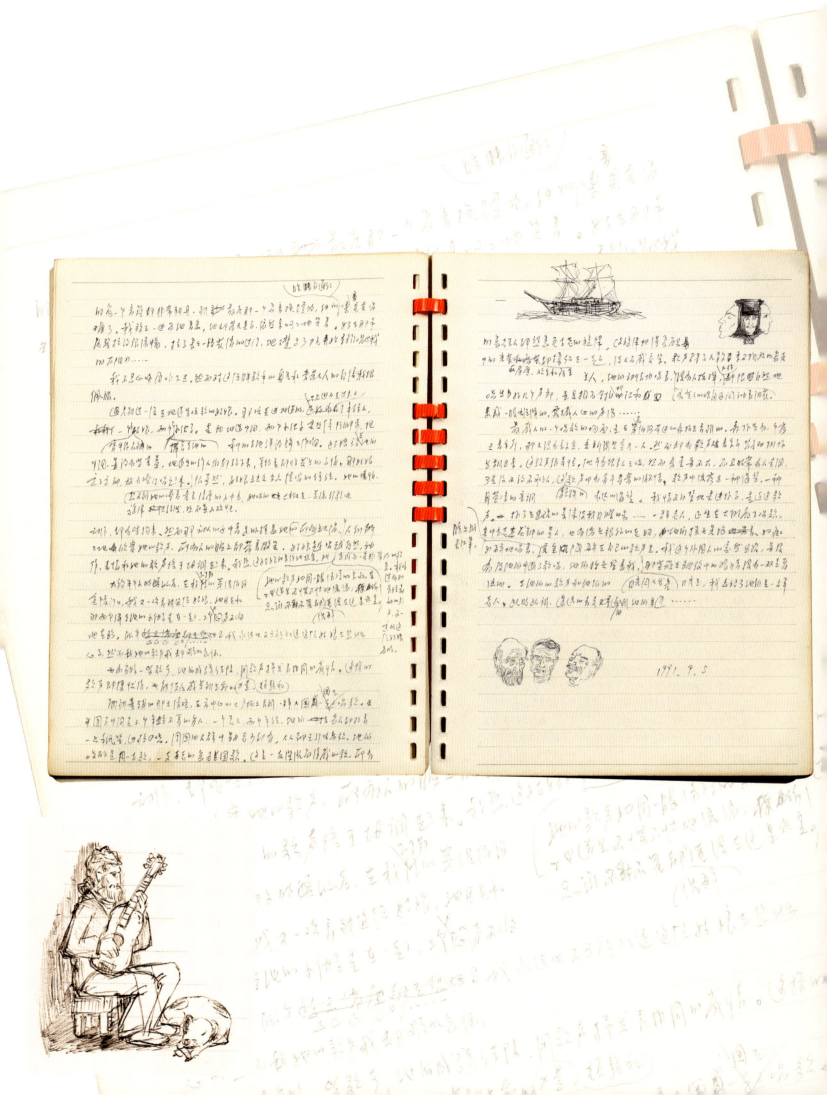

1991. 9. 5

## 歌者

笔记簿 2 册，24.1×16.8cm
2019 年赵丽宏捐赠

（刘明辉）

# 奚美娟

奚美娟，1955 年出生。上海话剧艺术中心国家一级演员。现任中国文学艺术界联合会副主席，上海市文学艺术界联合会主席团主席。第十三届全国政协委员。第十届中国电影家协会顾问。中国戏剧梅花奖、白玉兰奖，中国电影金鸡奖、华表奖，中国电视金鹰奖、飞天奖得主。曾荣获第二届全国中青年德艺双馨文艺工作者称号及中国电影百年百位优秀演员等荣誉。

忆——写在黄佐临百年诞辰之际

2019 年 5 月，奚美娟应《解放日报》创刊 70 周年"我和《解放日报》征文"之约，撰写了《一叠旧稿纸和一段旧时光》，发表于 5 月 8 日《解放日报》，回忆了自己于 2006 年 10 月作《忆——写在黄佐临百年诞辰之际》的往事。《忆》一文记叙了奚美娟从初入剧院起，黄佐临院长对其给予的谆谆教导和言传身教。多年来奚美娟视黄佐临为恩师，认为他在从艺尚德之路上给予了自己深远的影响。此为这份 13 年前的"旧稿纸"和《解放日报》征文剪报。

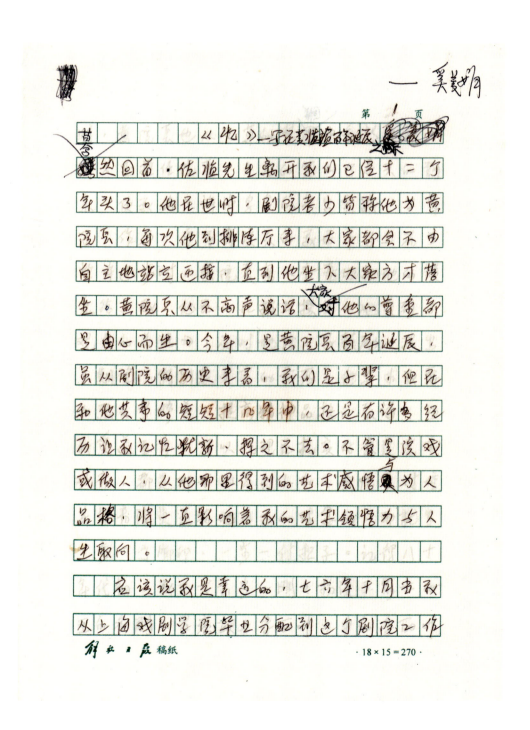

第 2 页

时，黄院长也从文革的牢笼中重新回到上海人艺担任院长。文艺的第二个春天的到来，使我有了许许多多的舞台实践。三年后，作为一名年青演员的我在舞台上有了些许进步时，黄院长毫不吝啬地把他的赞美给了我。他在文汇报上撰文《她学到了观念的关注》，又时他给了我鼓励，提出了期望。特别是文章的最后，他要求我要加强文学修养，提高精神品格的爱海。让我受益至今。可以说现在我家的表演艺术功底，都是那十几年打下的。黄院长对于青年演员是有他自己的理念的，那就是一步一个脚印，一步一付把子。记得八十年代初，我二十六岁，刚刚排演了莎士比亚的名剧《罗密欧与朱丽叶》中的朱丽叶

·18×15＝270·

此稿 11 页，26.2×19.2cm
2019 年奚美娟捐赠

（刘明辉）

# 诗 稿

Manuscripts of Poems

作为文学体裁之一的诗是历史最悠久的文学作品。自古以来，诗歌源自生活、流自心灵，以艺术的语言、韵律，真挚的感情，丰富的意象，高度概括了特定环境下的人、自然、社会、历史与思想。诗歌特有的表达形式和丽词佳句是文学的精华，令人代代传诵不绝。中国是一个崇尚诗的国度，古人写诗之盛在此不遑多论，新文化运动之后，新诗写作渐入人心，中华人民共和国成立以来，诗歌创作遍及社会各界，诗成为人们吐露心声，歌颂与批判的载体，产生了知识精英之外的各种身份的诗人与爱好者。诗稿也因此呈现出丰富的多样性，不拘一格地书写于稿纸、信纸、白纸和笔记本上，还有即兴写在各种纸张上的情景。

在本馆所藏古代与近代稿本、尺牍中有十分丰富的诗稿留存，奠定了数量可观的诗稿馆藏。本图录所收诗稿仅选取近年收藏的少量作品。除 2006 年诗人任钧后人向本馆捐赠 8 本诗稿笔记本，数量最多的诗稿捐赠有上海女诗人张烨的三百多首作品，集中了她 20 世纪 60 至 70 年代已发表和未发表的诗作，以及近年新作。为此本馆与上海文化出版社合作，出版了诗集《隔着时空凝望》。安徽省作家协会原主席严阵分别在 2009 年、2018 年两次向本馆捐赠了诗集《瓷月亮》的全部诗稿和《中国梦》等长诗的手稿，我们曾两次同时配合诗稿捐赠举行了他的画展，以"诗画交响"的形式向读者展示了诗稿中斑斓的色彩。

"诗歌四重奏"是本馆策划的一次诗稿征集活动，我们向 20 世纪 80 年代以来有影响的四位诗人欧阳江河、西川、翟永明、王寅主动征集诗稿，获得了他们的热情支持。中国文化名人手稿馆在 2013

字錦裁季

　年 10 月 19 日举行了"诗歌四重奏"手稿捐赠仪式暨诗歌朗诵会，并首次以手稿影印的形式编印了刊有四位诗人作品手迹的《诗稿》一书。这份独特的纪念获得了诗人的交口称赞。

　　台湾女诗人张香华是一位因诗结缘的手稿捐赠者。上海图书馆新馆开放后，上图书店每年均举行规模不等的诗歌朗诵会活动，吸引了诗界的关注，不仅有本市的冯春在普希金诞辰 200 周年纪念诗歌朗诵会上送来了普希金诗歌的译稿，还有台湾的张香华因上海友人的介绍寻诗而来，对本馆的诗歌推广十分赞赏。当我们向她征集手稿时，她不仅捐赠了自己的诗稿，还在 2003 年捐出了丈夫柏杨的狱中手稿 7 页。2010 年又捐赠了柏杨给她的第一封书信，以及柏杨生前所用过的笔，具有特别的收藏意义。

　　北京的老诗人屠岸、高莽、邵燕祥十分支持本馆的诗稿收藏，对上海怀有深厚的感情，在向我们捐赠诗稿的同时还热情地为本馆推荐其他名家的手稿收藏。在 2016 年莎士比亚逝世 400 周年纪念之际，我们邀请《莎士比亚十四行诗》的译者屠岸参加活动，他特地呈上一册自己装订的诗稿。上海诗人张秋红在文学翻译之外，悉心探索中文十四行诗的创作，他将近年完成的二百多首作品的定稿交给本馆收藏。此外，2019 年 10 月我们赴美国接受翁万戈捐赠的文献时，在莱溪居同时得到了百岁老人的四册诗稿，实现了几年前的征集愿望。

　　基于以上手稿征集的纪念性，在此选录部分下列诗稿。

# 田遨

田遨（1918—2016），原名谢庚会，谢天璈。出生于书香门第，父亲是清朝进士。从小对诗词书画广泛涉猎，曾任中国作家协会会员、中国诗词研究院副院长、台北故宫书画院名誉院长、客座教授、上海文史研究馆馆员、上海诗词学会顾问等。代表作《杨度外传》《丹青恨》等曾在《解放日报》连载，获热烈反响。一生著述颇丰，出版有《田遨丛稿》八卷。

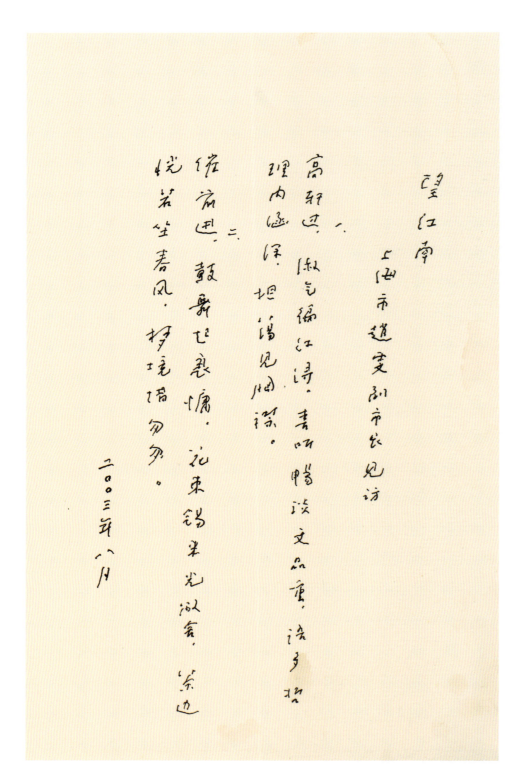

### 望江南·上海市赵雯副市长见访

2015 年，时年 97 岁的田遨向上海图书馆捐赠了包括八卷《田遨丛稿》在内的十四册著作签名本。田遨在文学创作和书法艺术方面造诣深厚，离休后专注笔耕，创作热情更为旺盛。此稿作于 2003 年。

此稿 1 页，26×17.5cm
2019 年田遨之子谢光明捐赠

（刘明辉）

# 翁万戈

翁万戈，原名翁兴庆，1918 年出生。翁同龢五世孙，著名社会活动家、书画鉴藏家。1936 年考入上海交通大学，1938 年赴美国普渡大学留学，获工程学学士和硕士学位。曾任华美协进社社长，数十年来积极致力于向西方推介中国文化。著有《莱溪诗草》《陈洪绶》《顾洛阜原藏中国历代书画名迹考释》《莱溪居读梁楷〈道君像〉》《莱溪居读王翚〈长江万里图〉》等。其家藏书画传承了常熟翁氏家族六代珍藏的精品，目前翁氏家藏书画主要由上海博物馆、美国波士顿美术馆等著名机构收藏。翁万戈家藏善本古籍 80 种于 2000 年协议转让上海图书馆收藏，并于 2015 年向上海图书馆捐赠了《翁同龢日记》稿本 47 册、档案 12 册。

## 莱溪诗草

翁万戈先生自幼年起深受家藏古籍善本、碑帖与字画精品的熏陶，在中国传统文化和现代新学的教育背景下，具有博雅的艺术修养和文学情怀，数十年间创作了几百首新诗与旧体诗。从 20 世纪 30 年代起，他喜写新诗抒怀，50 年代后，以写旧体诗为主。1998 年在美国首次结集出版《莱溪诗草》，2018 年上海书画出版社出版了线装版《莱溪诗草》增补本。翁万戈写诗自娱，出版前仅与几位友人交流，曾与王世襄唱和。2019 年 10 月 8 日，翁万戈在莱溪居将历年诗稿捐赠本馆。兹从中选录二首。

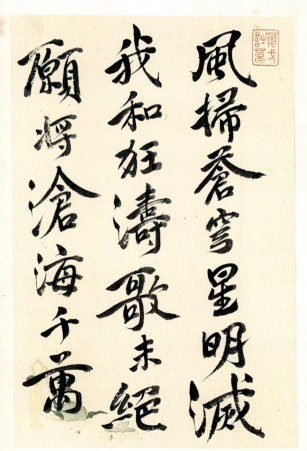

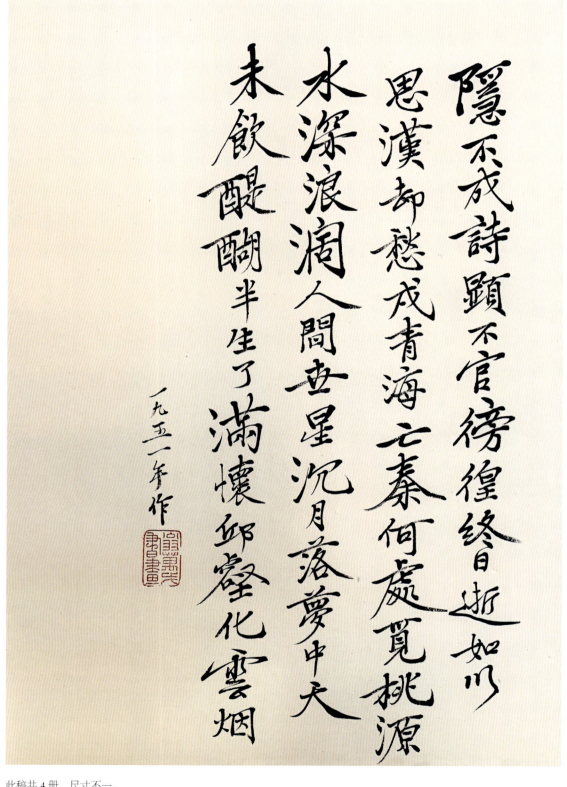

隐不成诗显不官 徬徨终日逝如川
思汉却愁戍青海 亡秦何处觅桃源
水深浪阔人间尽 星沉月落梦中天
未饮醍醐半生了 满怀邱壑化云烟

一九五一年作

此稿共 4 册，尺寸不一。
2019 年翁万戈捐赠

（刘明辉）

# 屠岸

作者简介参见第 11 页

**屠岸诗三十首**

此为屠岸选编自己创作于1938年至2004年间三十首诗的手稿，
作者自行编制了目录，对历年诗作进行了重新修订。

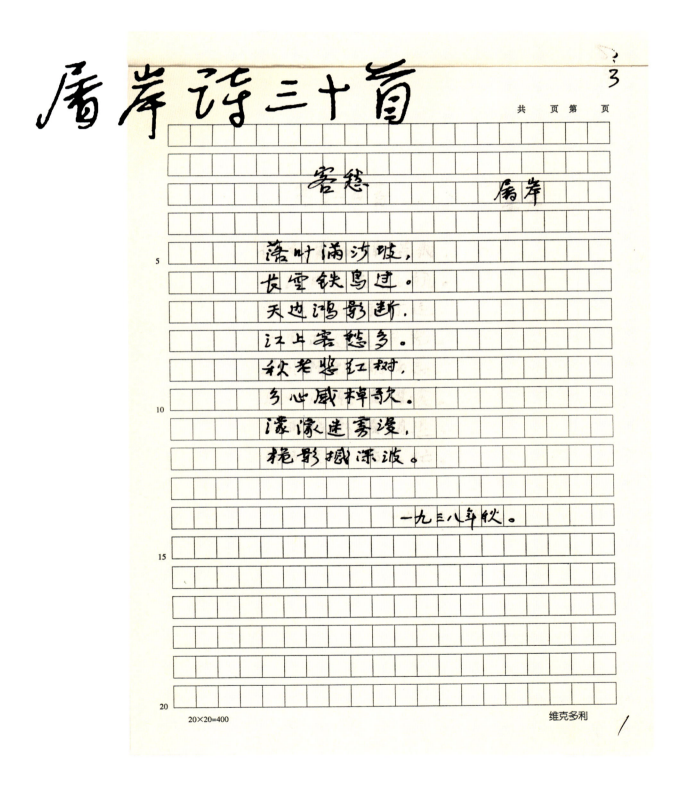

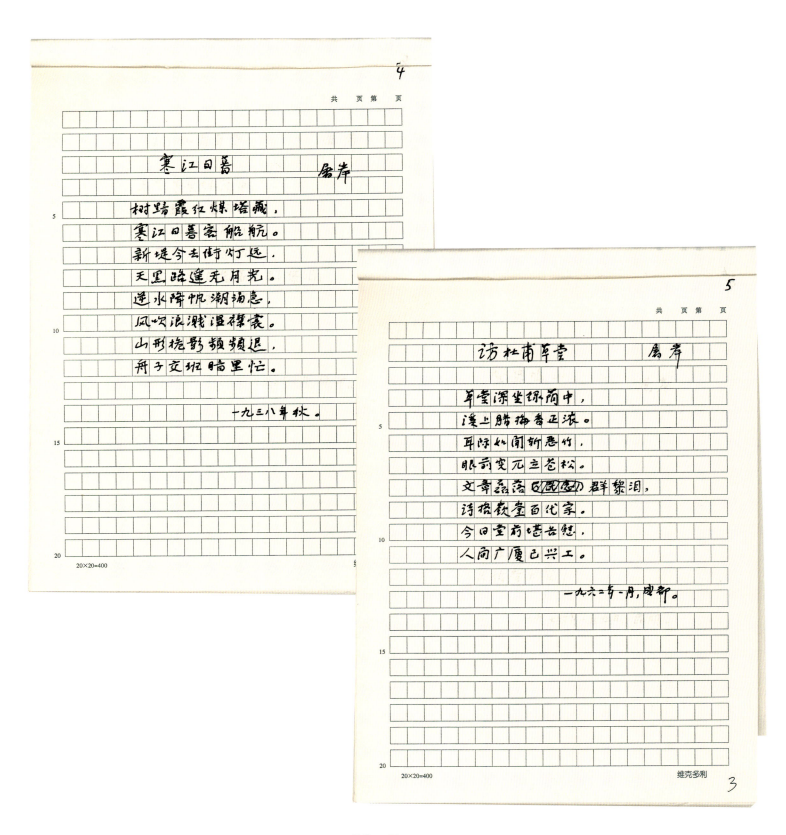

寒江日暮　屠岸

树踏霞红煤塔藏，
寒江日暮客船航。
新堤今去街灯远，
天黑路遥无月光。
逆水降帆潮涌急，
风吹浪溅湿襟裳。
山形桅影频频退，
舟子交班暗里忙。

一九三八年秋。

访杜甫草堂　屠岸

草堂深坐绿荫中，
溪上腊梅香正浓。
耳际如闻新恶竹，
眼前空忆立苍松。
文章孤落〔风霜〕群黎泪，
诗揽群氛百代家。
今日堂前凭吊想，
人间广厦已兴工。

一九六二年一月，成都。

维克多利

此稿 32 页，26.3×19cm
2016 年屠岸捐赠
（刘明辉）

50

# 李瑛

李瑛（1926—2019），作家、诗人。曾任解放军文艺出版社总编辑、社长，解放军总政治部文化部部长、中国作家协会主席团委员、中国文学艺术界联合会副主席、中国诗歌学会副会长等，中国文学艺术界联合会第十届荣誉委员。著有 58 部诗集、十四卷《李瑛诗文总集》，以及抒情诗选《拾落红集》《中国当代名诗人选集·李瑛》和诗歌自选集《李瑛七十年诗选》等。长诗和组诗曾获多种奖项。《在燃烧的战场》获首届解放军文艺一等奖，《我骄傲，我是一棵树》获 1983 年首届全国诗集评选一等奖，诗集《生命是一片叶子》获首届鲁迅文学奖诗歌奖，《我的中国》获"五个一工程奖"暨全国优秀图书奖。被 2003 年第八届国际华文诗人笔会授予中国当代诗魂金奖。

城市晨曲

此为 2006 年李瑛所作诗稿，发表于 2006 年 7 月 5 日《文汇报·笔会》。

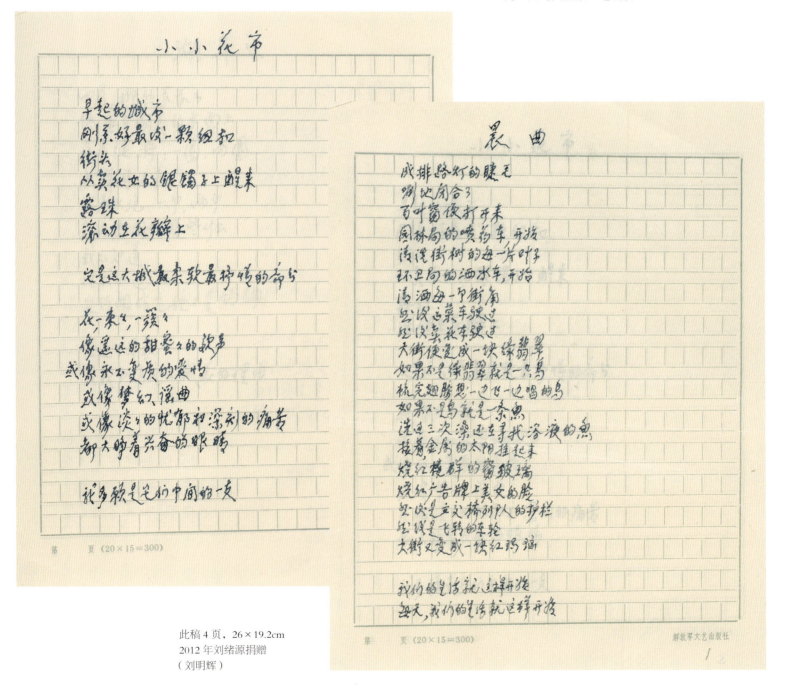

此稿 4 页，26×19.2cm
2012 年刘绪源捐赠
（刘明辉）

# 严阵

严阵，1930 年出生。诗人、作家、画家。1946 年参加革命工作。曾任安徽省文学艺术界联合会副主席、安徽省作家协会主席、中国作家协会名誉委员。出版个人专集 40 余部，代表作有《中国梦》《瓷月亮》《江南曲》《竹矛》《长江在我窗前流过》等，有《严阵文集》（十卷）及《诗人严阵绘画》（三卷）。2012 年，长诗《中国梦》在《人民日报》上首次发表后，引起海内外热烈反响。长篇小说《荒漠奇踪》获中国作协首届儿童文学奖。2015 年获首届安徽诗歌奖终身成就奖，2019 年获中国诗人终身成就奖。其作品被翻译成英、俄、德、日、波兰等国文字。绘画作品多次在北京、纽约、华盛顿、堪培拉等地展出。2019 年获"庆祝中华人民共和国成立 70 周年纪念章"。

瓷月亮

好々囵捧着
我怕
把你
打碎

当你升起囵时候
我囵
梦是
圆囵

没有那细々囵
回眸
没有那弯々囵
沉落

当你升起囵时候
我囵
梦是
圆囵

永远囵沉默
含着
两眼
清泪

好々囵捧着
我怕
把你
打碎

**瓷月亮**

《瓷月亮》诗集由同名诗及四百余首短诗汇编而成，凝聚了作者多年对人生经历的思考和对生活的诗意观察，由大众文艺出版社于 2007 年出版。2009 年，严阵将诗集完整手稿捐赠上海图书馆。此为其中首篇作品《瓷月亮》的手稿。

扫一扫 更精彩

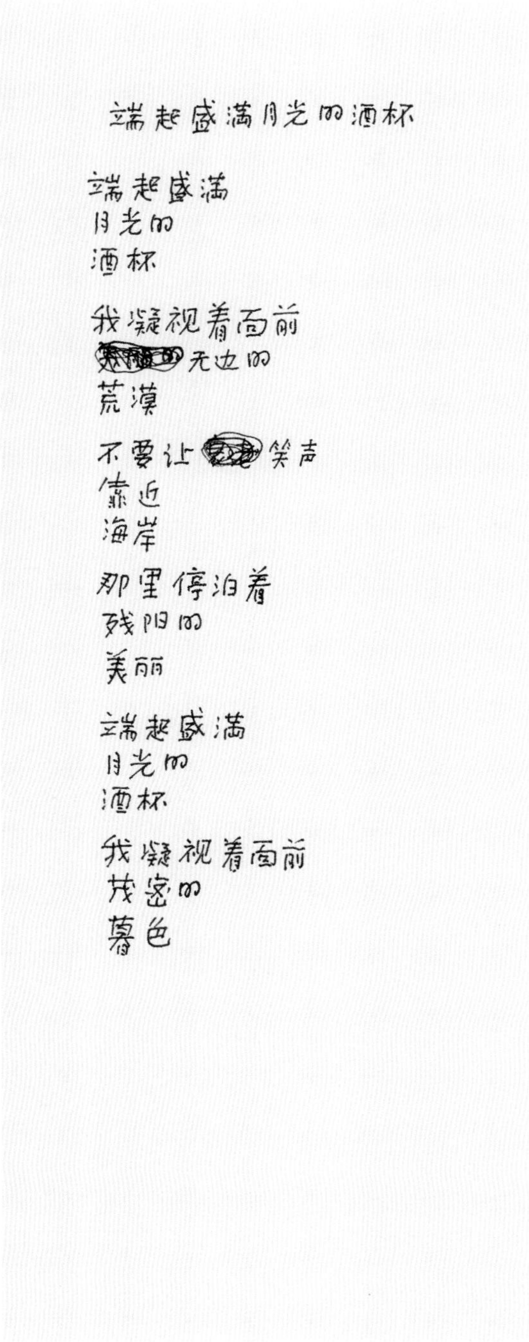

端起盛满月光的酒杯

端起盛满
月光的
酒杯

我凝视着面前
~~无边~~无边的
荒漠

不要让~~寂寞~~笑声
靠近
海岸

那里停泊着
残阳的
美丽

端起盛满
月光的
酒杯

我凝视着面前
茂密的
暮色

此稿 526 页，29.7×21.1cm
2009 年严阵捐赠

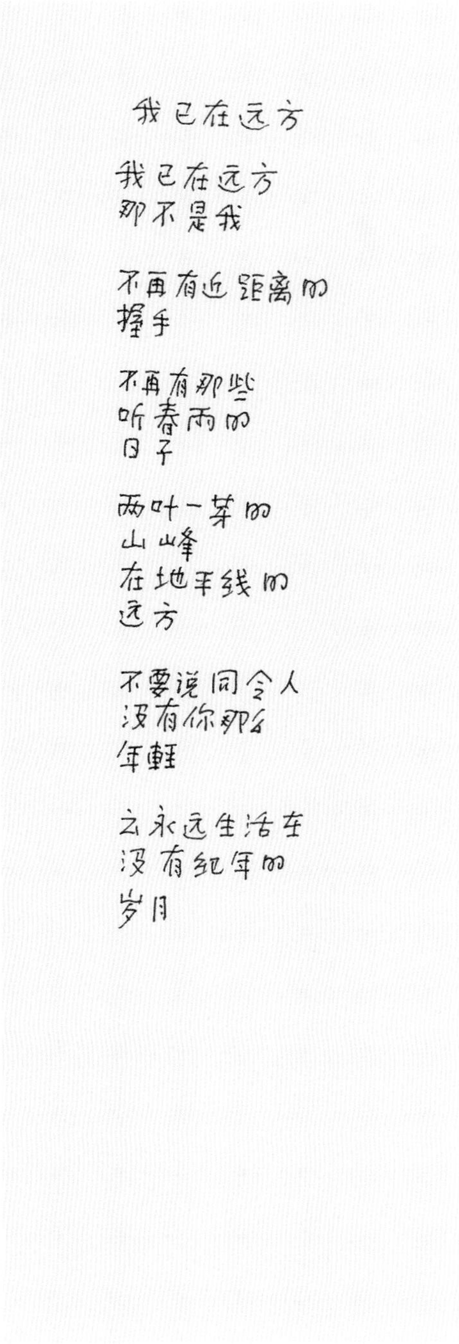

我已在远方

我已在远方
那不是我

不再有近距离的
握手

不再有那些
听春雨的
日子

两叶一芽的
山峰
在地平线的
远方

不要说同令人
没有你那么
年轻

之永远生活在
没有纪年的
岁月

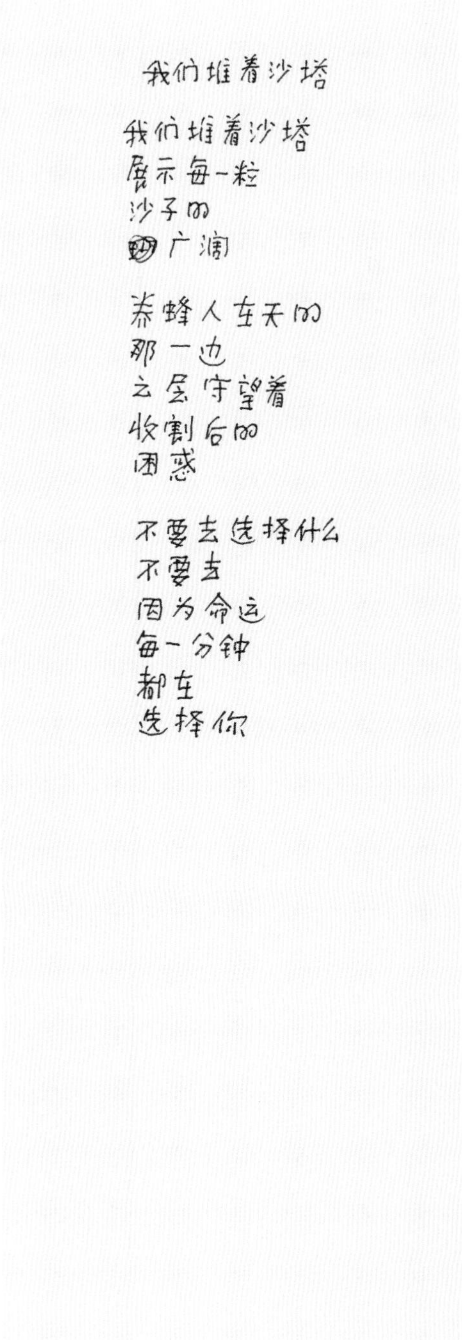

我们堆着沙塔

我们堆着沙塔
展示每一粒
沙子的
广阔

养蜂人在天的
那一边
之冬守望着
收割后的
困惑

不要去选择什么
不要去
因为命运
每一分钟
都在
选择你

53

## 中国梦

　　在党的十八大召开之前，严阵应《人民日报》社约稿，创作了《中国梦》长诗。当时作者正在创作一幅画，题目即是《中国梦》。画面应用了中国五千年来一些代表性的元素或具有现代特征的标志，加上色彩与线条融合而成，意在歌颂中国人民历经无数次的斗争与磨难仍不懈追求梦想的宝贵精神。随后，作者将自己"用色彩写的诗转写为文字的诗"，在 2012 年 11 月 6 日《人民日报》上首次发表。

扫一扫 更精彩

中国梦　　　　　严阵

我们须要一个新的梦
须要一个
新的
中国梦

你幸福吗
我幸福
我比任何时候都幸福
可幸福并不仅仅是
有了一间房
有了一辆车
有了一块地

你美丽吗
我美丽
我比任何时候都美丽
可美丽并不仅仅是
修了眉
染了发
整了容

我们须要一个新的梦
须要一个
新的
中国梦

我们的许多幸福
是在那些
狂风暴雨里
我们的许多幸福
是在那些
炮火硝烟里

我们还须要一把
能打开许多星光的钥匙

我们还特别须要
能打开所有漫长的时间
和所有浩瀚空间的
那把
钥匙

我们须要一个新的梦
须要一个
新的
中国梦

把眉毛修了
就美丽吗
把头发染了
就美丽吗
把面容整了
就美丽吗
虽然我们比起过去
确实漂亮
但这远远还不是
我们的
梦想

我们更须要关注的
是一个国家的美
我们更须要关注的
是一个民族的美
我们更须要关注的
是一种时代的美
我们更须要关注的
是一种历史的美

此稿 8 页，29.7×21.1cm
2018 年严阵捐赠
（刘明辉）

# 邵燕祥

邵燕祥,1933 年出生。诗人、作家。1946 年在张恨水主编的北平《新民报》上首发散文小品作品,同年在锦州《新生命报》的副刊上首发杂文,1947 年在北平《平明日报》的副刊《星期艺文》上首发新诗,随后在《平明日报》《华北日报》的专刊上发表小说。1953 年出版首部诗集。诗集代表作《到远方去》抒写了第一个五年计划中工业建设者的豪情,受到读者青睐。曾任《诗刊》副主编,1949 年初,到新华广播电台工作;1956 年加入中国作家协会,1978 年调入中国作家协会,20 世纪八九十年代曾任中国作家协会主席团委员。50 年代和 1980 年之后的两段时期,共有诗文集百种问世。曾获鲁迅文学奖等全国性诗歌、散文杂文奖。

### 邵燕祥诗稿·无题

此为邵燕祥诗稿,作于 2011 年 10 月 1 日。诗稿以蓝色墨水钢笔,即兴创作于稿纸封头纸背面。采取自上而下,自右向左的传统行文方式,运笔亦带有毛笔书写的习惯。

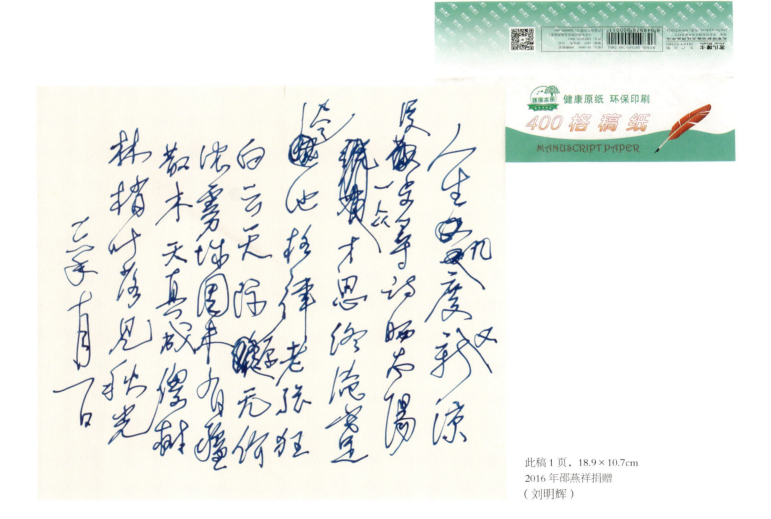

此稿 1 页,18.9×10.7cm
2016 年邵燕祥捐赠
(刘明辉)

## 张秋红

张秋红，1939 年出生。翻译家、诗人。曾任上海译文出版社编辑、副编审。主要翻译作品有《雨果诗选》《高乃依戏剧选》《拉马丁诗选》《兰波诗选》《梅里美小说选·卡门》《曼侬》《恶之花》《约翰·克利斯朵夫》、古诗新译《宋词三百首》等。著有《张秋红诗文选·幽兰》等。

衷曲——张秋红十四行诗

此为 2012 年至 2013 年张秋红在翻译工作外创作的十四行诗手稿，页面上方有作品的篇章序号。

衷曲
张秋红十四行诗

**55**

你永远沉浸在庄严的工作中。
一投入工作，你就摒弃了杂念。
不停顿的专心致志，其乐融融。
你远离了纷扰，也忘记了疲倦。

你一直跋涉在探幸的道路上。
你擦亮了眼睛，去发现，去寻找。
一见真理闪光，你就欣喜若狂，
烦恼就从你的心关逃之夭夭。

你始终投身于奋斗的激流里。
追求理想，你一辈子坚持不懈。
百折不回，你历程才无比壮丽。
你总把幸福寄托于千秋大业。

你的生涯充满了忙碌的光彩。
你的鲜花四季盛开，经久不败。

16开书写文稿纸 500 格　　　　　上海恒峰·兴盛纸品

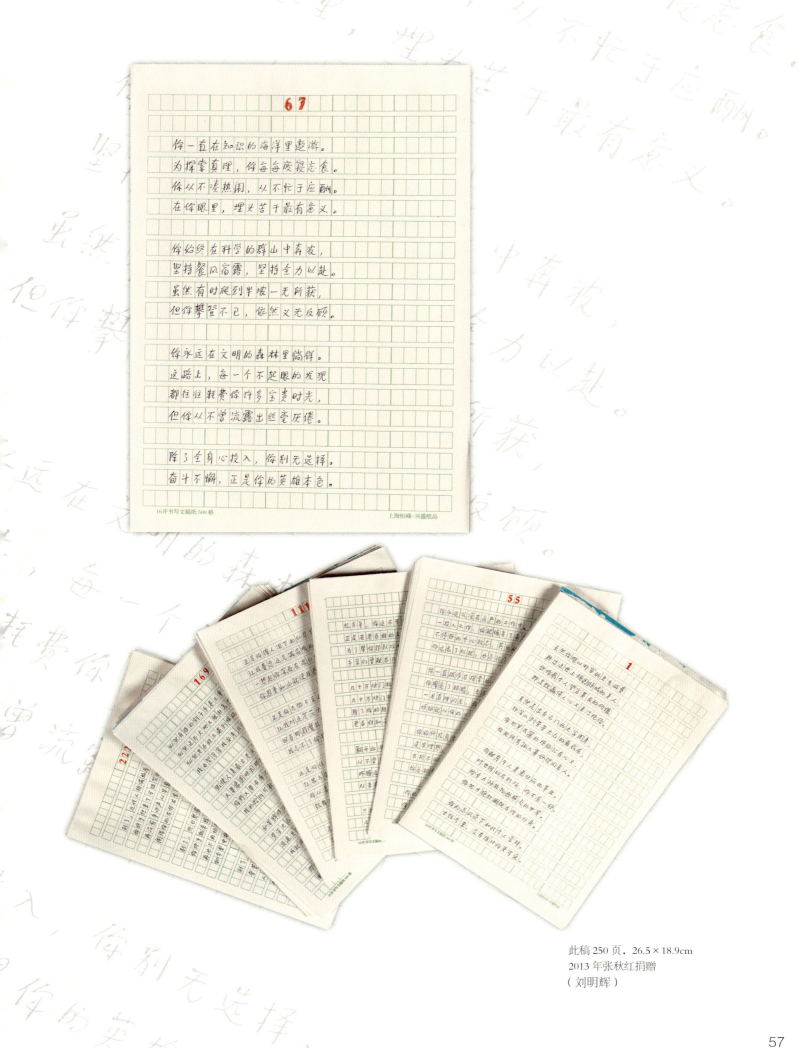

**67**

你一直在知识的海洋里遨游。
为探索真理，你每每废寝忘食。
你从不凑热闹，从不忙于应酬。
在你眼里，埋头苦干最有意义。

你始终在科学的群山中奔波，
坚持餐风宿露，坚持全力以赴。
虽然有时爬到半坡一无所获，
但你攀登不已，依然义无反顾。

你永远在文明的森林里徜徉。
这路上，每一个不起眼的发现
都往往耗费你许多宝贵时光，
但你从不曾流露出丝毫厌倦。

除了全身心投入，你别无选择，
奋斗不懈，正是你的英雄本色。

此稿250页，26.5×18.9cm
2013年张秋红捐赠
（刘明辉）

57

# 张香华

张香华，1939 年出生。诗人。1958 年开始发表诗作。曾任《草根》诗刊执行编辑，《文星》杂志诗页主编。与柏杨结为夫妻后，在创作之路上互相扶持，出版了第一部诗集《不眠的青青草》。作品被译为七种文字出版，足迹遍及中东、日本、韩国、意大利、西班牙、英国、法国、美国等地，获旧金山国际桂冠诗人荣衔。作品有《四像》《梨》《单程票》《午后的垂钓》等。

上海·台北　茶·不说话　白鸽　百千层　兰

《上海·台北》诗稿。2005 年作，1 页
29.5×21.5cm
2005 年张香华捐赠

《茶·不说话》诗稿。2005 年作，1 页
29.5×21.5cm
2005 年张香华捐赠

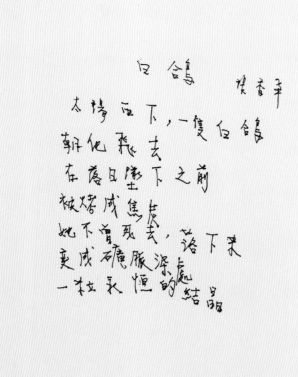

《白鸽》诗稿。1 页，29.7×21.1cm
这是张香华在患眼疾视力严重衰退的
状态下创作的诗
2019 年张香华捐赠

百千層　　張香華

閱百千層·
讀百千層·
百千層·也看樹下走過的行人·
聽說：人怕傷心·樹怕剝皮·
做為一棵樹·你呀·百千層！
為什麼身上有許多撕裂的傷痕？
不盡的千々百々層·
樹老·閱人多·
人多·樹皮就被撕裂得更深·
夠不百千層？

＊百千層，樹名，喬木·其樹幹外表呈現·高
彈性，樹皮一撕即裂，所以一棵成樹，往々
千瘡百孔，卻仍為庭園景觀市植。
　　　　　2005.5.書於台北·家居

《百千层》诗稿。2005 年作，1 页
29.5×21.5cm
2005 年张香华捐赠

蘭　　張香華

走心的雲，飄出了山的…
盈視，听不到簷前滴水的聲音·
水滙也收斂了笑聲。
天，勻不出一塊青藍的釉色？
不會水這墨黑如夜吧·

幽居空谷的蘭花·
什麼時候被複製成整批盆栽？（先裝在小塑料袋裡
花瓣連同清香，一起被設定·等包裝進容器上市·）
再digitalize 網路化
攤居到全球去銷售。
佳節近了，你的毫華何妨束一盆？

什麼時候·
天空·才可以還給無心的雲·
山谷·留給幽蘭·
墨黑的雨夜，我可以听一听
簷滴滴入水滙的聲音。
　　　　　2005.5.書於台北·家居

《兰》诗稿。2005 年作，1 页
29.5×21.5cm
2005 年张香华捐赠　　　　　　　　　（刘明辉）

59

## 龙彼德

龙彼德，1940 年出生。诗人、评论家、作家。曾任中国作家协会浙江分会秘书长、《东海》文学月刊主编、浙江省文学艺术界联合会文艺研究室主任。出版有《与鹰对视》《坐六·长诗系列》《坐在一个"六"上——龙彼德〈坐六〉长诗系列及相关评论》《洛夫评传》《一代诗魔洛夫》《洛夫传奇：诗魔的诗与生活》等多部诗集、学术专著、长篇小说、散文集。先后两次获得浙江省优秀作品奖，中国文学艺术界联合会首届评论奖，第一、三届龙文化金奖等。作品被译成多种文字介绍到国外。

**生命树**

在诗歌创作生涯中，龙彼德不断探索艺术题材和风格。进入 20 世纪 90 年代后，他逐渐专注生命的内涵与表达，将个体的独特性和生命规律的普遍性相结合，力求在诗歌中展现生命的意义。在《生命树》诗集中，他创作了六组咏物抒怀诗和一首长诗，以多元化的艺术手段展现生命发展的动态过程，思辨色彩较为浓厚，形成了自身新的艺术风格。诗集由国际文化出版公司于 1997 年出版。

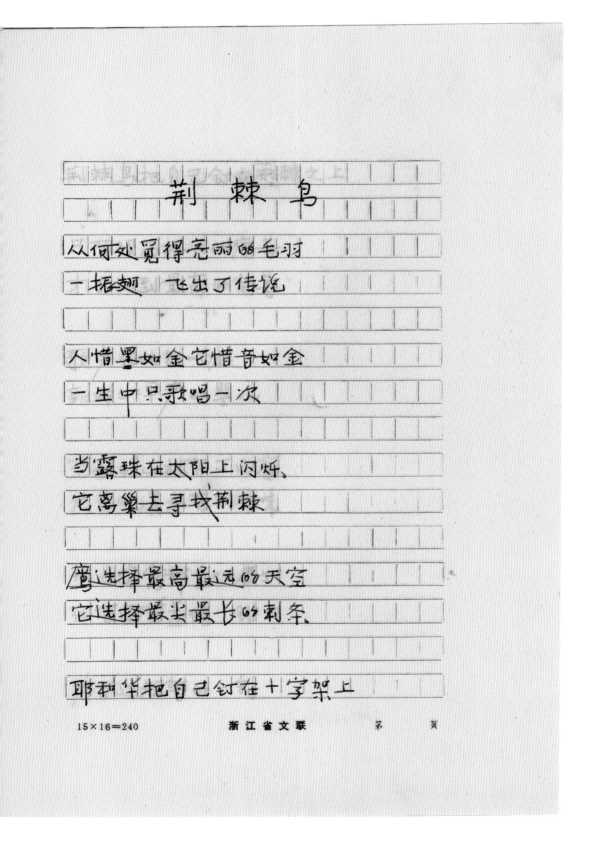

荆　棘　鸟

从何处觅得壮丽的毛羽
一振翅　飞出了传说

人惜墨如金它惜音如金
一生中只歌唱一次

当露珠在太阳上闪烁、
它离巢去寻找荆棘

鹰选择最高最远的天空
它选择最尖最长的刺条

耶和华把自己钉在十字架上

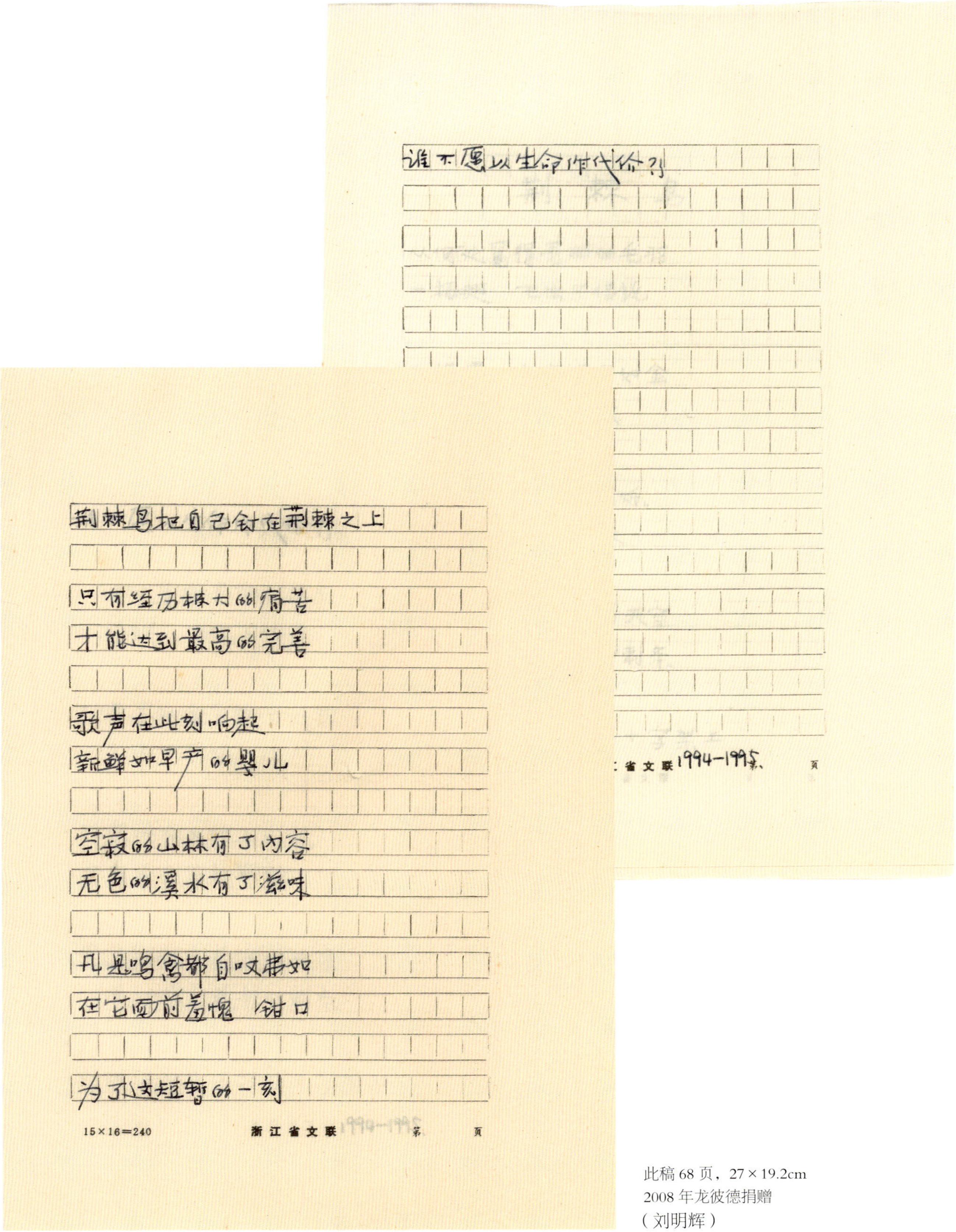

谁不愿以生命作代价引

荆棘鸟把自己钉在荆棘之上

只有经历极大的痛苦
才能达到最高的完善

歌声在此刻响起
新鲜如早产的婴儿

空寂的山林有了内容
无色的溪水有了滋味

凡是鸣禽都自叹弗如
在它面前羞愧　钳口

为了这短暂的一刻

15×16=240　　浙江省文联 1994-1995　第　　页

省文联 1994-1995.　　页

此稿 68 页，27×19.2cm
2008 年龙彼德捐赠
（刘明辉）

张烨，1948 年出生。诗人、作家。上海大学教授，中国作家协会会员，中国诗歌学会首届理事，上海作家协会诗歌专业委员会原主任，上海作家协会多届理事。出版七部个人诗集及一部散文集，作品曾被译为八国文字出版。代表作《鬼男》由爱尔兰脚印出版社以三国语言出版，首发式由爱尔兰著名女诗人玛丽·麦克·安·骚伊主持；曾应邀分别在爱德蒙·伯克剧院、都柏林广播电台、凯里市、丁戈市举办个人诗歌朗诵会。作品被选入三百余部诗歌选集及多种文学鉴赏大辞典。

扫一扫 更精彩

## 鬼男

　　张烨至今保持着用笔创作的习惯。1965 年写诗以来几经搬迁，手稿大量散失，但是张烨将所有留存的手稿全部捐赠给上海图书馆，其中包括大量未刊诗稿，后上海图书馆与作者共同遴选，将未刊诗稿结集为《隔着时空凝望》出版。捐赠的手稿还包括其长诗代表作《鬼男》手稿。这部作品历时两年创作完成——1989 年 3 月初稿，1990 年 10 月再稿，1991 年 2 月定稿，后分别收录于 1992 年 4 月沈阳出版社出版的《绿色皇冠——中国当代女诗人抒情诗丛》及 2004 年爱尔兰出版的《鬼男》诗集中。

此稿 116 页，26.5×19cm

2014 年张烨捐赠

（刘明辉）

桂兴华，1948 年出生。诗人、作家、国家一级编剧，中外散文诗学会副主席，中国散文诗研究会副会长，桂兴华诗歌艺术中心理事长。创作有 13 部政治抒情长诗，主编《新中国红色诗歌大典》。多次入选上海市重大文艺创作项目。荣获"萌芽"文学创作荣誉奖、全国电视诗歌特别奖、中国人口文化奖、纪念中国散文诗90 年优秀作品集奖、团中央"五个一工程奖"、"纪念改革开放 40 周年全国诗集征集"金奖、"党在我心中，圆我中国梦"全国诗歌大赛金奖。

扫一扫 更精彩

### 参观淮海战役纪念馆

近年来，桂兴华先后将《跨世纪的毛泽东》《邓小平之歌》等手稿、创作笔记，贺敬之的题字，孙道临、秦怡在北京朗诵的照片等捐赠上海图书馆。

此为桂兴华 2011 年为建党九十周年而创作的作品手稿。《参观淮海战役纪念馆》是上海市重大文艺项目《金号角》诗集中的一章，系作者在实地参观后的即兴创作。

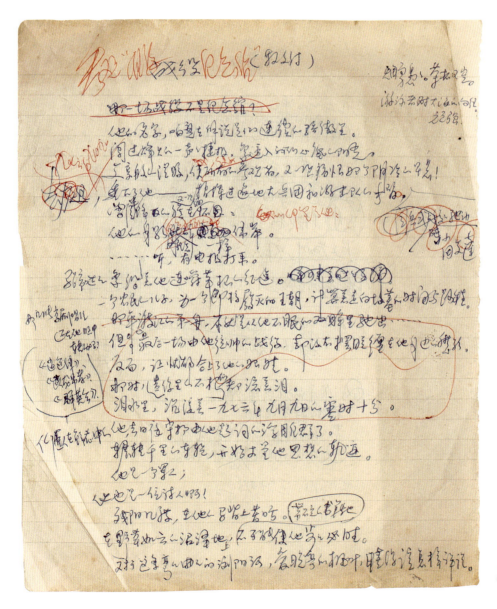

此稿 1 页，20.3×16cm
2011 年桂兴华捐赠
（刘明辉）

# 赵丽宏 作者简介参见第 39 页

疼痛

　　赵丽宏诗集《疼痛》收录了 51 首诗歌，创作于 2014 年至 2016 年，每首诗都是作者在随身携带的笔记本上写成，2016 年 10 月由人民文学出版社出版，《疼痛·中英文对照手稿本》2019 年 8 月由百花洲文艺出版社出版。此为诗集的部分手稿。其中含有多幅作者的手绘图稿，展现出创作时的奇思妙想与独特的绘画风格。

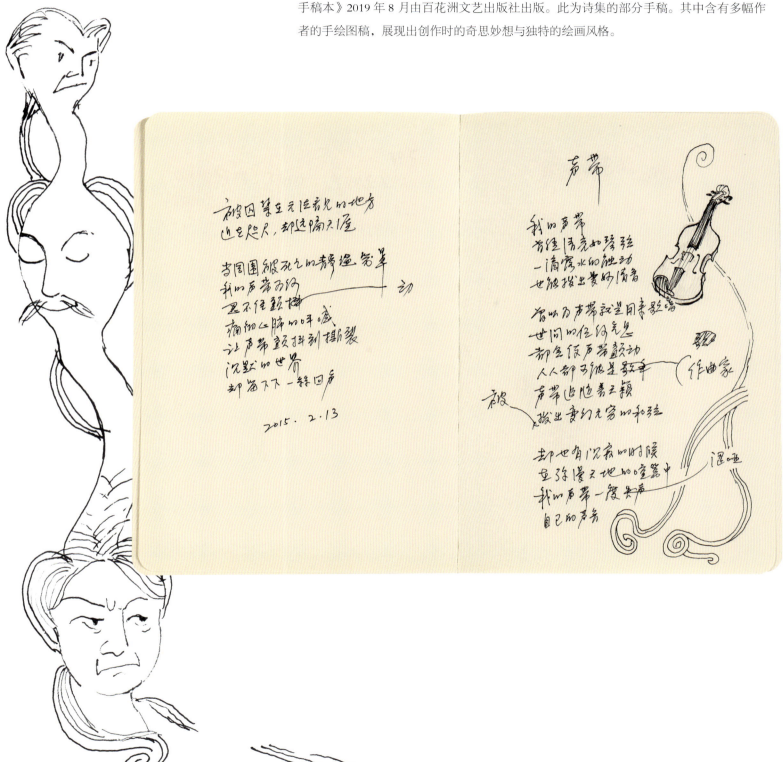

笔记本 1 册，53 页，21×14.2cm
2019 年赵丽宏捐赠
（刘明辉）

# 翟永明

翟永明，1955年出生。诗人、作家。文化品牌"白夜"创始人。1981年开始发表诗歌作品。曾就职于物理研究所，后辞职专注写作。1998年于成都开设"白夜"文化沙龙，策划举办了一系列文学、艺术及民间影像活动。著有《女人》《在一切玫瑰之上》《称之为一切》《终于使我周转不灵》《十四首素歌》《行间距：诗集2008—2012》《随黄公望游富春山》《最委婉的词》《毕竟流行去》等多部作品。作品被译为六种语言在海外出版。2007年获首届"中坤国际诗歌奖"；2012年获意大利"Ceppo Pistoia 国际文学奖"，同年获第三十一届美国北加州图书奖翻译类图书奖；2013年获第十三届华语文学传媒大奖"杰出作家奖"。

## 橡皮空间

约创作于 2010 年的《橡皮空间》是翟永明诗集《行间距：诗集 2008—2012》中的重要作品，灵感来源于诗人一个似梦非梦的瞬间，可能是一个幻觉，也可能是一次灵魂出窍的体验。在这个橡皮空间里，诗人同时体验到了前世、今生与未来，因此创作了这首诗。此为《橡皮空间》手稿。

此稿 1 页，29.5×21cm
2013 年翟永明捐赠

66

## 诗二首

　　此为 2012 年翟永明创作的诗歌草稿两篇。其中,《酷咖啡馆》灵感来源于诗人与几位女性好友在一个叫"酷"的咖啡馆中的交谈,话题涉及女性主义、跨性别问题等。手稿上方则是同期写作的未完成片断,诗人原拟用于长诗《随黄公望游富春山》,后因故搁置。诗歌草稿真实地反映了翟永明的创作状态和思路轨迹,不论最终是否定稿并发表,都是一份承载诗人文思和感悟的原始记录。

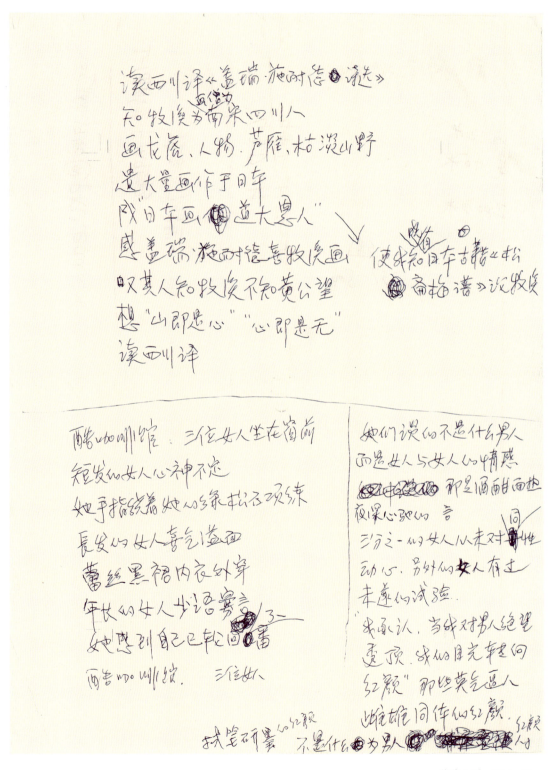

此稿 1 页,29.7×21cm
2013 年翟永明捐赠
(刘明辉)

# 王寅

王寅，1962年出生。出版有《王寅诗选》《艺术不是惟一的方式》《灰光灯》等著作多种。先后获第一届江南诗歌奖、第三届东荡子诗歌奖等多个诗歌奖。作品被译成英、法、德、西班牙、挪威、波兰、日、韩、蒙等十六种文字。出版法语诗集三种、西班牙语诗集和斯洛文尼亚语诗集各一种。从2012年开始策划"诗歌来到美术馆"系列活动至今，获《东方早报》"2013文化中国年度事件大奖"。

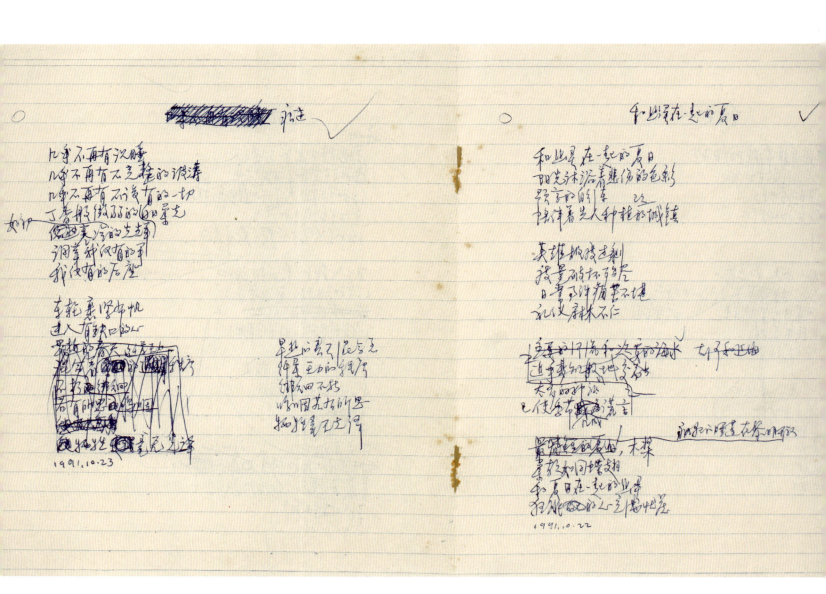

## 痕迹　　和幽灵在一起的夏日　　秋天　　灵魂终于出窍

　　此为王寅 1991 年作《痕迹》《和幽灵在一起的夏日》《秋天》《灵魂终于出窍》的创作初稿。诗稿书写于一册练习簿内，含有最初的文句构思和反复斟酌的修改的痕迹。在日常创作中，作者先将灵感随手记录在任何可以书写的纸张上，而后进行重新整理和修订。诗稿中反映了作者真实的诗歌创作过程。

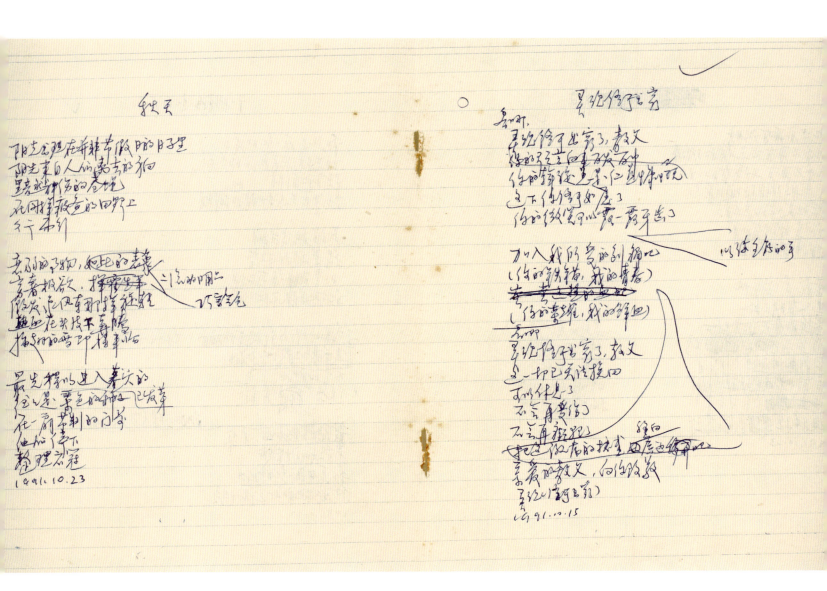

此稿 4 页，19×15cm
2013 年王寅捐赠
（刘明辉）

# 西川

西川，1963年出生。诗人、作家。1985年毕业于北京大学英文系，自20世纪80年代起开始创作，出版诗集多部，并创办民间诗歌刊物，参与编辑工作。曾执教于中央美术学院。2014年受聘于北京师范大学国际写作中心。2013年，由Lucas Klein翻译的《蚊子志·西川诗选》获美国卢西恩·斯泰克亚洲翻译奖，并成为普林斯顿大学Mathey学院英文写作专业当年12册必读书目之一。2014年，西川出任该年度国际笔会新声奖（New Voices Award）评委。

**预感**

1996 年 10 月，英国 Time Literary Supplement 发表了 John Cayley 翻译此诗的英译文。此诗收录于《西川诗选》，由人民文学出版社于 1997 年出版，后更名为《西川的诗》，于 1999 年重新出版。

此稿 1 页，26×18.7cm
2013 年西川捐赠
（刘明辉）

# 马丁

马丁，1959年出生，本名马学功。诗人。任青海文联《青海湖》杂志副主编，青海省作家协会副主席。出版诗集《家园的颂辞与挽歌》等，获青海省第二、三、四届文学创作奖，第六届全国少数民族创作骏马奖。

## 马丁诗稿一组

上海图书馆藏有马丁1985年至1990年创作的诗稿，写于两册笔记簿中，创作时间分别是1985年至1986年，1987年至1990年。作者在笔记簿封面上署有自己的本名。手稿呈现出写作时的最初构思和词句搭建的过程，真实地反映了创作过程和书写状态。

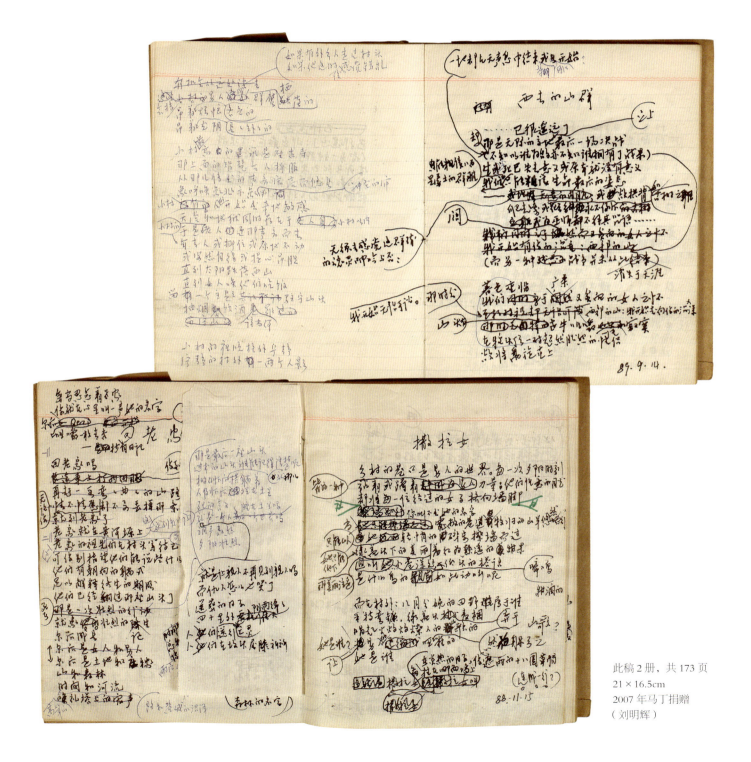

此稿2册，共173页
21×16.5cm
2007年马丁捐赠
（刘明辉）

# 欧阳江河

欧阳江河，本名江河，1956年出生。诗人、诗学和文化批评家、书法家、北京师范大学终身特聘教授，《今天》文学社社长。出版十四部中文诗集和一部文论集，并有德、英、法、西班牙、阿拉伯语译本出版。在全球五十多所大学及文学中心讲学、朗诵。代表诗作有《玻璃工厂》《凤凰》《傍晚穿过广场》《最后的幻象》《椅中人的倾听与交谈》《咖啡馆》《雪》等。2010年获华语文学传媒大奖年度诗歌奖及2016年度杰出作家奖，2015年获十月文学奖，2016年获英国剑桥大学诗歌银叶奖。

## 凤凰

《凤凰》是欧阳江河的长诗作品。全诗共19节，诗中由不同的凤凰命名，衔接和映射着不同的历史阶段，带有现实的辐射和批判的意识。《凤凰》最初的写作源于艺术家徐冰的大型装置艺术品"凤凰"，欧阳江河试图在诗与艺术品之间形成一种对话关系，将艺术品的意义放大，利用诗歌语境，凸显词与物、词与历史间的关系。《凤凰》长诗单行本于2012年10月在香港牛津大学出版社出版，并在《花城》2012年第5期刊载，收录于欧阳江河诗集《黄山谷的豹》中。此为《凤凰》的部分手稿。

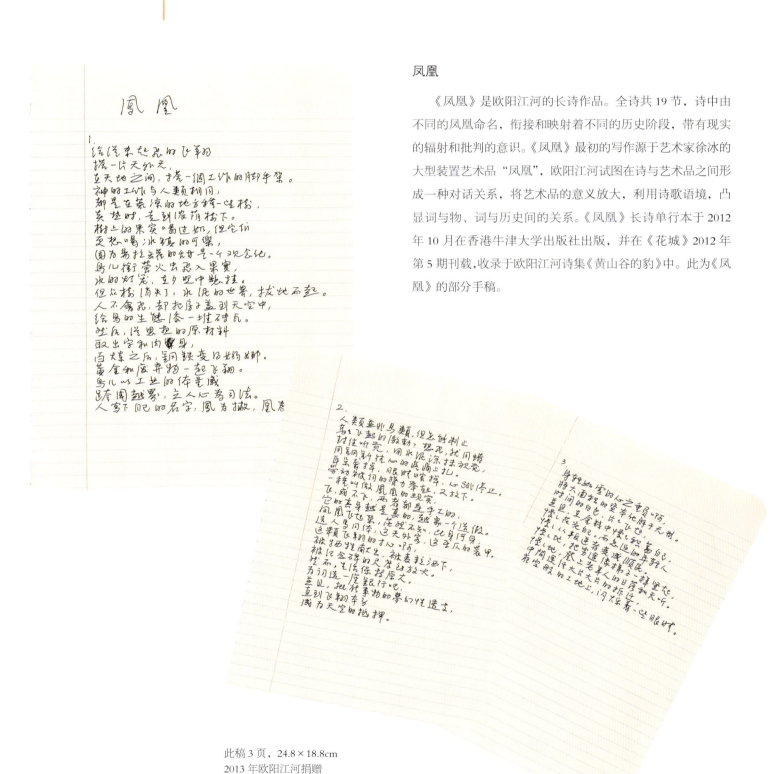

此稿 3 页，24.8×18.8cm
2013 年欧阳江河捐赠

致鲁米 （欧阳江河）

托钵僧行囊里的穷乡僻壤
在闹市中心的广场上，
兜底抖了出来。
这凭空抖出的亿万财富，
仅有一枚攥紧的硬币。
他摘下头上那顶睡帽般的毡巾帽，
讨来的饭越多，胃里的尘土也越多。
一小片从词语粉末下的东西
还来不及烤成面包，就已成神迹。
请不要以吃什么，而以不吃什么
去理解饥饿的尊贵吧。
（一条烤熟的鱼会说水的语言）
托钵僧敬之为神，破浪来到中国，
把一只空碗和一付空肠子
从笔到农具，递到我手上。
一小块耕地缩小了沙漠之大。
我还不是农夫，但正在变成农夫。

作 劳动，放下思考。 想
这一锄头挖下去，
苏 伤及神的动脉和闪电
再也握不住雷霆滚动的石油。
多少个草原帝国开始碎骨，
玫瑰与玉米开始生长，沙漠退去。
阿拉伯王子需要一丝羞愧拯救肥，
小亚细亚需要一红尊严变得矮小，
天使需要一丝愤怒保持宁静。
这一锄头挖下去并不都是丰收。
（没有筷子丰收，够吃就行了。）
而深挖之下，地球已被挖穿，
天空从光的洞穴逃离，
星辰如一个盲人盯着致盲的脸。
词之本情源，黄金躺地不起。
物至仁慈，即使送物的小小界走
包裹了物欲这个庞大的界走。
极善，从不考虑普通的善，
也不在手伪善的回眸一笑。
因为在神圣的气讨面前，

托钵僧已从人群消失。
没有他，众人手上的碗皆是空的。

2013.10.18
于上海图书馆

**致鲁米**

2013 年 11 月，上海图书馆举行"诗歌四重奏"手稿捐赠仪式，诗人欧阳江河、西川、翟永明和王寅在仪式上共捐赠了 176 页手稿。欧阳江河于当天清晨在酒店用便笺纸即兴创作了《致鲁米》一诗，在仪式上捐赠了此诗稿并作了首次公开朗诵。

欧阳江河

此稿 2 页，21×14.5cm
2013 年欧阳江河捐赠
（刘明辉）

# 译 稿

*Manuscripts of Translations*

翻译是不同语言文字之间的转换，是人们思想与文化沟通的中介，是不同民族和国家之间跨文化交流的桥梁。历史上，人们依靠通晓不同语言文字的译者，开拓了视野，认识了世界，在互学互鉴中，不断丰富了各自的知识，实现了人类文明成果的共享。

本馆所藏译稿以翻译文学为主。近十余年来，本馆尤为重视外国文学名家名作的译稿征集，如今收藏已渐成规模。文学作品的翻译不同于非文学作品的翻译，后者以准确忠实传达为目的，而文学翻译不仅是语言层面技术性的文字转换，它还是一种审美再创造的活动。其过程展现了译者的创造力，即接近和再现原作的艺术创造才能，这种主观努力往往因人而异。所以，本馆特别关注上海的优秀翻译家与他们的译稿。1993 年，上海图书馆在淮海中路新馆建设工地前开设了一家书店——文达书苑，以此为据点，开展了一系列阅读推广活动。在次年 5 月 15 日设立"上海翻译家作品"专柜之际，书店举行了当时上海规模最大的签售活动，有 20 位著名翻译家的 76 种译作同时面对蜂拥而至的八方读者。时任上海翻译家协会会长的草婴先生率先捐赠了托尔斯泰长篇小说《童年·少年·青年》译稿。自此之后，当年参加签售的翻译家有多人陆续向本馆捐赠了译稿和其他手稿，如方平、冯春、黄杲炘、王智量、周克希、张秋红等人。上海的法国文学翻译家马振骋得知本馆征集译稿的要求后，将历年精心保存于家中的一橱手稿悉数交给了我们。多年来支持本馆手稿收藏工作的翻译家中既有长期交往的老翻译家，也有新结识的外国文学研究者。如北京翻译家萧乾、文洁若在向本馆捐赠了名作《尤利西斯》

译稿之后，文洁若连年将译稿和文稿捐存于上海图书馆；广州的程曾厚教授是中国著名的雨果研究专家，他接连捐赠了一批法国诗歌译稿与雨果《巴黎圣母院》译稿。还有地处京沪杭三地的飞白与吴笛、汪建钊、海岸的师生联袂捐赠再创本馆手稿征集佳话。

译稿中蕴含了丰富的文化背景，译者在传达原作文字的意象、意境、艺术风格等过程中，需要深入地解读、不断地体会，反复地比较，在雕句琢字中进行再创造。我们在译稿中可以看到翻译家多次修改的笔迹和重译的新稿。正如周克希所说："好的译文，往往是改出来，磨出来的。""我的译作，都是七改八改出来的。不仅自己改，有时朋友、读者也帮着改。"（周克希《译边草》，华东师范大学出版社 2012 年版，第 45、48 页）正是这种精益求精的追求，让我们欣赏到了优秀的外国文学作品，他们不愧是文化的摆渡者，文学的传灯人。本图录虽不能展现译稿原文全貌，但从选收的部分作品的译稿中，我们可以管窥文学翻译的过程中的不同类型，同时体验翻译家们"戴着镣铐跳舞"的艰辛。

# 茅盾

茅盾（1896—1981），原名沈德鸿，字雁冰。作家、文学评论家。1915年毕业于北京大学预科。1916年任上海商务印书馆编辑，1921年参加上海共产主义小组。先后主编《小说月报》等多种报刊，曾积极参加社会革命活动，在上海等地从事革命文艺活动。1949年后历任文化部部长，中国作家协会主席，全国文学艺术界联合会副主席，《人民文学》《译文》杂志主编，全国人大历届代表，全国政协历届常务委员，第四、五届副主席。代表作有《子夜》《林家铺子》等，译著有《茅盾译文选集》，有《茅盾全集》行世。

扫一扫 更精彩

### 珍雅儿

这是本馆在 2018 年筹备"文苑英华——来自大英图书馆的珍宝"英国作家手稿展时，在上海图书馆馆藏手稿中发现的茅盾《简·爱》译稿。此稿以钢笔书写于绿色硬封面的笔记本中，采用竖排格式，字迹端正隽秀、行文整齐，改动很少。文首有原著名"JANE EYRE"，茅盾自拟题名"珍雅儿"。内容是"第一章"至"第三章"的译文，1935 年译。因其译名与后来通行名相距甚远，以致入藏本馆 22 年来未被注意。这部未发表的译稿是研究茅盾及其翻译理论实践的重要文本。

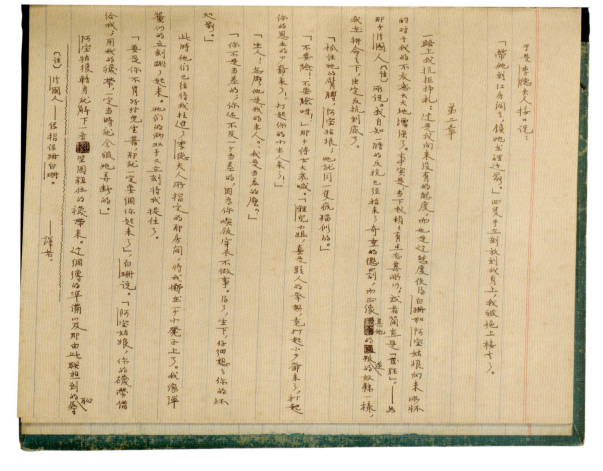

此稿16页，16×20cm
1996年茅盾之子韦韬捐赠
（刘明辉）

# 余振

余振（1909—1996），原名李毓珍，笔名孟星等。教育家、翻译家。1935年毕业于北平大学法学院俄文法政系。1949年后历任北方交通大学、清华大学、北京大学教授，中华书局《辞海》编辑所（今上海辞书出版社）编审，华东师范大学教授，中国苏联文学研究会理事。译著有《俄语文法高级教程》《普式庚诗选》《普希金长诗选》《莱蒙托夫诗选》《莱蒙托夫抒情诗选》《马雅可夫斯基诗选》（主编人民文学出版社1957年五卷本及1984年四卷本）《列宁》《好！》《一亿五千万》《远在东方》等。晚年翻译出版《普希金长诗全集》《莱蒙托夫抒情诗全集》。出版有《余振翻译文集》（四卷）。

### 莱蒙托夫诗选

2018年，余振家属向上海图书馆捐赠了余振译普希金、莱蒙托夫、马雅可夫斯基作品的完整译稿和《十九世纪俄罗斯文学》《棋经十三篇校注》等手稿。此为《莱蒙托夫诗选》1983年修订稿，收入《余振翻译文集》，由上海社会科学院出版社于2014年出版。

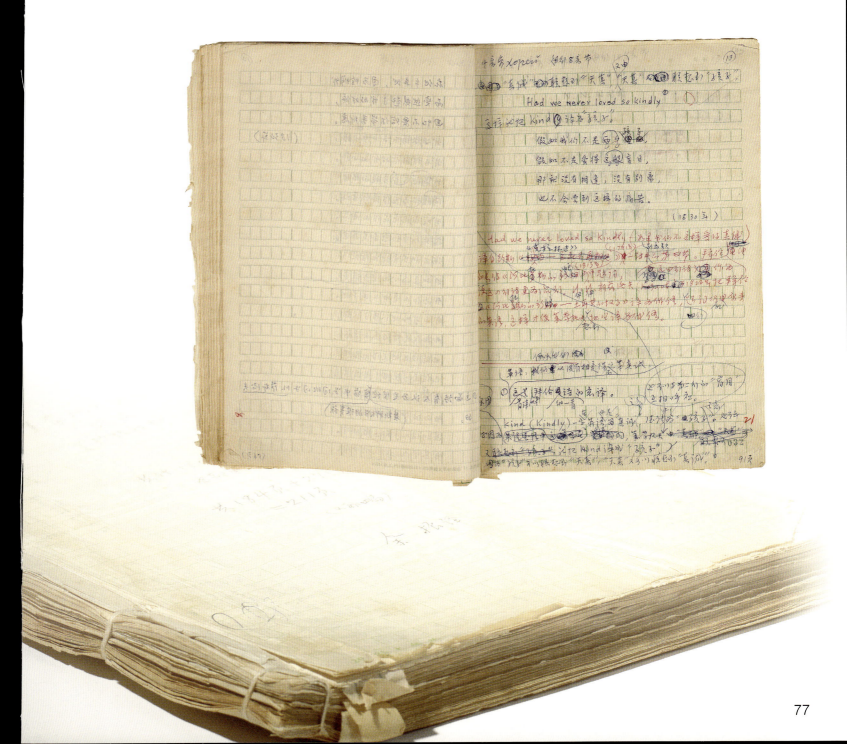

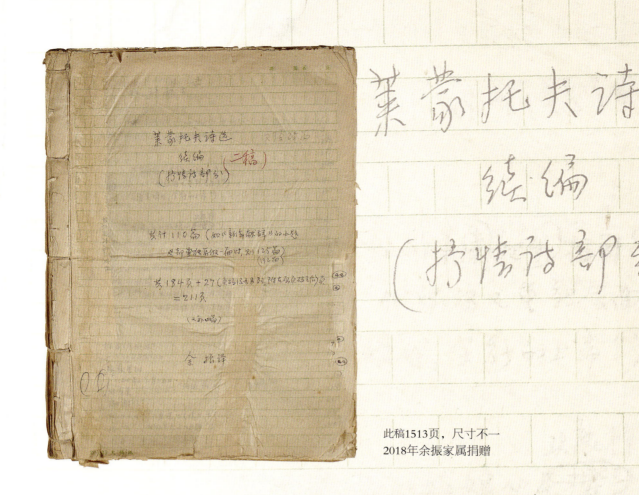

莱蒙托夫诗选
续编
（抒情诗部分）

此稿1513页，尺寸不一
2018年余振家属捐赠

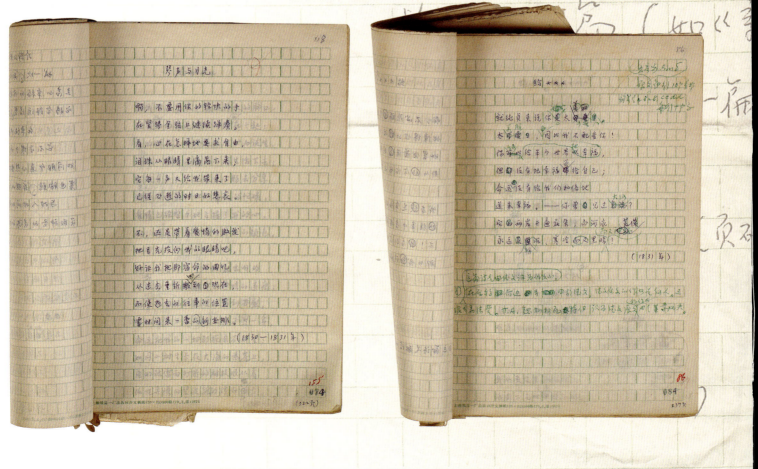

（刘明辉）

**方平**

　　方平（1921—2008），原名陆吉平。翻译家，莎士比亚研究专家。上海译文出版社编审，曾任中国莎士比亚研究会会长，国际莎士比亚协会执行理事。1946年起在《文汇报》《文萃》《诗创造》等刊物上发表诗歌、散文和译诗。1947年出版诗集《随风而去》，同年在《诗创造》中翻译发表一首莎士比亚十四行诗，从此走上莎士比亚作品的翻译和研究之路。2000年出版其主持并主译的《新莎士比亚全集》诗体译本，完成了用诗体翻译莎士比亚全部剧作的夙愿。出版有多部英国文学研究著作。

**阿扎曼王子和菩朵儿公主的神奇的故事**

　　此为方平1989年译自英译本《一千零一夜》中的《阿扎曼王子和菩朵儿公主的神奇的故事》译稿。

方平译自英译本
《一千〇一夜》

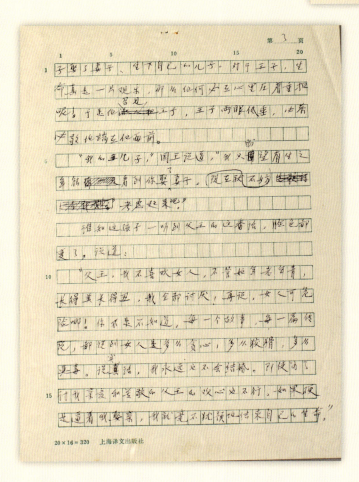

此稿47页，26.5×19cm
1995年方平捐赠
（刘明辉）

# 草婴

草婴（1923—2015），原名盛峻峰。俄罗斯文学翻译家，中国翻译协会副会长，中国翻译协会名誉理事。我国第一位肖洛霍夫作品的翻译家，还曾翻译过莱蒙托夫、卡塔耶夫、尼古拉耶娃等人的作品，后以一人之力完成了《托尔斯泰小说全集》的翻译工作。1960年参加《辞海》编辑工作，任《辞海》编委兼外国文学学科主编。从1978年至1998年，系统翻译了列夫·托尔斯泰全部小说作品，包括三个长篇、六十多个中短篇和自传体小说。主要译著有《战争与和平》《安娜·卡列尼娜》《复活》《童年·少年·青年》《被开垦的处女地》等作品。1987年，在世界文学翻译大会上被授予俄罗斯文学的最高奖——"高尔基文学奖"；2010年获中国翻译协会翻译文化终身成就奖；2014年获第六届上海文学艺术奖终身成就奖。

童年·少年·青年

《童年·少年·青年》是托尔斯泰的自传体小说三部曲，展示了主人公的成长历程和精神世界。托尔斯泰的作品同情劳苦人民的生活，崇尚人道主义精神，将自己伟大的人格融入作品中去，使读者感同身受、深受鼓舞。上海图书馆藏有《童年·少年·青年》完整译稿，稿纸上都记有页码，内容大多以楷体书写，卷面清晰整洁，修改处非常规整。

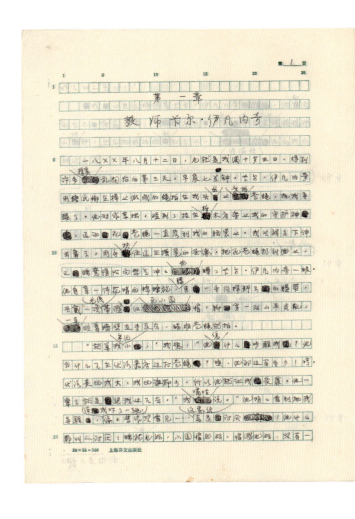
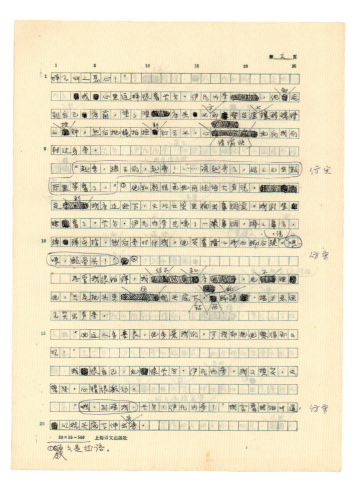

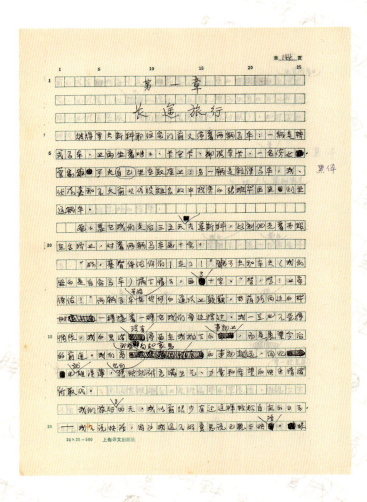

# 第一章

## 长途旅行

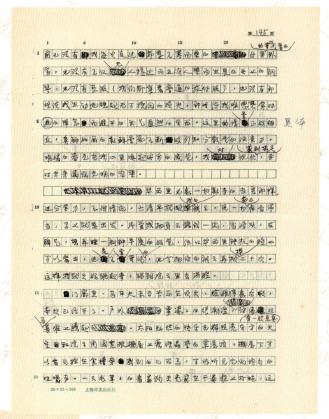

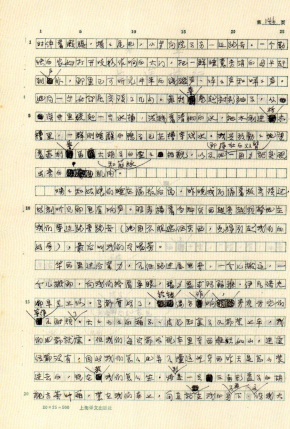

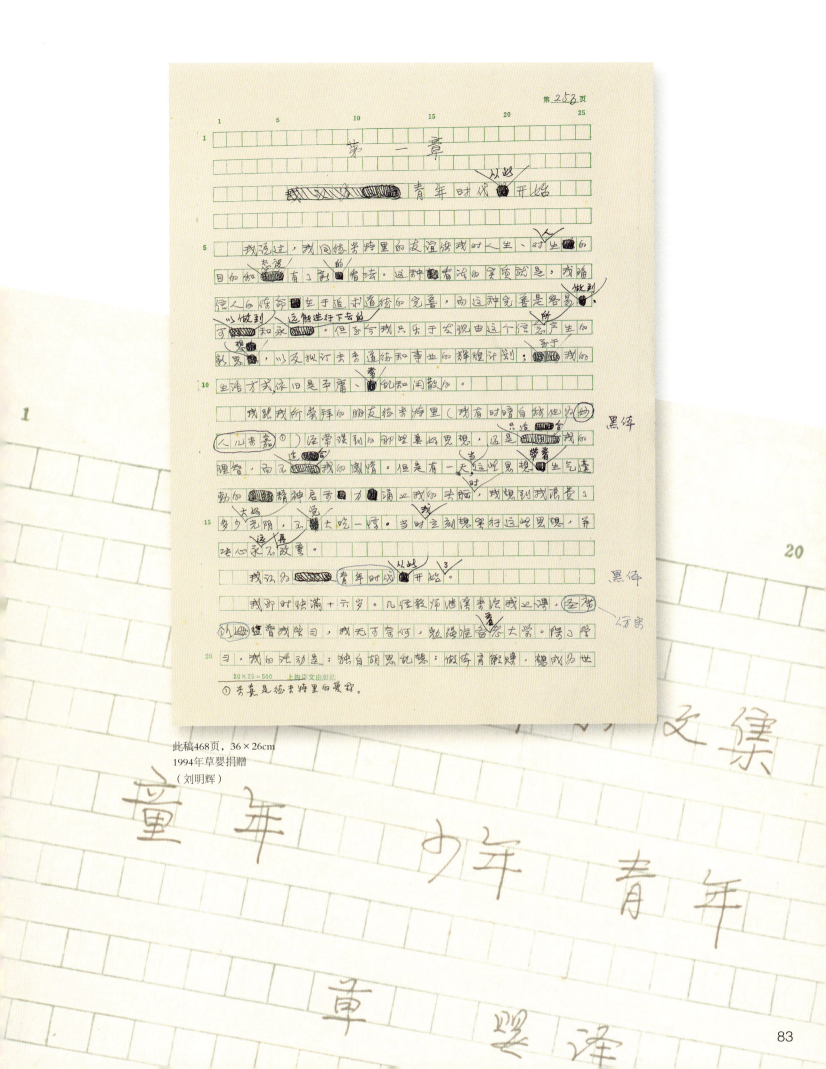

此稿468页，36×26cm
1994年草婴捐赠
（刘明辉）

# 任溶溶

任溶溶，1923年出生。本名任以奇，原名任根鎏。翻译家、儿童文学作家。1945年就读于上海大夏大学中国文学系，1947年起从事翻译工作。1949年任新文字研究会秘书长和儿童文学组组长。1950年任上海翻译工作者协会副秘书长。1952年至1966年任少年儿童出版社译文科科长、编辑部副主任、编审等。工作之余从事儿童文学翻译和创作。1978年至退休，在上海译文出版社任副总编辑。创作有童话《没头脑和不高兴》，儿童诗《爸爸的老师》《我成了个隐身人》，故事《土土的故事》《我也有过小时候》等。翻译作品主要有《木偶奇遇记》《洋葱头历险记》《小飞人》《夏洛的网》《安徒生童话全集》等。曾获国内外多个重要儿童文学创作和翻译奖项。

### 米尔恩儿童诗选

此为2007年任溶溶翻译《米尔恩儿童诗选》的译稿，附有任溶溶撰写的介绍文字，发表于《文汇报·笔会》。他翻译的作品与其创作一样，充满童趣和活力。20世纪中叶，任溶溶主要翻译苏联儿童文学作品，后来不断扩展翻译的语种和作品题材，有很高的翻译数量和质量。译稿中可见诸多修改痕迹。

米尔恩儿童诗选

任溶溶译

…恩（1882—1956）是英国著名的儿童文…
…写的小熊维尼，想来大家都知道。其实他…
…文学作品之前，就是一位知名的作家，还…
…老牌幽默杂志《笨拙》的副主编。儿…
…品，他是也有了好大以名，兴之所至写起…
…实在话，他的儿童文学作品一共也只有…
…两本是小熊维尼童话，两本是儿童诗…
…熊维尼童话大家都知道，就连这他的儿…
…英语国家，他这些儿童诗，孩子们是当儿…
…作者写儿童诗比写童话还早两年，…

约翰还怎么不动呢？
我的心里望他赢。

詹姆士他慢慢跑，
约翰像生给粘住牢。

约翰终于跑起来，
詹姆士他跑得非常快。

约翰往下一直冲，
詹姆士又变得慢腾腾。

詹姆士可碰到污渍难脱身，
约翰离他越来越近。

要就看他跑得可够快！
（詹姆士又踩上了尘埃。）

约翰终于追过他跑。
（詹姆士跟苍蝇在拉哈。）

约翰到了！约翰跑第一！
我不说了，他最了不起！

此稿13页，29.6×21cm
2012年刘绪源捐赠

扫一扫 更精彩

（刘明辉）

译于1948年春天

## 莎士比亚十四行诗第十八首

1950年，屠岸译《莎士比亚十四行诗集》成为第一部中文全译单行本。此后，他本着精益求精的态度亲自执笔修改500余处，诗集不断再版，累计印数达60多万册，成为莎士比亚十四行诗的经典译本。他的译文以准确、贴近原意著称。其中，第十八首传诵尤广，脍炙人口，也是屠岸最喜爱的莎士比亚十四行诗之一。2016年4月23日，为纪念莎士比亚逝世四百周年，上海图书馆与上海人民出版社共同策划出版了屠岸译《莎士比亚十四行诗》线装珍藏本，这不仅是我国首部外国文学经典诗集译本的繁体竖排线装版，也是世界上第一部莎士比亚十四行诗的宣纸线装本，被大英图书馆、莎士比亚故居以及2016年伦敦书展组委会收藏。

扫一扫 更精彩

莎士比亚十四行诗第十八首

我能否把你比作夏季的一天？
你可是更加可爱，更加温婉；
狂风会吹落五月的娇花嫩瓣，
夏季出租的日期又未免太短：
有时候苍天的巨眼照得太灼热，
他金光闪耀的圣颜也会被遮暗；
每一样美呀，总会失去美而凋落，
被时机或者自然的代谢所摧残；
但是你永久的夏天决不会凋枯，
你永远不会丧失你美的形象；
死神诿不着你在他影子里踯躅，
你将在不朽的诗中与时间同长。
　　只要人类在呼吸，眼睛看得见，
　　我这诗就活着，使你的生命绵延。

屠岸译

译于1948年春天

此稿1页，25.6×18.1cm
2010年屠岸捐赠

附：诗的经典，画的丰采——序《插图本莎士比亚十四行诗》

此为2015年屠岸为《插图本莎士比亚十四行诗》（中央编译出版社，2015）所撰写的序言《诗的经典，画的丰采》手稿。文中可见作者多年来对莎士比亚十四行诗翻译和研究的理解和心得体会，也反映了屠岸在艺术审美方面的独到见解。

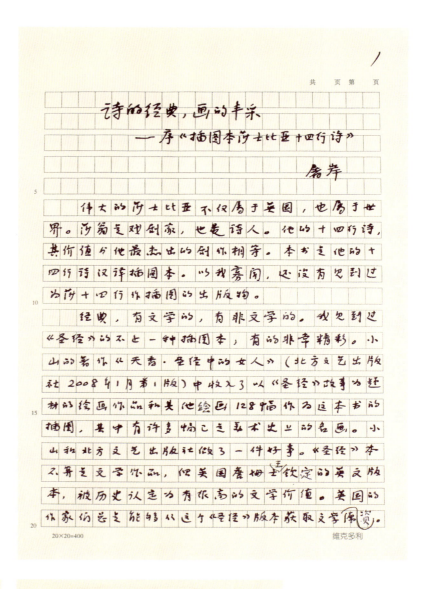

此稿6页，26.4×19cm
2015年屠岸捐赠
（刘明辉）

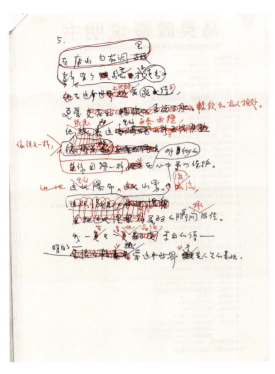
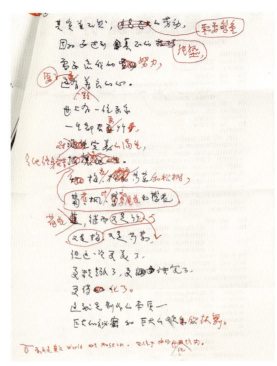

## 柳德米拉·斯吉尔达

　　此稿封面有译者所书诗集俄语名"柳德米拉·斯吉尔达"。柳德米拉·斯吉尔达是乌克兰女诗人，曾获意大利但丁协会金奖，曾出版诗集《中国的呼吸》（中译本由北京大学出版社于2010年出版）等。此译稿作于2012年，收录于柳德米拉诗集《神州絮语》（中译本由北京大学出版社于2012年出版）。译文写在统一尺寸的药品说明书背面，分五册装订。其中有作者为高莽创作的一首诗。

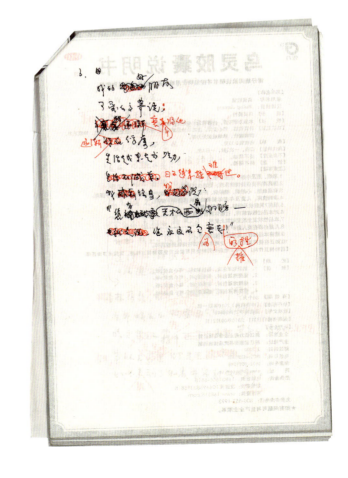

此稿126页，21.2×14.2cm
2013年高莽捐赠
（刘明辉）

# 文洁若

文洁若，1927年出生。翻译家、作家。1950年毕业于清华大学外语系。曾任人民文学出版社编审。著有长篇纪实文学《生机无限》，散文集《梦之谷奇遇》，随笔集《旅人的绿洲》，评论集《文学姻缘》等，译著《泉镜花小说选》《芥川龙之介小说选》《东京人》《莫瑞斯》《凯瑟琳·曼斯菲尔德小说选》等。《尤利西斯》（与萧乾合译）获全国第二届优秀外国文学图书一等奖、第二届国家图书奖提名奖。2000年获日本外务大臣表彰奖，同年获勋四等瑞宝章。2012年获中国翻译协会翻译文化终身成就奖。

第 1 页

瑞古堂

　　烛烧般的太阳渐渐西下，却仍在混浊的雾霭和云层中浮荡。梅雨期过去，暑热天气开始了。人们在狭窄的街上行走时，更加汗津津的。商店街上，背阴处的商店已经开灯，不在背阴处的店铺则在残阳光照下，仿若白昼。远处大厦的灯光，显出不明不暗的朦胧，这样的光景使人们的心情不免有些烦躁。

　　这是昭和十二年（一九六七年）七月某日的傍晚。山形佐一沿着从赤坂见附向西的一条商店街

新华社参编部稿纸　　　　　　　　　20 × 10 = 200

## 热绢

此为文洁若《热绢》未刊译稿。1986年，文洁若曾与松本清张晤谈，提及自己系首次离开家人在国外过元旦，特意借来他的小说《热绢》阅读以排遣思家之情。松本清张即令人送来此书并签赠给文洁若。此次谈话给了文洁若极大的鼓舞，遂开始孜孜不倦地翻译此书并反复修改译文。文洁若完成初译稿后，由其弟抄写，译者用铅笔在稿上修改，后由译者重新誊写，并在誊写稿上再次进行了修改。

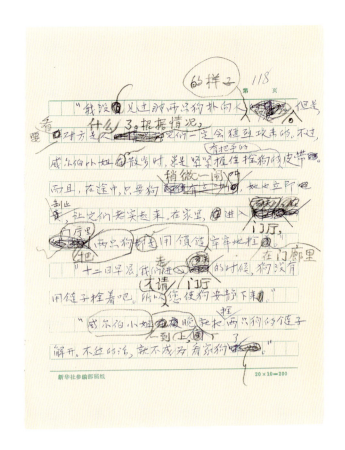

此稿860页，26×18.6cm
2013年文洁若捐赠

猴脸青年

此为文洁若2018年至2019年的最新译作，原著者为日本作家太宰治。译稿中有大量拼贴和修改痕迹，由此可见译者在92岁高龄时的翻译状态。

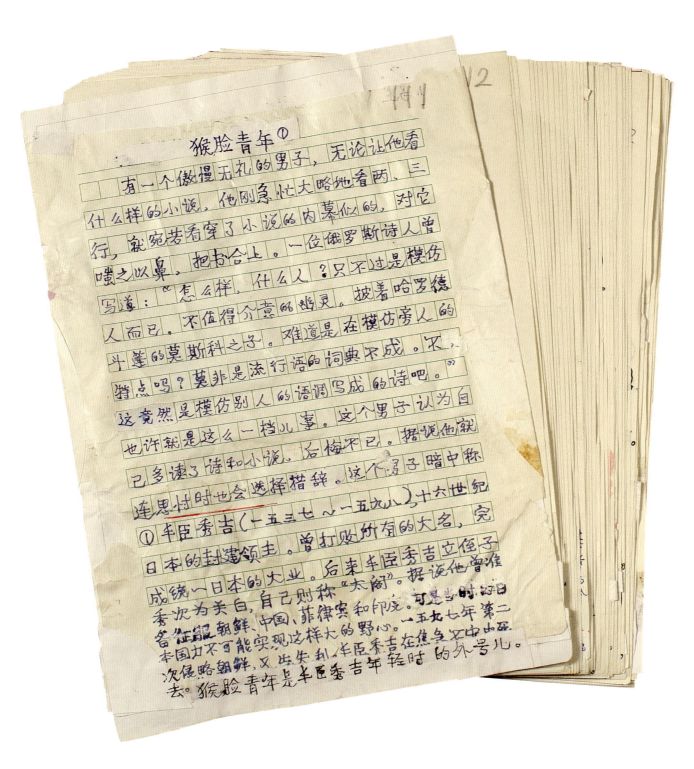

此稿120页，25.9×18.5cm

2019年文洁若捐赠

（刘明辉）

# 王智量

王智量，1928年出生。北京大学外语系毕业，后进入中国社会科学院文学研究所工作，从事俄国文学的研究和写作。先后在北京大学、华东师范大学任教。曾任上海比较文学学会副会长、全国高等学校外国文学研究会常务理事等职。专著有《论普希金、屠格涅夫、托尔斯泰》，长篇小说《饥饿的山村》，主编《俄国文学与中国》《外国文学史纲》，译著《叶甫盖尼·奥涅金》《上尉的女儿》《安娜·卡列尼娜》《我们共同的朋友》《前夜》《贵族之家》《屠格涅夫散文诗》等，出版专著、译著和主编书籍三十余部，出版有《智量文集》（十八册）。

## 上尉的女儿

据王智量回忆，决定翻译此作品是因为它早在清光绪二十九年（1903）就已译出，是我国外国文学作品翻译史上的一个有纪念意义的标志。作为翻译工作者，自己有责任使作品的译介工作"与时俱进"。多年来他的翻译规条是"忠于原作"，尽力让译本与原作"神形兼似"，并将此规条充分应用到了《上尉的女儿》的翻译中。在此作品的正文之外，王智量还将六个别稿收录附后，以体现作者从原作中删去或改动过的章节与段落，有助于读者了解创作过程。王智量译《上尉的女儿》由译林出版社于1993年出版。1999年，在纪念普希金诞辰两百周年之际，王智量因翻译《叶甫盖尼·奥涅金》《上尉的女儿》和在普希金研究方面的卓越贡献，获俄罗斯政府文化部颁发的普希金纪念章和感谢状。译稿中蓝色笔迹系初译稿，红色笔迹为作者修改。

此稿315页，26×18.5cm
2010年王智量捐赠

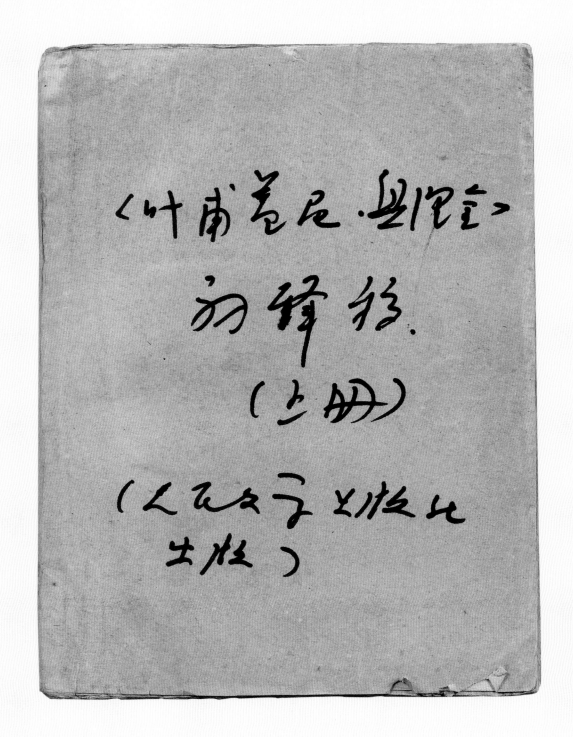

扫一扫 更精彩

**叶甫盖尼·奥涅金**

　　王智量《叶甫盖尼·奥涅金》译本的翻译和出版之路十分坎坷。20世纪50年代，王智量开始翻译这部长诗，半途被迫搁置。在严峻形势下，他受到时任中国科学院文学研究所所长何其芳的热情鼓励："《奥涅金》你一定要搞完！"此后王智量以惊人的毅力，在农村劳动和上海治病期间坚持不懈继续翻译，分别在小本子、香烟盒、粗劣的纸片、报纸边缘的空白处等完成了初译稿，又在病中反复抄写和修改，形成完整译稿后交付人民文学出版社，但译稿在动荡中遗失，被寻回后，王智量又花了一年左右的时间修改、抄写，1982年由人民文学出版社出版，历时整整三十年。

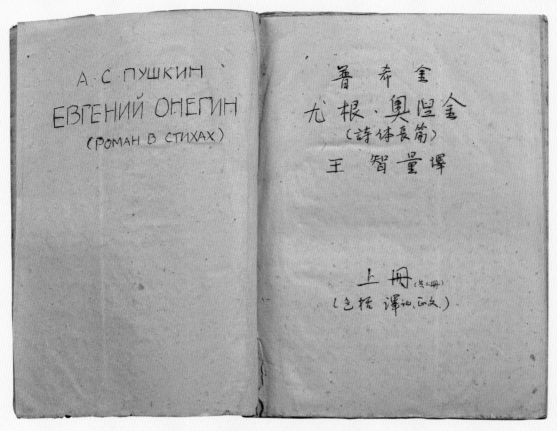

此稿275页，26×19cm

2010年王智量捐赠

（刘明辉）

# 飞白

飞白，1929年出生，原名汪飞白。翻译家。浙江省比较文学与外国文学学会名誉会长。曾为杭州大学中文系教授、外国文学教研室主任。通晓英、法、俄、西、德、意等多国语种，长期从事世界诗歌名著的研究和翻译。2017年获"陈子昂年度诗歌翻译家奖"。主要著译有《瓦西里·焦尔金》《马雅可夫斯基诗选》、《英国维多利亚时代诗选》、《勃朗宁诗选》、《哈代诗选》、《诗海·世界诗歌史纲》、《世界诗库》（主编并译诗撰文）、《诗海游踪·中西诗比较讲稿》（专著）、《译诗漫笔》（翻译学专著）等。

2014年，在飞白高足汪剑钊、海岸、吴笛、胡小跃等翻译家的共同支持和促成之下，上海图书馆入藏飞白多部完整译稿和研究笔记，其中包括《英国维多利亚时代诗选》《马雅可夫斯基诗选》等，这是上海图书馆第一次收获师生联合捐赠的手稿。

此稿780页，25.4×17.8cm
2014年飞白捐赠

## 马雅可夫斯基诗选

此译作完成于1960年至1981年。马雅可夫斯基擅长现实题材创作，他关注世界各族人民的反帝解放斗争，多次直接以中国为题材作诗，例如《不准干涉中国》（1924）、《莫斯科的中国人》（1926）等，给予了中国人民热情的支持和鼓舞。此为上述两首诗的译稿，收录于《马雅可夫斯基诗选》，由上海译文出版社于1982年出版。

6-88

不准干涉中国！

战争——
　　　　帝国主义的产物，
象个魔影
　　　　向世界进逼。
怒吼吧，工人：
　　　　"不准
干涉中国！"
"唉，麦克唐纳，①
　　　　　不许骗人！
在国联里
　　　不许一派胡说。
主力舰，撤回去！
　　　　"不准
干涉中国！"
使馆区里
　　　　便些老爷为上宾，
策划阴谋，
　　　　团团匪徒。
我们要扫除蜘蛛网。
　　　　"不准

① 当时的英国首相。

站岗78.677/100

干涉中国！"
差力
　不要为他们扛麻袋，
不要为他们
　　　　拉黄包车，
挺起脊梁来！——
　　　　"不准
干涉中国！"
他们想在华中国，
　　　　当殖民地。
人民的红
　　　岂是一群乌合？
中国人，动手吧，
　　　　"不准
干涉中国！"
到时候了，
　　　　赶走这群混蛋，
从长城上
　　　　把他们打落。
"全世界的海盗，
　　　　不准
干涉中国！"
我们
　　　乐于支持
　　　　一切奴隶，

站岗78.677/101

用战斗，
　　用指导，
　　　　用援助。
中国人，咱们站在一起！
　　　　"不准
干涉中国！"
工人们，
　　　把诺盗之友叫醒，
把燃烧的口号
　　象照明弹似的
　　　　　掷上天空：
　　　　"不准
干涉中国！"

　　　　　　　（1924）

站岗78.677/102

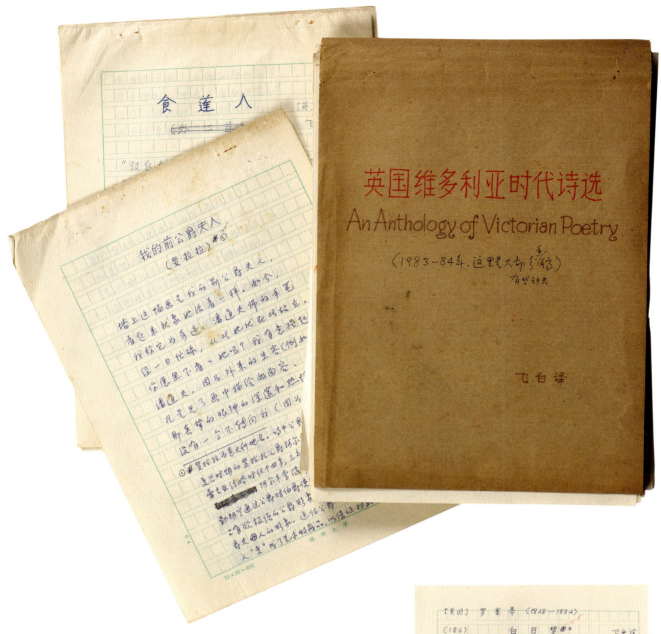

**英国维多利亚时代诗选**

此为飞白译《英国维多利亚时代诗选》完整译稿，
为交付出版社的定稿，完成于1983年至1984年，由湖南
人民出版社于1985年出版。

此稿435页，26.5×18.9cm
2014年飞白捐赠
（刘明辉）

# 冯春

冯春，原名郭振宗，1934年出生。先后在上海文艺出版社、上海译文出版社任外国文学编辑，编审。中国普希金研究会顾问。译有十卷本《普希金文集》及《普希金抒情诗全集》、莱蒙托夫散文集《当代英雄》、屠格涅夫随笔集《猎人笔记》、库普林长篇小说《亚玛镇》等俄罗斯文学作品，著有《俄国和欧洲作家论普希金》《普希金的戏剧革新》《期望普希金诗的翻译更臻完美》等论文，编有《普希金评论集》《冈察洛夫、屠格涅夫、陀思妥耶夫斯基、柯罗连科文学论文选》。1999年获俄罗斯联邦普希金奖章，2006年中俄友好年俄罗斯作家协会奖状。2005年中国翻译协会授予其资深翻译家荣誉称号。

## 猎人笔记

20世纪90年代末，上海译文出版社计划出版《屠格涅夫文集》，请冯春翻译《猎人笔记》，译者接受委托，潜心投入翻译。2000年，《猎人笔记》作为《屠格涅夫文集》中的一种，由上海译文出版社出版。此为《猎人笔记》的译稿。

此稿25篇，29.7×21cm
2008年冯春捐赠

普希金抒情诗四百首

（补译稿）

2007年7月5日完成

（开始于2005年夏）

**普希金抒情诗四百首**

　　1999年冯春译十卷本《普希金文集》出版，其中抒情诗部分只选择了400首，为了将普希金抒情诗译全，译者于21世纪初着手补译未曾译出的400首，并于2009年出版《普希金抒情诗全集》，此译稿即为补译部分，译于2005年至2007年。

此稿176页，30×21.2cm

2010年冯春捐赠

## 叶甫盖尼·奥涅金

扫一扫 更精彩

冯春于1982年出版《叶甫盖尼·奥涅金》译本，主要以自由诗形式译出。由于翻译界不少专家主张诗歌翻译应移植原作格律，译者有感于这一主张的合理性，遂于2014年至2015年将此诗按原作格律重译，称为第二译本，由广西师大出版社于2016年出版。

此稿169页，21.1×29.7cm

2019年冯春捐赠

（刘明辉）

# 马振骋

马振骋，1934年出生。法语文学翻译家。毕业于南京大学法语专业，曾任教于上海第二医科大学。译有蒙田、米兰·昆德拉、玛格丽特·杜拉斯、圣埃克苏佩里等作品多部，代表译作有《小王子》《蒙田随笔全集》《慢》《庆祝无意义》等。2009年，所译《蒙田随笔全集》获首届傅雷翻译出版奖。

马振骋至今保持手写翻译的习惯。2014年起，他向上海图书馆陆续捐赠了三十余部完整译稿和个人创作手稿。

**蒙田随笔全集**

《蒙田随笔》被誉为欧洲近代哲理散文三大经典之一。马振骋根据法国伽利玛出版社1962年版本译出《蒙田随笔全集》，并参考了该社"七星文库"中的《蒙田全集》。

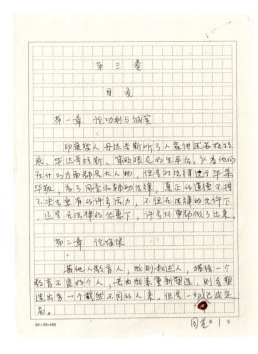

此稿2125页，尺寸不一
2014年马振骋捐赠

庆祝无意义

《庆祝无意义》是米兰·昆德拉在85岁高龄时完成的小说。马振骋的中译本由上海译文出版社于2014年出版，2015年获中国书业年度评选首届翻译奖。

第一部 引

主角出场　Caliban

阿兰盯着肚脐出神

　　这是六月，早晨的太阳走出云端，阿兰慢慢走过巴黎一条马路。他观察那些少女，她们个个都在超低腰长裤与超短T恤之间露出赤裸裸的肚脐。他迷惑了；迷惑了甚至心乱了。仿佛她们的诱惑力不再集中在她们的大腿上，她们的臀部，她们的乳房，而是在身体正中这个小圆点上。

　　这引起了他的思考：如果一个男（一个时代）在大腿上看到女性的诱惑……

庆祝无意义

　　这期间，五十几个儿童从人群中脱离出来，像合唱团那样排成半个圆圈。阿兰朝他们走去，好奇地要看之接下来是什么，达德洛对拉蒙说："你看，这里节目主持很精彩。这两人完美无缺！肯定是还在工作的演员。失业者。你们看！他们不需要舞台剧院的。一座公园的走道对他们就够了。他们不放弃。他们要演戏。他们为生存奋斗。"然后，他记起了自己的重病，为了让人记得他糟糕的命运，他低声加了一句："我也是为生存奋斗。"

　　"我知道，朋友，我敬佩你的勇气，"拉蒙说。然后，希望在他不幸时搀他一把，又说："达德洛，很久以来我要跟你谈一件事。谈无意义的价值。那个时期，我尤其想到你与女人的关系。我那时更愿想你谈卡格里克，我的好朋友。你不认识他。我知道。那就不谈。想想，无意义在我看来从那时起有一番面目，在一个更强烈、更有启示性的光照下。无……

此稿109页，26.5×19cm
2014年马振骋捐赠
（刘明辉）

# 程曾厚

程曾厚，1937年生。1961年北京大学法语专业毕业，1965年北京大学法国文学专业研究生毕业。1985年任南京大学法语教研室主任，1995年被评为法语专业博士生导师。1995年调中山大学，2003年退休。中国作家协会会员，法国文学史学会通讯会员，获法国教育部"棕榈叶骑士勋章"。翻译出版四种"雨果诗选"，两种雨果传记，2018年新译《巴黎圣母院》。致力于研究雨果与中国文化的关系，1984年在《人民日报》刊出雨果抗议圆明园被毁的《致巴特勒上尉的信》，后入选初中《语文》教材，2010年出版《雨果和圆明园》。

《法国诗选》。约2000年译，2077页，尺寸不一
2017年程曾厚捐赠

## 法国诗选　巴黎圣母院

约2000年翻译的《法国诗选》系国内编选翻译的第一部规模较大的法国诗歌译文集，全书自中世纪始按世纪划分，全方位收入法国文学史上公认的著名诗人和他们的代表作。共收入诗人134位，作品388首，涵盖各种诗体的代表作，展现出法国诗歌的全貌。此外，译者还加入了诗人简介、诗歌题解和注释，以帮助读者更全面详细地了解法国诗歌概况。上海图书馆藏有程曾厚译《法国诗选》和《巴黎圣母院》的完整译稿。

A. Jean-Baptiste Rousseau

Sur l'aveuglement des hommes du siècle

第　　页

## 《论世人之盲目》

但愿这大地听到我的声音会醒来！
国王们，你们听好，万姓们，耳朵听开！
但愿苍天以安静，听我训话要注意！
我唱的歌声会使我的诗琴更响亮：
我将身心浸透了融入的神圣思想，
要启发我揭示警世的伟大真理。

人历来都是相信自己也有力量；
人为自己的强盛和高贵得意洋洋，
要靠财富会使虚荣心膨胀无边。
但是这一刻可悲，但愿这一天可怖！
那时死亡将会把幸运的罪人攫住，
全身上下挣脱了缚得太紧的锁链！

你们孜孜追求的这一笔一笔财宝，
你们培养的不义之财令独人侧目，
名位权贵，诸如此类财富岂非属于
权贵们，你们知道财富无非是属于！

（右侧竖排）
Jean-Baptiste Rousseau
Sur l'aveuglement des hommes du siècle

92.1.11251　　20×20=100

巴黎圣母院

〔法国〕维克多·雨果 著

据 J. Seebacher 版
管震湖 翻译 (LIPP)
1998

"你享受吧——而已
知识并……"

塞弗巴 Jacques Seebacher
耕耘寄语

相关电影、戏剧
和歌剧……
"的主中 仕边偏位中
国电视剧——
问好"

阿尔诺 拉斯特
Arnaud Laster
耕耘寄语

J° Ullanes
de Guey

106

《巴黎圣母院》。476页，39×27cm
2017年程曾厚捐赠
（刘明辉）

黄杲炘，1936年出生。曾任上海译文出版社编审。主要从事英语格律诗翻译。译有《柔巴依集》《华兹华斯抒情诗选》《丁尼生诗选》《英国叙事诗四篇》等英美诗歌和寓言诗，包括27种英汉对照本。《坎特伯雷故事》获第四届优秀外国文学图书奖一等奖。文集有《英语诗汉译研究》《译诗的演进》《译路漫漫》《拾零集》。专著《英诗汉译学》获中国大学出版社首届优秀学术著作奖一等奖。还译有《鲁滨孙历险记》《伊索寓言500则》等。

扫一扫 更精彩

### 坎特伯雷故事

　　黄杲炘在翻译工作中治学严谨、精益求精，每部译著出版后都在书上继续修订，以不断完善自己的译本。此为黄杲炘1999年在译林出版社1998年12月第1版《坎特伯雷故事》（上下册）上的校改稿，后于2007年由上海译文出版社出版。

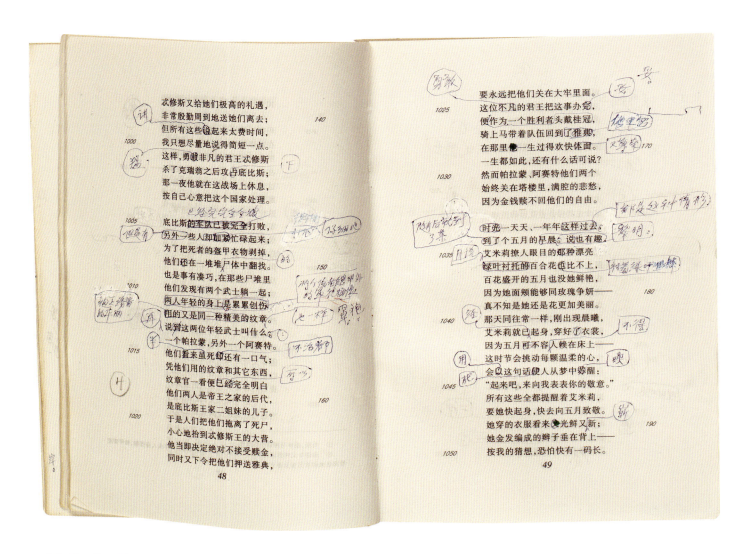

此稿2册，共938页，20.3×14cm

2017年黄杲炘捐赠

（刘明辉）

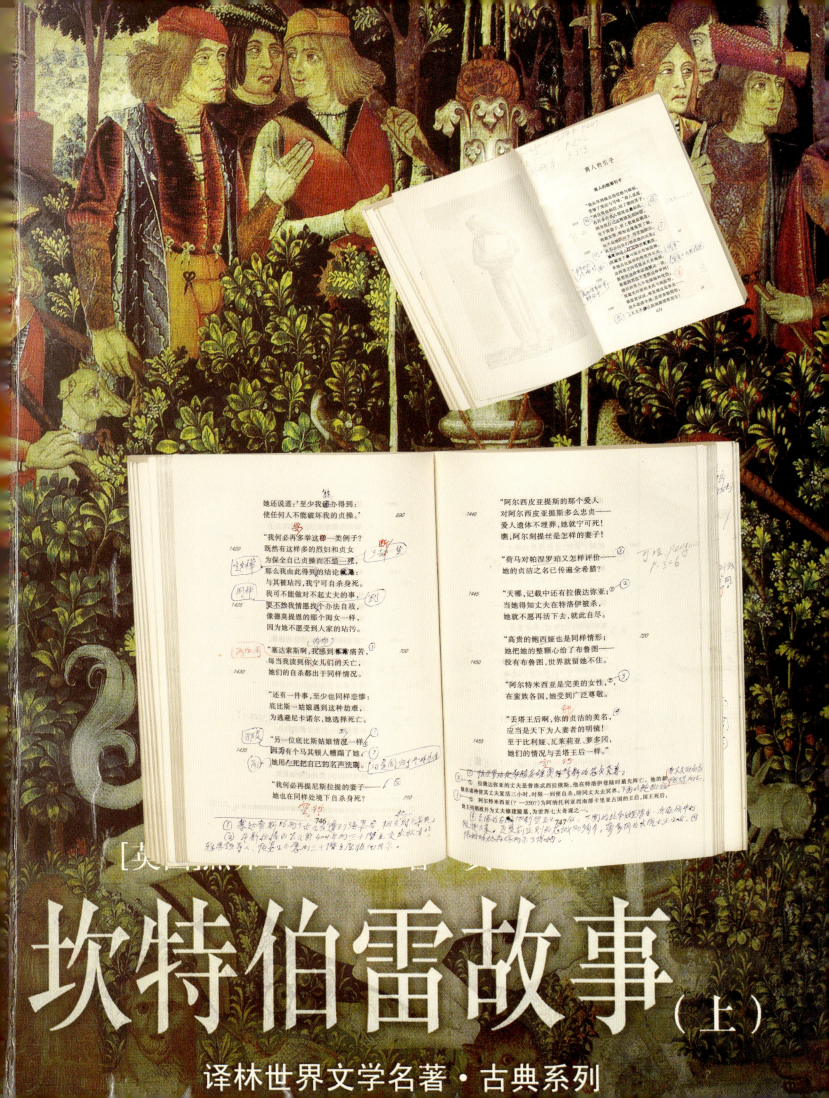

坎特伯雷故事（上）

译林世界文学名著·古典系列

# 周克希

周克希，1942年出生。复旦大学数学系毕业，曾任教于华东师大数学系，其间去法国巴黎高师进修两年，回国后任副教授、硕士研究生导师。后改行至上海译文出版社从事文学编辑工作，编审。译著有法文小说《追寻逝去的时光》第一卷《去斯万家那边》、第二卷《在少女花影下》、第五卷《女囚》、《追寻逝去的时光》（选本）、《包法利夫人》、《小王子》、《基督山伯爵》、《三剑客》、《不朽者》、《王家大道》、《古老的法兰西》、《侠盗亚森·罗平》、《格勒尼埃中短篇小说集》、《幽灵的生活》以及英文小说《福尔摩斯探案选》、《爱丽丝漫游奇境记》等。著有《译边草》、《译之痕》、《草色遥看集》。

## 包法利夫人

1991年前，周克希就已开始使用电脑翻译，《追寻逝去的时光》第五卷《女囚》的前四分之一内容（译林版）即是在电脑上译就。但是，在翻译文学作品，尤其是译初稿时，周克希往往会先在纸上手写，然后在电脑上进行后续的修订工作。在《包法利夫人》的译序中，周克希曾描写过这种状态和心情："每日里，我安安生生地坐在桌前，看上去似乎悠闲得很。其实，脑子在紧张地转动、思索、搜寻，在等待从茫茫中隐隐显现的感觉、意象、语词或句式，性急慌忙地逮住它们，迫不及待地记录下来。每个词、每个句子、每个段落，都像是一次格斗乃至一场战役。"

此为周克希翻译《包法利夫人》的译稿，系1996年翻译的第一稿。

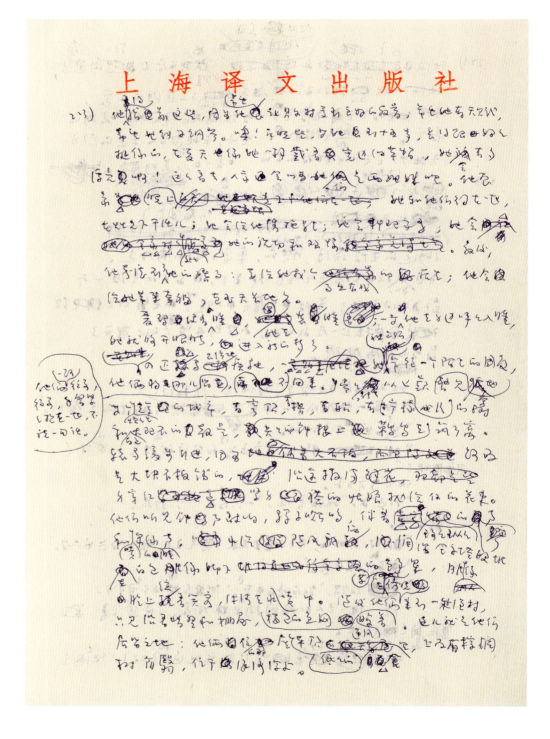

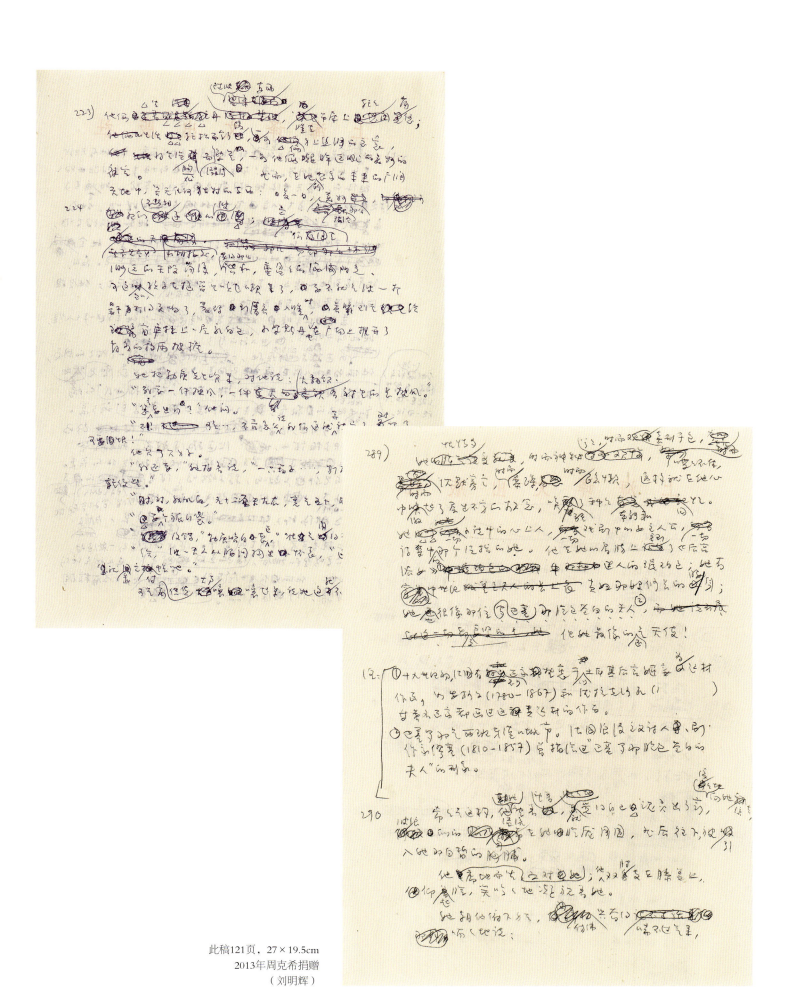

此稿121页，27×19.5cm
2013年周克希捐赠
（刘明辉）

111

# 论 著

Manuscripts of Scholarly Writing

　　文学作品之外的创作文稿主要有学术研究类的论著手稿。本图录的论著手稿以文史为主，兼及部分哲学、宗教、艺术、语言等内容。以上范围的手稿分属不同的人文学科，其文本的生成自有内在的逻辑表达形式和学术规范，不同于纯文学创作的主观性书写。在手稿文本的通常形态上，创作性的各种文稿均有共性，从构思、草稿、修改稿到定稿的不同阶段会产生多种文本，而论著文稿的复杂性往往甚于文学作品的手稿。其特殊性主要在于论著的书写对象具有客观性和理论性，所有的文字表达均须基于相关的理论和事实材料，而理论与材料的准备则需要较长时间的积累与研究，当然，作为结果的论著也有优劣对错的情况。所以，论著生成的过程中"前文本"——各种笔记、摘录、卡片等手稿往往形式多样，直接与间接的材料文字量较多。如文史研究是一个资料长期搜集与储备的过程，与论著的书写具有因果关系，我们在此并不否认文学创作也有丰富的"前文本"状况。因此，名家的论著稿收藏有重要的文献价值。

　　上海图书馆历来重视手稿收藏，所藏历代稿本达 2400 余种，其中明清时期的论著稿本不乏中国学术史上的名家名作。及至今日，现当代论著手稿的收藏在承前续后中仍在不断增长，佳作不绝，成为上海图书馆文献收藏的特色之一。纵观近年来入藏的论著稿，篇幅最大者有史学名著《蒙兀儿史记》残稿。此稿为考察屠寄的元史研究提供了直接的原始材料，其中丰富的"前文本"，直接显示了屠寄为撰述本书所作的大量研究与资料准备。近十余年本馆手稿征集工作的突出亮点之一是完整收藏了一批各种史学专著手稿，如金冲及所著百万字的《二十世纪中国史纲》、黄可的《中国新民主主义革命美术活动史话》、郑重的《毛泽东与〈文汇报〉》、孙琴安的《中国诗歌三十年》、陈福康的《中国译学理论史稿》等。此外，历史学家唐振常、朱维铮、谢俊美、葛兆光的论著手稿均是近年来的重要收获。弥补馆藏手稿类别空缺的有江晓原的科学史著作稿和经学史专家林庆彰的著作稿。

文学艺术研究类的名家手稿也是本馆近年收藏颇丰的一个重要方面。如钱谷融、丁景唐、蒋星煜、田本相、陈子善的论著手稿均体现了作者的研究专长，颇具作者的个性特色。

还有当代著名学者周有光、姜椿芳、李泽厚的论著手稿也有独特的代表性，特别是茅盾的佚稿与戈公振遗著的再现，让我们从时光的遮蔽中十分欣喜地亲睹了尘封七八十年的先贤手稿，可谓是重要的发现。而林其锬多部论著稿的入藏，也让我们从文稿蕴涵的手泽中重温作者与上海图书馆的友谊。

砚中耕耘，以墨稼穑，皇皇论著，字字心血。我们在手稿中看到了中国学者为文化自信与创造所付出的辛劳。

# 屠寄

屠寄（1856—1921），清末民国初史学家、教育家、文学家。原名庚，字归甫、师虞，号敬山、结一宧主人、无闷居士，江苏武进人。清光绪十八年（1892）进士，翰林院庶吉士，历官工部候补主事、淳安县知县。曾任广雅书局襄校、广东舆图局分纂、两湖书院分教、黑龙江舆图局总纂、京师大学堂正教习、奉天大学堂总教习、淳安师范学堂总教习等。武昌起义时，为常州光复的主要领导人。民国肇建后，任武进县民政长，不久卸任，专事蒙元史的研究和写作，并热心地方公益事业，对近代常州的建设多有贡献。著有《结一宧诗文集》《蒙兀儿史记》等。其中，《蒙兀儿史记》堪称中国近代三部重修元史中的最佳之作。

## 蒙兀儿史记

这批手稿，为屠寄在清末至民国初年间撰写的《蒙兀儿史记》部分底稿及相关资料，至今约有百年的历史，是研究蒙元史的珍贵材料。

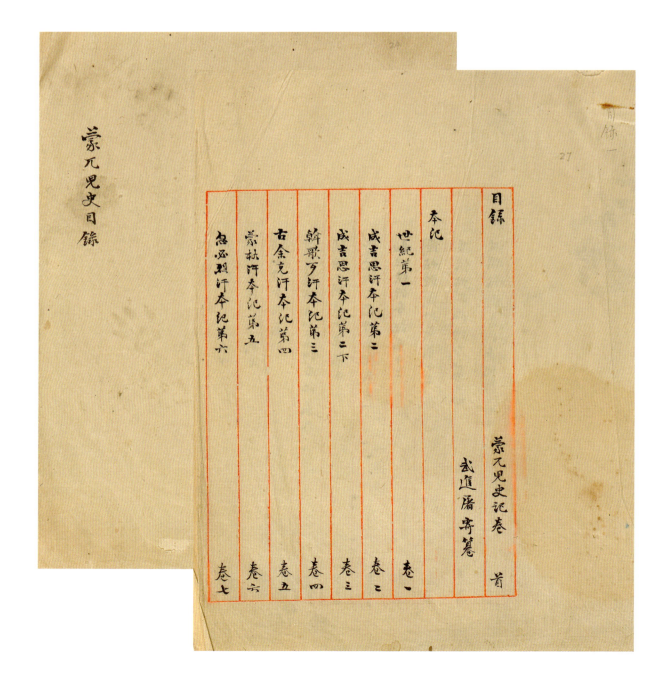

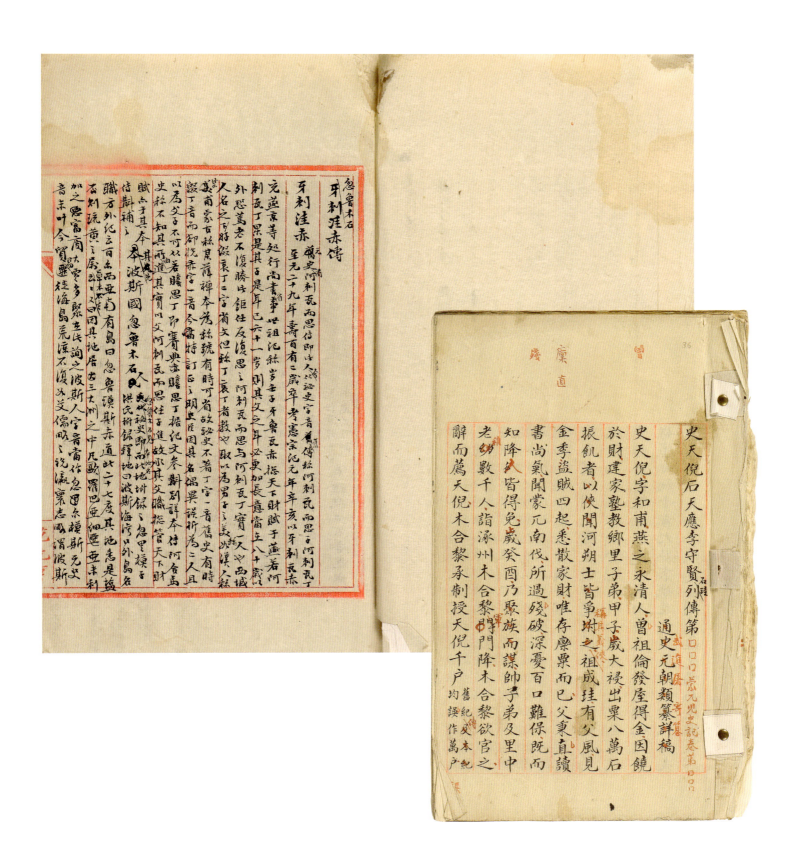

左葉（朱絲欄）

忽魯木石
牙剌瓦赤傳

牙剌瓦赤傳

元史補牙剌瓦而思得即壯人以秘史官舊傳松河剌瓦而思子阿剌瓦丁……

右葉（冊葉三六）

廩直

史天倪石天應李守賢列傳第□□□ 蒙兀兒史記卷第□□□

通史元朝類纂詳稿

史天倪字和甫燕之永清人曾祖倫發屋得金因饒
於財建家塾教鄉里子弟甲子歲大祲出粟八萬石
振飢者以俠聞河朔士皆爭赴之祖成珪有父風見
金季盜賊四起悉散家財唯存廩粟而巳父東直讀
書尚氣聞蒙兀南伐所過殘破深憂百口難保既而
知降□皆得免歲癸酉乃聚族而謀帥子弟及里中
老幼數千人詣涿州木合黎鬥門降木合黎欲官之
辭而薦天倪木合黎承制授天倪千戶 均誤作萬戶

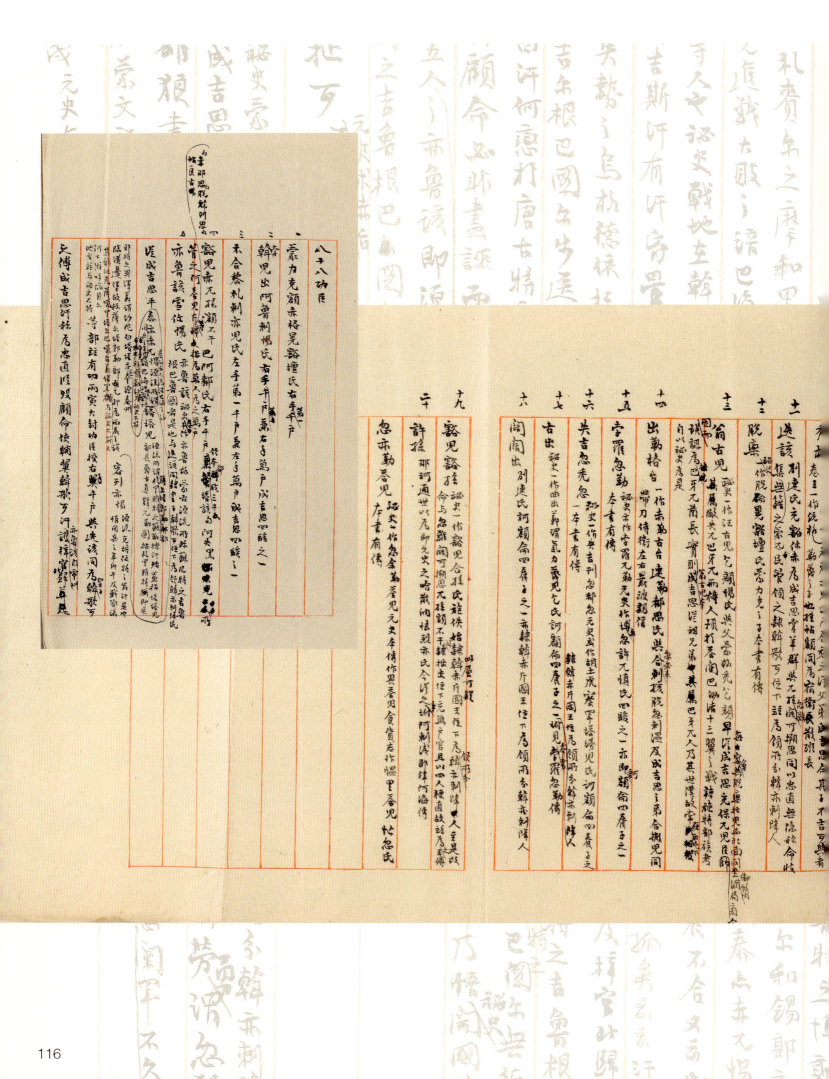

闡國功臣八十八千戶攷證

一　蒙力克額赤格

二　翰罕兒出

三　木合黎

四　豁兒赤

五　亦魯該

六　主兒扯歹

七　忽難

八　忽必來

九　者勒蔑

《蒙兀儿史记》部分底稿及相关资料，计98件，4952页，尺寸不一
2018年屠寄后人捐赠
（胡坚）

# 茅盾 作者简介参见第76页

## 批评家

　　茅盾写于20世纪30年代初的《批评家》文稿，经考证确定为佚稿，写作年代应为1933年。此稿是研究茅盾作为马克思主义文艺理论家，其唯物主义文学观和理论的发展过程的重要材料。茅盾的文学批评思想于今仍有借鉴意义。

批评家

茅盾

熟读了文艺理论的典籍，研究过文学演变的历史；这样就能胜任其为批评家也乎？有人回答：不够。文艺批评家也必须研究过社会科学，须懂得唯物辩证法，有人回答：不够。

现在我们这文坛是到着慌乱的时候，所以我们的批评家也可以为两题：一是挺着哈庸列诺夫大师的诺战士武器。两者门户森严，本来是"道不同不相为谋"。

继承着亚里斯多德以来的"道统"的批评家们却也不把眼睛瞒下亚里斯多德以来的"武器"，好像典籍已有定评。独怪那些捧扬庸列诺夫以来的批评家们亦不从敌人营垒里我出来，而自主敌人营垒外建堡守城？为什么唯物辩证论作的文艺批评家们不先从敌人的嘹敌人的真相，而后以到敌垒？这件磨烦的事，纯以唯物批评一概，还应该懂得他所反对的一概；研究过他所反对的，纵使他真彻了解他所反对的，纵使他所守李的——这是一件磨烦的事，纯以唯物批评...

我以为负起了创造就文化巨任的批评家们不应该由此乐闲固把家弄闭门。岂是人乎有言，人类智慧的稜异要如其精英，吐其糟粕，从而创造出新的东西麾。为替现实的人生。辛辛劳劳，朝朝暮暮，只按照着他那范围理一概的活人的批评家是非常...

而且新时代的批评家也不到这样"专读死书"就到愉快胜任。他还须多方面的专接一概，研究过他所反对的，纵使他真彻了解他所守李的。

## 戈公振

戈公振（1890—1935），原名绍发，字春霆，号公振，江苏东台人。新闻学家、中国新闻史研究的开创者。在《时报》和《申报》先后工作近二十年。1920年首创《图画时报》，1921年任上海新闻记者联合会会长。曾以记者身份赴法国、瑞士、德国、意大利、英国、美国、日本等国考察新闻业。1927年受国际联盟邀请出席在日内瓦举行的国际新闻专家会议。"九一八"事变后，积极参加抗日救亡运动，并以记者身份随国际联盟调查团赴东北调查日军侵华真相。著有《中国报学史》《世界报业考察记》《东北到庶联》《新闻学》等。

此为戈公振为《世界报业考察记》设计的版式小样

## 世界报业考察记

    1927年至1928年，戈公振自费出国考察，行程数万公里，途经欧、亚、北美三大洲，搜集了大量新闻史资料，实地感受了世界新闻发展的潮流并对中外报业进行了深入思考。回国后，戈氏曾将考察期间收集的各类资料进行系统整理，撰成《世界报业考察记》一书，拟由商务印书馆出版发行，但因日军轰炸，该书未及出版即毁于战火。2017年，上海图书馆发现了该书付梓前的手稿，并附有历史照片及戈公振亲自设计的封面稿和版式设计图。上海图书馆遂与商务印书馆合作，将此手稿整理出版，完成了戈公振、戈宝权叔侄未竟的遗愿。

    《世界报业考察记》置于一个扁方盒内，包含《世界报业考察记》稿本、校勘表、用于出版的插图照片（附原信封），以及戈公振亲自参与设计的封面和版式样稿等。从遗稿上"自序"的落款时间看，书稿完成于1931年2月10日。商务印书馆于同年5月26日收到书稿。手稿主体系他人所抄，修改处和补充的段落多为戈公振亲笔。

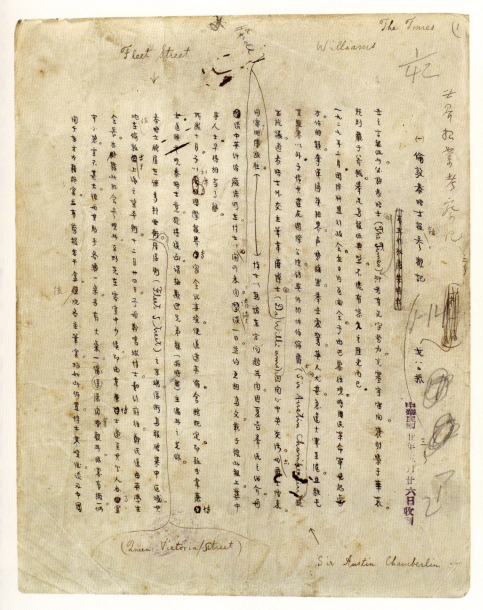

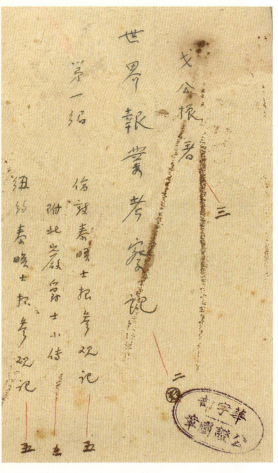

此稿97页，27×19.5cm
20世纪50年代戈公振后人捐赠
（刘明辉）

121

# 夏衍

夏衍（1900—1995），原名沈乃熙，字端先。文学家、剧作家、翻译家和社会活动家，中国左翼文化运动的开拓者、组织者和领导者之一。早年参加五四运动，参与《浙江新潮》杂志的编辑工作。1927年加入中国共产党。1929年，参与筹建中国左翼作家联盟，任执行委员。中华人民共和国成立后，历任中共上海市委常委、上海市委宣传部长、文化部副部长、中国文联副主席、中日友好协会会长、中央顾问委员会委员等职务。1994年10月，被国务院授予"国家有杰出贡献的电影艺术家"称号。主要作品有报告文学《包身工》，话剧剧本《上海屋檐下》《芳草天涯》《法西斯细菌》，电影剧本《狂流》《春蚕》《祝福》《林家铺子》《革命家庭》《故园春梦》，译作有高尔基《母亲》，论著《写电影剧本的几个问题》，回忆录《懒寻旧梦录》。

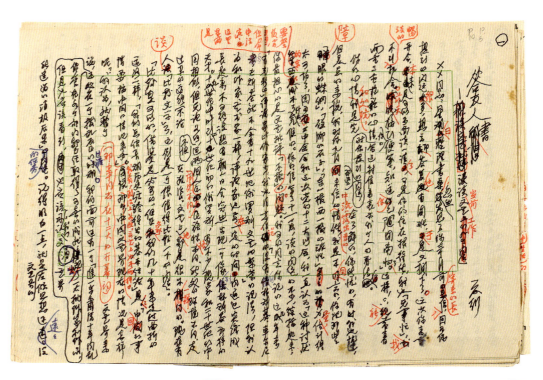

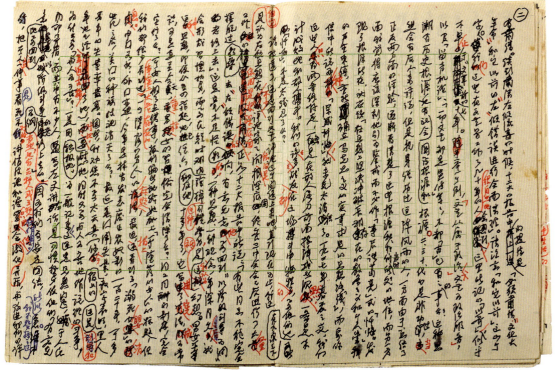

答友人书——漫谈当前文艺工作

此文作于1982年，发表于《上海文学》1983年2月号。夏衍从当时文艺状况谈起，分析讨论了现代派文学的问题。

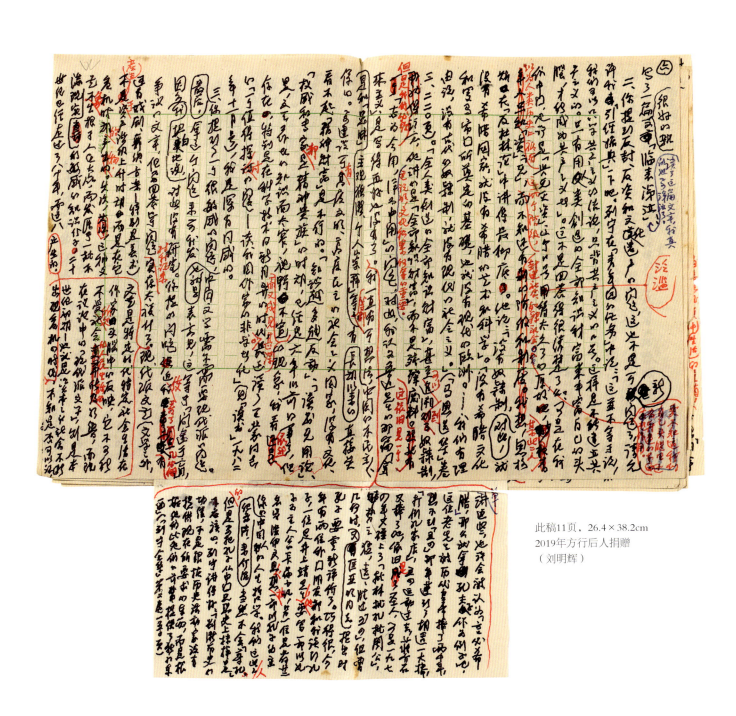

此稿11页，26.4×38.2cm
2019年方行后人捐赠
（刘明辉）

# 朱剑心

朱剑心（1905—1967），名建新，以字行，远祖为清初学者、诗人朱彝尊，故自号“竹垞后世”。金石学家，古典文学研究专家。1925年毕业于上海国学专科学校，任教于台州中学、之江大学附中。1936年入商务印书馆工作，1939年随馆迁往香港，香港沦陷后回沪，曾在南京任职。后在上海敬业中学、民立女中、上海电力专科学校任教。著有《金石学》《孙过庭书谱笺证》《晚明小品选注》等。

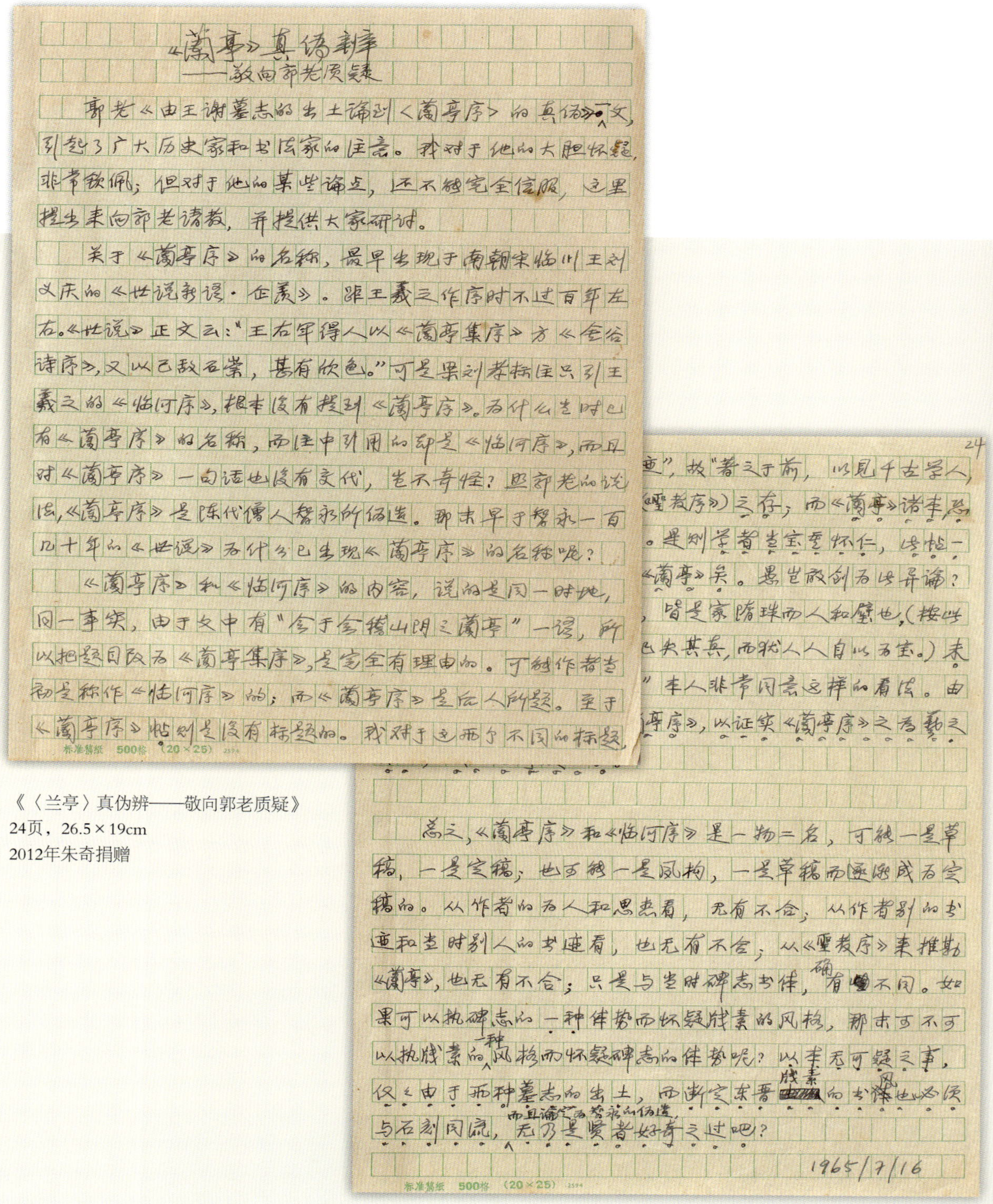

《蘭亭》真僞辨
——敬向郭老质疑

郭老《由王谢墓志的出土论到〈蘭亭序〉的真伪》一文，引起了广大历史家和书法家的注意。我对于他的大胆怀疑，非常钦佩；但对于他的某些论点，还不能完全信服，这里提出来向郭老请教，并提供大家研讨。

关于《蘭亭序》的名称，最早出现于南朝宋临川王刘义庆的《世说新语·企羡》。距王羲之作序时不过百年左右。《世说》正文云：“王右军得人以《蘭亭集序》方《金谷诗序》，又以己敌石崇，甚有欣色。”可是梁刘孝标注只引王羲之的《临河序》，根本没有提到《蘭亭序》。为什么当时已有《蘭亭序》的名称，而注中引用的却是《临河序》，而且对《蘭亭序》一句话也没有交代，岂不奇怪？照郭老的说法，《蘭亭序》是陈代僧人智永所伪造。那末早于智永一百几十年的《世说》为什么已出现《蘭亭序》的名称呢？

《蘭亭序》和《临河序》的内容，说的是同一时地，同一事实，由于文中有“会于会稽山阴之蘭亭”一语，所以把题目改为《蘭亭集序》，是完全有理由的。可能作者当初是称作《临河序》的；而《蘭亭序》是后人所题。至于《蘭亭序》帖则是没有标题的。我对于这两个不同的标题，

24

……迹”，故“著之于前，以见千古学人，……《圣教序》）之存；而《蘭亭》诸本总……。是则学者当宝《圣教》，怀仁集帖……《蘭亭》矣。愚岂敢创为此异论？……皆是家藏珠而人和璧也。（按此……已失其真，而狱人人自以为宝。）未……”本人非常同意这样的看法。由……亭序》，以证实《蘭亭序》之为羲之……

总之，《蘭亭序》和《临河序》是一物二名，可能一是草稿，一是定稿；也可能一是风构，一是草稿而逐渐成为定稿的。从作者的为人和思想看，无有不合；从作者别的书迹和当时别人的书迹看，也无有不合；从《圣教序》来推勘《蘭亭》，也无有不合；只是与当时碑志书体，确有不同。如果可以执碑志的一种体势而怀疑贼素的风格，那末可不可以执贼素的一种风格而怀疑碑志的体势呢？以本无可疑之事，仅仅由于两种墓志的出土，而断定东晋贼素的书风也必须与石刻同流，而且论定为智永的伪造，无乃是贤者好奇之过吧？

1965/7/16

标准稿纸 500格 (20×25)

《〈兰亭〉真伪辨——敬向郭老质疑》
24页，26.5×19cm
2012年朱奇捐赠

《兰亭》真伪辨——敬向郭老质疑

《兰亭》真伪辨之二——敬向龙潜、启功、于硕、阿英和徐森玉诸先生质疑

　　1965年，郭沫若发表《由王谢墓志的出土论到兰亭序的真伪》一文，根据出土的几种东晋墓志，认为东晋时期书法风格仍与汉代隶书一脉相承，《兰亭序》的文章和墨迹是陈朝僧人智永根据王羲之《临河序》所写，由此引发了学术界关于《兰亭序》真伪问题的讨论。朱剑心不同意郭文观点，认为《临河序》《兰亭序》实为一物二名，并无真伪之别；《兰亭序》内容契合王羲之的为人、思想、书法与王羲之和其他东晋人的传世书迹风格一致，绝非智永所能伪造。读到诸家讨论文章后，朱剑心再次撰文，从历代书体演变角度再次肯定《兰亭序》并非伪作，附带论述了《兰亭序》的各种摹本、临本和刻本，真迹来历，俗体字使用等问题。此文未刊。

《〈兰亭〉真伪辨之二——敬向龙潜、启功、于硕、阿英和徐森玉诸先生质疑》。25页，26.5×19cm
2012年朱奇捐赠
（沈从文）

# 周有光

周有光（1906—2017），原名周耀平。语言学家，汉语拼音方案的主要制订者，被誉为"汉语拼音之父"。1923年考入上海圣约翰大学。1933年赴日本留学。曾任复旦大学等校教授，并在新华银行、中国人民银行兼职。1955年调入中国文字改革委员会，从事语言文字研究。任《中国大百科全书》总编委会委员、《汉语大词典》学术顾问。2015年常州大学成立"周有光语言文化学院"，聘其为终身名誉院长。有《汉字改革概论》《世界文字发展史》《中国语文的现代化》等著作。

## 地名的音译转写法和单一罗马化

周有光一生不仅有语言文字研究方面的成就，他对社会科学也有广泛而深入的研究，他认为"真正想了解中国就必须从世界眼光来观察中国的现实"。周有光之子周晓平评价其父是"一个具有科学头脑的社会工作者"。本文发表于《民族语文》1980年第2期。

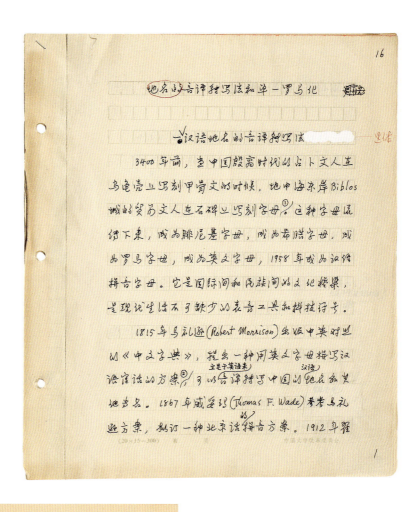

此稿18页，26.6×21.6cm
2012年周有光捐赠
（刘明辉）

# 姜椿芳

姜椿芳（1912—1987），笔名林陵、什之、贺青等。翻译家、编辑出版家、教育家、中国现代百科全书事业奠基人。1930年开始从事俄文翻译，1936年到上海后任中共上海局文委文化总支部书记、《时代》周刊主编。1945年主办《时代日报》，任总编辑，并任时代出版社社长。1949年后历任上海俄文学校（上海外国语大学前身）校长、党委书记，上海市文化局对外联络处处长，中共中央马恩列斯著作编译局副局长、顾问。参加《马克思恩格斯全集》《列宁全集》和《斯大林全集》的编译和部分译文的定稿工作。1978年后主持《中国大百科全书》编辑出版工作，先后任《中国大百科全书》总编委会副主任，中国大百科全书出版社总编辑、顾问，中国翻译工作者协会会长、全国政协常委等。

## 马克思主义在中国的传播

姜椿芳对马克思主义在中国的传播史的研究有多项成果，曾在重要报刊发表多篇论文，如《马克思主义在中国》（《历史研究》，1958年12月）、《五四运动与马克思列宁主义在中国的传播》（《人民日报》，1959年5月5日）等，曾在第四次国际党史会议上作题为《马克思主义在中国》的报告。他认为，应将马克思列宁主义、毛泽东思想的观点运用到编辑出版大百科全书的工作中，对中国历史、文化和古籍作出新的叙述和概括。本馆藏有他的手稿一千余件。

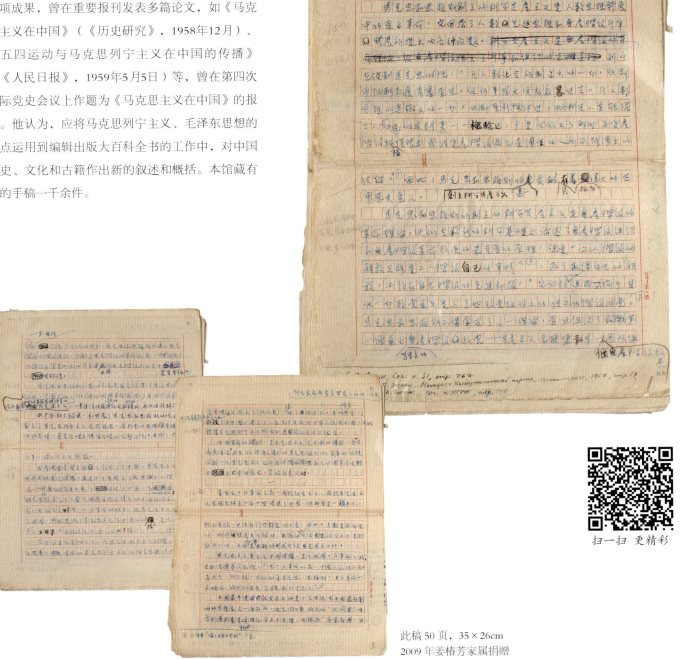

此稿 50 页，35×26cm
2009 年姜椿芳家属捐赠

扫一扫 更精彩

127

战斗无神论者狄德罗——纪念法国唯物主义哲学家狄德罗逝世二百周年

此文作于1984年，发表于1984年8月6日《人民日报》。文章书写于空白纸张上，行文向右下角倾斜，可见作者在书写时已处于健康状况堪忧、目力极弱、书写困难的状态。即便如此，他依旧用铅笔对多处文字内容进行了认真细致的修改。

扫一扫 更精彩

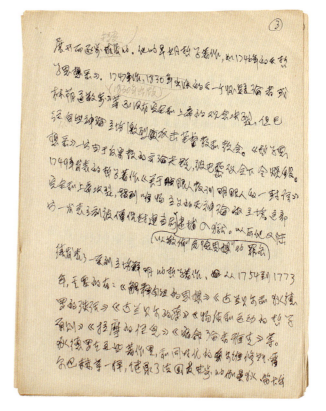

此稿 16 页，27.5×20.3cm
2009 年姜椿芳家属捐赠
（刘明辉）

# 钱谷融

钱谷融（1919—2017），原名钱国荣。当代文艺理论家、文学评论家。长期从事文学理论和中国现代文学的研究与教学。曾任华东师范大学中文系教授、文学研究所所长，《文艺理论研究》主编，中国现代文学研究会副会长。著有《论"文学是人学"》《<雷雨>人物谈》《文学的魅力》《散淡人生》等。获第六届上海文学艺术终身成就奖。

## 文学作品都应该是诗

此稿为钱谷融贺浙江大学中文系"现代诗学研究室"成立和《现代诗学》出版所写的文章，作于1990年，刊登于《现代诗学》卷一的"名家笔谈"中。

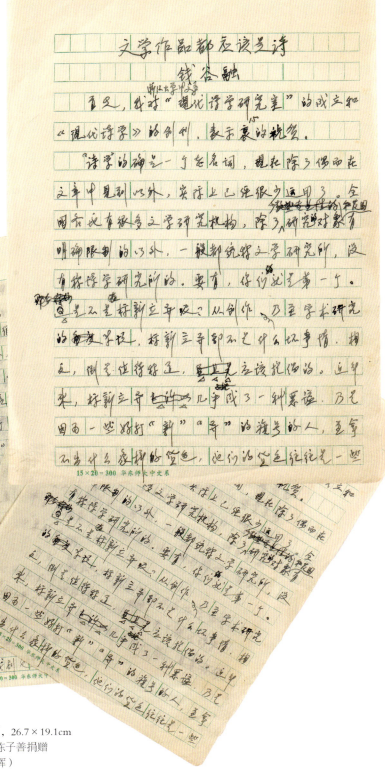

此稿5页，26.7×19.1cm
2019年陈子善捐赠
（刘明辉）

129

# 丁景唐

丁景唐（1920—2017），中国文史学者、出版家、作家。1937年参加革命，1938年11月加入中国共产党。1944年毕业于上海光华大学中文系，编辑《联声》《小说月报》《文坛月报》等。中华人民共和国成立后，历任中共上海市委宣传部文艺处处长、宣传处处长、新闻出版处处长和上海市出版局副局长，上海文艺出版社社长兼总编辑、党组书记。曾任中国出版工作者协会理事、上海出版工作者协会副主席等。主编《中国新文学大系(1927—1937)》（20卷），著有《星底梦》和《学习鲁迅和瞿秋白作品的札记》《犹恋风流纸墨香——六十年文集》等。

扫一扫 更精彩

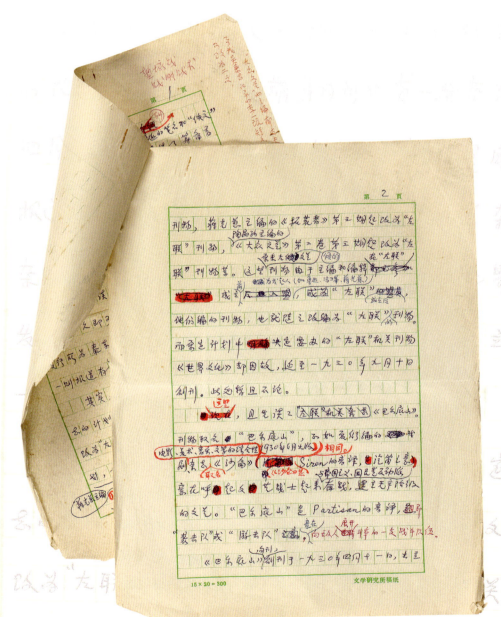

此稿5页，28×21cm
2019年丁景唐之子丁言模捐赠
（刘明辉）

## 从《巴尔底山》谈到鲁迅的笔名和"佚文"

此为丁景唐《从<巴尔底山>谈到鲁迅的笔名和"佚文"》遗稿，原夹在《模糊的视频——李一氓回忆录》（人民出版社，1992）书中。丁景唐过世后，由其子丁言模在书中发现此稿。手稿首页右上方，作者用红色圆珠笔写有说明：此稿"可改为二文，要找吴泰昌记录的李一氓短文，鲁迅捐款一看"。吴泰昌的短文中提及鲁迅准备提供百元，为《巴尔底山》支付印刷费。此文作为丁言模著《左翼之"左"的文化刊物<巴尔底山>》一文的附录，发表于《穿越岁月的文学刊物和作家》（三），由中国社会出版社于2018年出版。

# 蒋星煜

蒋星煜（1920—2015），戏曲史家。以中国戏曲史研究和《西厢记》研究闻名学界。曾任编辑、记者、图书馆员等职。1977年至1978年在上海图书馆工作，从事古籍原书与卡片著录的校核工作。两次获颁中国作家协会抗战时期从事文学创作老作家荣誉纪念牌。著有《中国戏曲史钩沉》《中国戏曲史探微》《〈西厢记〉考证》《中国戏曲史索隐》《中国戏曲史拾遗》《〈西厢记〉新考》《西厢记研究与欣赏》等，并有历史人物传记和文集多部，主编《元曲鉴赏辞典》《明清传奇鉴赏辞典》，任《中国戏曲剧种大辞典》常务编委。专著《明刊本〈西厢记〉研究》《〈西厢记〉的文献学研究》分获1984年、1999年中国戏剧家协会理论著作奖、文化部文化艺术优秀成果奖。

## 清乾隆御览四色抄本戏曲两种

2012年，上海图书馆为庆祝建馆60周年，将馆藏《清乾隆御览四色抄本戏曲两种》（《江流记》《进瓜记》）影印出版。为此约请蒋星煜撰写前言。时年九十二岁高龄的作者身体抱恙，仍坚持完成了此文。手稿中改动较多，此后他又陆续将与四十余位文化、戏曲界人士的 两百余通信札捐赠本馆。

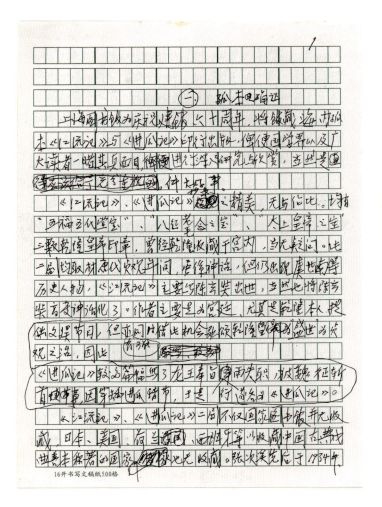
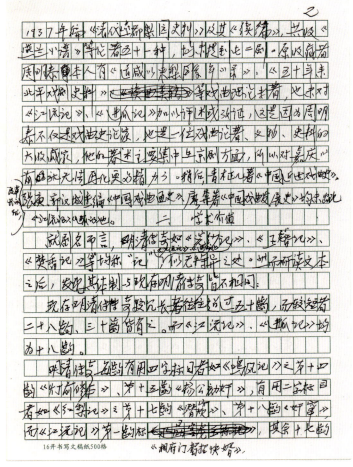

此稿 8 页，24.8×19cm
2012 年蒋星煜捐赠

## "袅晴丝吹来闲庭院"考释——与夏写时教授商榷

文中不仅对《牡丹亭》名段"步步娇"中"袅晴丝吹来闲庭院"一句进行了详细的考证和阐释，且提出了其母句极可能来源于宋人叶梦得《虞美人》的观点。文章发表于《戏曲学报》2008年第4期，后收入《中国戏曲史钩沉》（上海人民出版社，2010）。

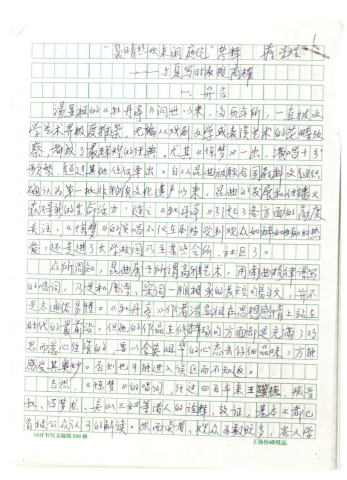

此稿18页，27×19cm

2011年蒋星煜捐赠

（刘明辉）

# 屠岸 作者简介参见第11页

### 译事六则

此稿作于2007年，阐述了作者对翻译工作的态度和主张，在第五则中特别强调了翻译工作在我国的必要性和重要性。发表于《译林》2013年第6期。

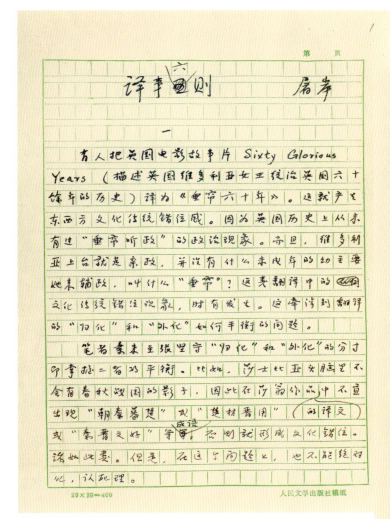

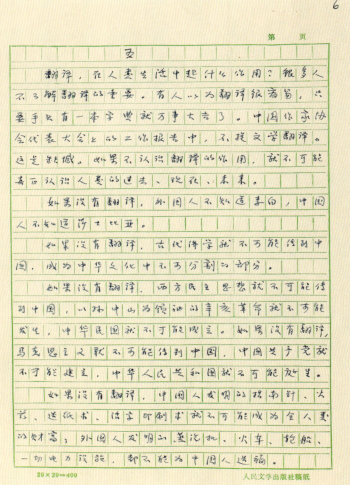

此稿7页，27×19cm
2012年屠岸捐赠
（刘明辉）

# 唐振常

唐振常（1922—2002），记者、历史学家、作家。历任上海、香港、天津《大公报》记者、编辑、采访主任，中央电影局上海电影剧本创作所和上海电影制片厂编剧，上海文汇报社文艺部主任、副刊部主任，上海社会科学院历史研究所研究员、副所长。研究范围主要为中国近现代史及上海史。成就跨新闻、文艺、史学三界，被誉为"三界通才"。著有《章太炎吴虞论集》《蔡元培传》《饕餮集》《唐振常文集》（七卷）。其行文风格独树一帜，被史学家黎澍誉为"中国难得的一支笔"。

### 吴虞研究

唐振常之子唐明多次向上海图书馆捐赠其父手稿，其中大多为唐振常代表作，有自传《记者生涯话半生》、对陈白尘《大风歌》的剧评《黄钟大吕奏大风》、学术研究代表作《吴虞研究》和《吴虞与青木正儿》等，多件手稿都同时包含了初稿和校改稿。

此作品写于1979年。在写作前，作者实地探访了成都郊区和外县的吴虞门人及亲属，获知吴虞遗作中有一二百万字的手稿和书信，他几经周折在中国革命博物馆查阅了这些原始材料并进行了细读摘抄，在掌握吴虞充分资料的基础上，写就了《吴虞研究》，在《历史学》上发表。

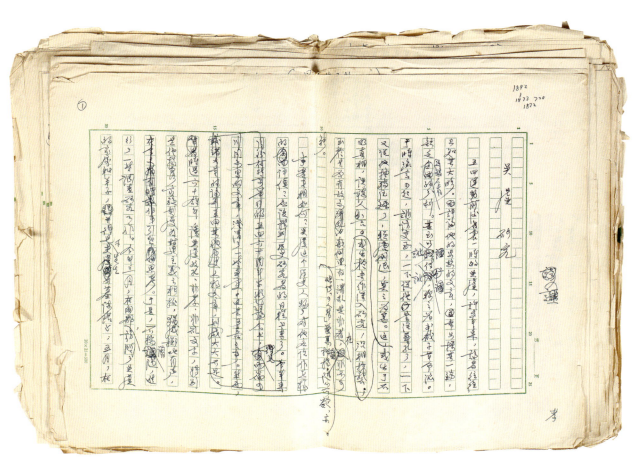

此稿74页，26.1×37cm
2017年唐振常之子唐明捐赠

## 中西饮食方式之异

唐振常对中国饮食文化有深入研究和独到见解。在其著作《饕餮集》（辽宁教育出版社，1995）中，他自述对于美食"一是不苦心以求，二是平生从未多食美味，只不过好为夸夸之谈，饭桌上说得多，予人以误会，以为我懂食，其实未窥门径"。其谈食之文大多收入此书中，《中西饮食方式之异》是其中的一篇。

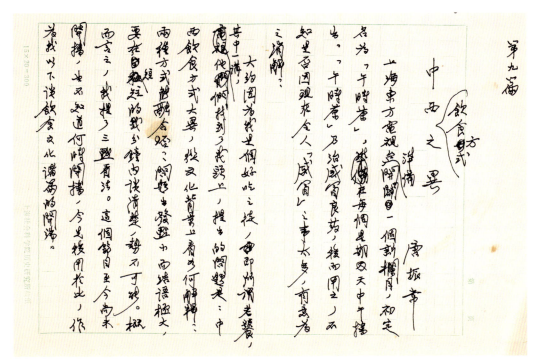

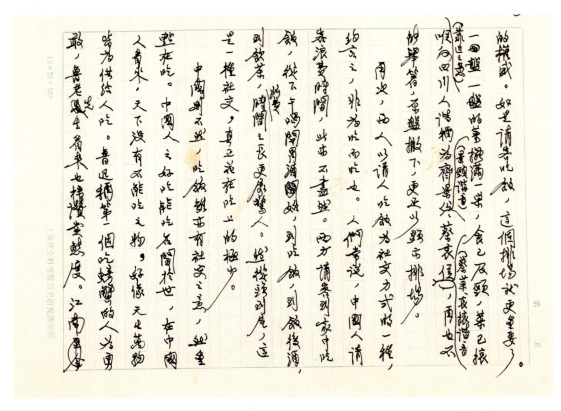

此稿4页，19.2×27cm
2017年唐振常之子唐明捐赠
（刘明辉）

《尤利西斯》翻译始末

　　《尤利西斯》被誉为"20世纪最伟大的英语文学作品之一"，萧乾、文洁若夫妇合译此著，成为文坛盛事。此为文洁若详谈翻译过程的文章，作于2002年，收录于《一本书和一个世界》（昆仑出版社，2005）。

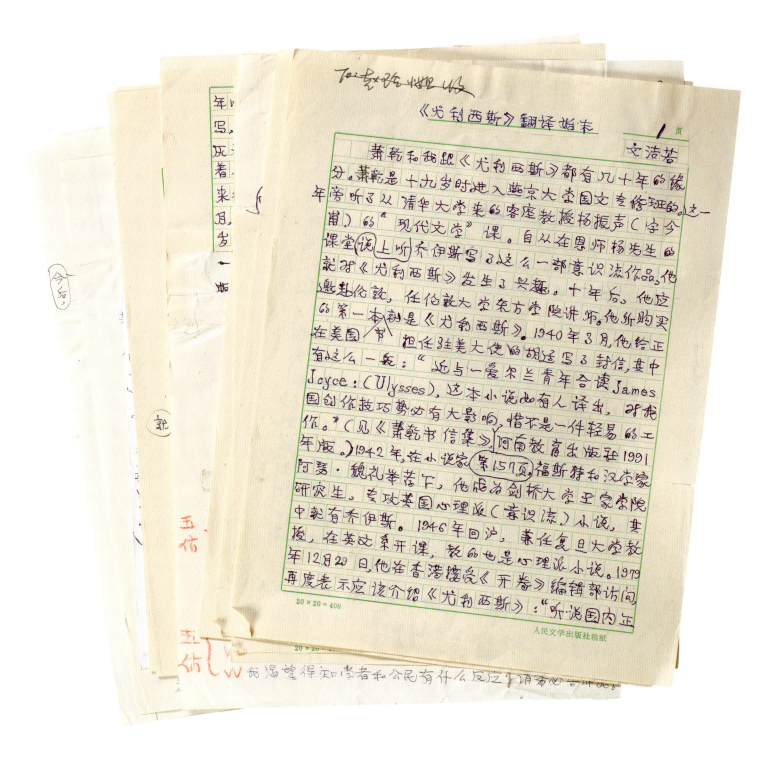

年以前写的。进入新时期后，萧乾又不停蹄地写，然而早年的笔记、卡片，已在文革中化为灰烬，只能写些回忆录。在这种情况下，我拉着他，一道去搬《尤利西斯》这座大山，今天来看，绝对是做对了。1990年8月至1994年7月，是我们共同生活的45载中，最富于成果的岁月。首先还得感谢李景端，这位"展现出新 ~~进了新世纪的~~

一代出版家多方位的智慧和才干……有眼光有胆识的出版家"（见《波涛上的足迹》序，重庆出版社1999年版）

萧乾为李景端书 ~~写的~~

当年 1984年9月13日，我陪萧乾到剑桥王家学院去拜访他40年代的导师乔治·瑞兰兹时，瑞兰兹曾对四十年前萧乾为了采访西欧战场而放弃即将到手的硕士学位表示惋惜。那时，萧乾已写好了几篇小论文（其中一篇是关于乔伊斯的），只要串在一起，就能完成论文。可惜在"文革"中被焚毁。我积极地答应李社长翻译《尤利西斯》，首先想到的是借此帮萧乾弥补一下早年的意识流研究工作半途而废的缺憾。当然，如果没有那么多中外朋友帮助，凭着我们两个人，是无法这么快就完成的。萧乾已经在中译本序言中，对那些朋友表示了谢忱。

萧乾写信将此事告诉了瑞兰兹。在1993年7月28日回信中，瑞兰兹深情地写道：

王佐 ✓✓✓✓ 我亲爱的乾——你们在翻译《尤利西斯》，使我大为吃惊，钦佩得话都说不出来。多大的挑战！衷心祝愿你们取得全面的成功。

1995年1月16日，瑞兰兹收到我们签名题赠的译本后，又寄来了一封热情洋溢的信：

王佐 ✓✓✓✓ 亲爱的了不起的乾……你们的《尤利西斯》准是本世纪的翻译中最出众的业绩。何等的成就！我渴望得知学者和公民有什么反应？请务必告诉我。

此稿13页，27.5×20cm
2003年文洁若捐赠
（刘明辉）

# 金冲及

金冲及，1930年出生。曾任中共中央文献研究室常务副主任、研究员，复旦大学兼任教授，中国史学会副会长。长期从事中国近代史、中国革命史的研究工作。著有《二十世纪中国史纲》、《辛亥革命的前前后后》、《周恩来传（1898—1949）》（主编）、《辛亥革命史稿》（四卷本，合著）、《从辛亥革命到五四运动》（合著）等作品。

## 二十世纪中国史纲

《二十世纪中国史纲》作于2005年至2008年间，由社会科学文献出版社于2009年出版，系国家社会科学基金重大项目。这是金冲及研究中国历史半个多世纪，历时三年写成的总结之作，在学界具有重要地位。全书资料翔实，含有大量作者苦心孤诣寻访的档案资料。手稿起始处有作者用铅笔记录的写作起讫时间。

2005.12.14 开始动笔
2008.9.30 完稿

一、中国走入二十世纪的前夜

二十世纪离我们告别虽然只有短短几年，但对生活在今天的年轻人来说，中国是怎样走入二十世纪的仿佛已十分遥远。他的也许很难想像，当时的中国正处在何等深重的苦难中，也很难真切地体会到，那一代中国人在将近眼前几乎看不到一丝光明前景的岁月里，是怎样为祖国的悲惨命运而承受着巨大痛苦的煎熬。戊戌维新运动的前志士谭嗣同在一首诗中写道："世间无物抵春愁，合向苍冥一哭休，四万万人齐下泪，天涯何处是神州。"①很能反映出那时候深深对祖国怀有深厚感情的中国人的满腔悲楚。

这种苦难的开端，需要追溯到一八四〇年英国殖民主义者发动的罪恶的鸦片战争。它使中国社会的发展脱离开原有的轨道，开始丧失一个独立国家拥有的完整主权，走上听凭外人欺凌和摆布的半殖民地道路，并且越陷越深，越走越远。

但是，中国人并没有很快就清醒地认识到这场深刻的大变化。

中国是一个几千年的文明古国，周围的地形又使它长期处于相对封闭的状态。这种历史和地理条件，加上缓慢发展的农业经济，使中国的社会结构和民族心理保持着近乎迟滞不前而巨大情性。"天不变，道亦不变"被人们奉为信条，长时期以"天朝大国"自命，更使许多人妄自尊大，对周围正在发生的变化依然不屑一顾。如果没有一次大震动，人们是不容易从这种状态中摆脱出来的。

我们可以看看事实：鸦片战争的炮声、丧权辱国的南京条约的签订，使人们感到震惊，突然发现在中国以外还存在一个如此陌生的外部世界，但他们一时并不够了解那到底是怎么一回事。继像要算是当时较为睁开眼睛重新审视着世界的先进思想家，但他在《海国图志叙》中级认为只要能够实行"以夷制夷"、"以夷

① 《谭嗣同全集》（增订本），中华书局1981年1月版，第542页。
② 《魏源集》，中华书局1976年3月版，第500页。

# 李泽厚

李泽厚，1930年出生。哲学家，中国社会科学院哲学研究所研究员、巴黎国际哲学院院士、美国科罗拉多学院荣誉人文学博士，德国图宾根大学、美国密歇根大学、威斯康星大学等多所大学客座教授。主要从事中国近代思想史和哲学、美学研究。著有《美的历程》《中国近代思想史论》《美学论集》《中国美学史》《李泽厚对话集》等。

### 中国哲学如何登场——李泽厚2011年谈话录

此为《中国哲学如何登场——李泽厚2011年谈话录》（李泽厚、刘绪源著，上海译文出版社，2012）的校改稿。此书是李泽厚2010年谈话录的续编。书中发表作者大量新见解，通过中国传统，让哲学"走出语言"的思考尤为独到。校改稿中的修改笔迹为李泽厚所写。原书名为《该中国哲学登场了？》，后由李泽厚改为现名。目录页有李泽厚手书的两条对编辑的建议。

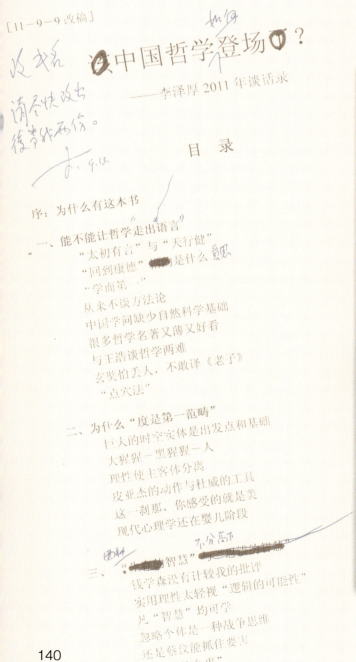

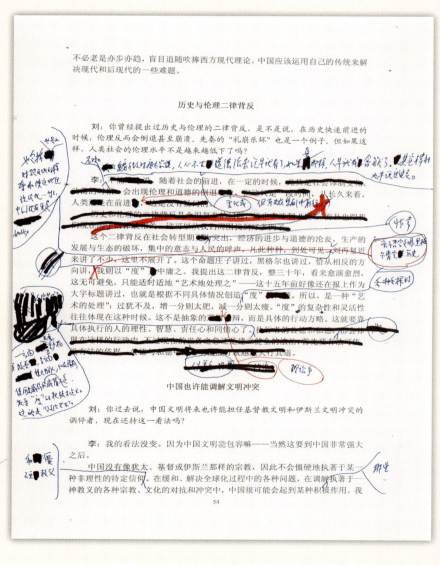

说，孔子本来就是个教师。

李：其实不光《论语》，《荀子》也以"劝学篇"为首，这反映了中国古人一种很基本的思...我以为，《荀子》《礼记》才是孔门正统、儒学真传，不是"心理—文化结构"。记得上世纪八十年代芝加哥大学邹谠教授问我："你这个概念是从哪里来的？我们常说的是心理文化结构。"我说"是我自己想出来的。"
其实这也就是"积淀说"。

我不赞成用心理或从心理出发解释文化。例如用同情心、恻隐之心来解释道德，我也反对道德直觉主义，不管把这"直觉""同情"说成是先验或超验——如康德和牟宗三，还是把它们说成是"动物本能"——如今日的社会生物学把人称为"裸猿"（the naked ape）。我强调人之所以为人，人之所以不同于神性和动物性的人性（human nature），人之所以拥有动物所没有的各种能力和情感，是人类自己通过历史和教育创造出来的，人造就了人自己。人所以能如此造就，是因为"学而第一"。

这里一个重要观点是：外在的经验、知识、伦常制度，常常是一时一地即暂时的（"历史"这词语的一种含义）、相对的；但所造成的内在心理形式结构，却是积淀的（"历史"的另种含义）、长久的，甚至是绝对的。例如为群体而自我牺牲性的外在状貌是千差万别，颇不相同的，但积淀的心理形式却是相同的，前者（伦理内容）是外在的、相对如尽忠守节），后者（道德形式）是内在的、绝对或理性命令。这也正是我要明确区分伦理（人文）与道德（人性）的根本原因。
而所谓"宗教性道德"和"社会性道德"则是指个人道德自觉形式（心理）中的两种不同的内容（伦理）。

可见，"学而第一"也就是通过学习外在的人文（礼）而建立起内在的人性（仁）。"荀不教，父之过；教不严，师之惰。"就是这个意思。

再说几句闲话。我常开玩笑地把各种理论分为"孟派"或"荀派"。由心理而文化是"孟派"，当今语言学大师乔姆斯基，当代文化人类学大师列维·斯特劳斯（刚去世不久），都是"孟派"，把语言、文化—意识结构归结为人脑先天内在结构；而杜威、皮亚杰、吉尔兹（Clifford Geertz），...哈耶克，却强调人的后天动作、操作、习俗、传统（也就是广义的教育与历史）造就了人的文化心理，我把这叫作"荀派"，我当然属于后一派。我期望未来的脑科学将以科学证实这个由外而内的"积淀"过程，而不是如"孟派"那样，现在便匆忙归结为动物性的人的先天结构。

我又讲了这许多，有些我们后面还会谈到，到时或许还可以再作些"论证"。
该由你说了。

## 从来不谈方法论

刘：既然已一再说到"论证"，我们就从哲学方法往下说吧。大家对你的方法一直很感兴趣，或者说，还有不少疑问。你提出了那么多哲学观点，却往往没有相应分量的论证，这让哲学界的同行很不习惯。你的表述里有很多中国元素，像《历史本体论》这些不光是中国诗词，而且通篇都是散文的、随笔式的表达。这和你说的想使哲学走出语言，是不是也有关系？你选择的是一种什么样的方...

7

此稿68页，29.7×21.1cm
2012年刘绪源捐赠

推动了这一点。西方哲学这一潮流...席卷了许多学科，影响遍及全球。

但是，我读中国传统典籍，却非常惊异地发现，中国古代哲人对语言采取了非常审慎、严格、怀疑甚至告诫的态度。《论语》中充满了"君子讷于言而敏于行"、"巧言令色鲜矣仁"、"听其言而观其行"、"刚毅木讷近仁"以及"天何言哉"等等。《老子》则有"知者不言，言者不知"。《庄子》有"天地有大美而不言，四时有明法而不议，万物有成理而不说"。禅宗更是"不立文字"，读无字书。...涉及个根本问题。我...不大相信语言是人的家园或人的根本。...中国传统使...走出语言。

首先，这差异是如何来的？我在《论语今读》中把它归结为"太初有言"与"天行健"即"太初有为"。前者是《圣经》、希腊哲学的Logos，后者是中国的《周易》和巫史传统。这就是逻辑—理性—语言—"两个世界"，与行动（"天行健"）—生命—情理—"一个世界"的区别。我希望这个中国思想（不说"哲学"二字也罢）在未来的生理学—心理学亦即脑科学高度发达的帮助下，来个现代化的转换性创造，使人们对维特根斯坦、海德格尔以及福柯、德里达等的迷恋中脱身而出，吸取杜威、怀特海、皮亚杰等人的一些建设性想法，创造二十一世纪的新哲学——这也就是时它引领哲学，走出语言，从而登场世界。

当然，问题在于，能走出语言吗？人的一切活动包括我所强调的使用—制造工具的实践活动，也脱离不开语言，特别今天有许多高科技领域的实践活动本身也就是语言。我...也认为，人禽之分可能开始于婴孩牙牙学语的时候，语言的确大于个人...不是人说语言而是语言说人，这正因为语言是把人类群体的经验代代历史地传下去。什么经验？首先是生存的经验。...

...回归到我认为比语言更根本的"生"——生命、生活、生存了。中国传统自上古始，强调的便是"天地之大德曰生"、"生生之谓易"。这个"生"或"生生"究竟是什么呢？我以为这个"生"首先不是现代新儒家如牟宗三等人讲的"道德自觉""精神生命"，不是精神、灵魂、思想、意识和语言，而是实实在在的人的动物性的生理肉体和自然界的各种生命。其实这也就是人活着。人如何活主要不是靠讲话（言语—语言）而是靠食物。如何弄到食物也不是靠说话而是靠"干活"，即使用—制造工具的活动，说话只是人活着的必要条件而非充分条件，"干活"却是必要兼充分。当然说话（语言）在"干活"中起了极为重要的作用，甚至是"干活"不可分割的组成部分，但无论如何毕竟是第二位的。这就是当年（上世纪六十年代）我为什么要从人类起源来探究这个"走出语言"的可能出口。

这是否真是出口呢？请大家批评讨论。我只是提出问题，但我以为这是个重要问题。

## "回到康德"...是什么意义？

刘：刚才这番话说得有气派，看来，这个想法，一定已经琢磨好多年了。但你最早的哲学论著是《批判哲学的批判》，是论康德的，你继承了康德的不少概念和思想，也一再提出要"回到康德"，那么，你所使用的，不还是西方哲学的语言吗？

李：我在好些书里都讲过"回到康德"，里面却包容了好些并不相同的意思。

（刘明辉）

## 田本相

田本相（1932—2019），中国戏剧史研究专家、曹禺研究专家。曾任中国话剧理论与历史研究会名誉会长，中国艺术研究院话剧所所长、研究员、博士生导师。主要著作有《曹禺传》《曹禺剧作论》《郭沫若史剧论》等，主编《中国话剧艺术通史》（三卷本）、《中国话剧艺术史》（九卷本）等，参与主编《民国时期话剧杂志汇编》（100册），出版有《田本相文集》（十二卷）。

### 曹禺传

田本相在曹禺研究领域有丰硕的成果，所著《曹禺剧作论》和《曹禺年谱》在学界享有重要地位。《曹禺传》创作于1982年至1986年间，集成了丰富而珍贵的史料，对曹禺的生活经历和创作思想的发展过程作了详尽的记录和再现。该书由北京十月文艺出版社于1988年出版。

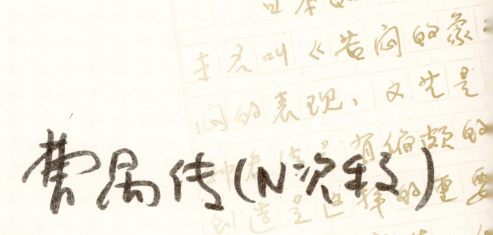

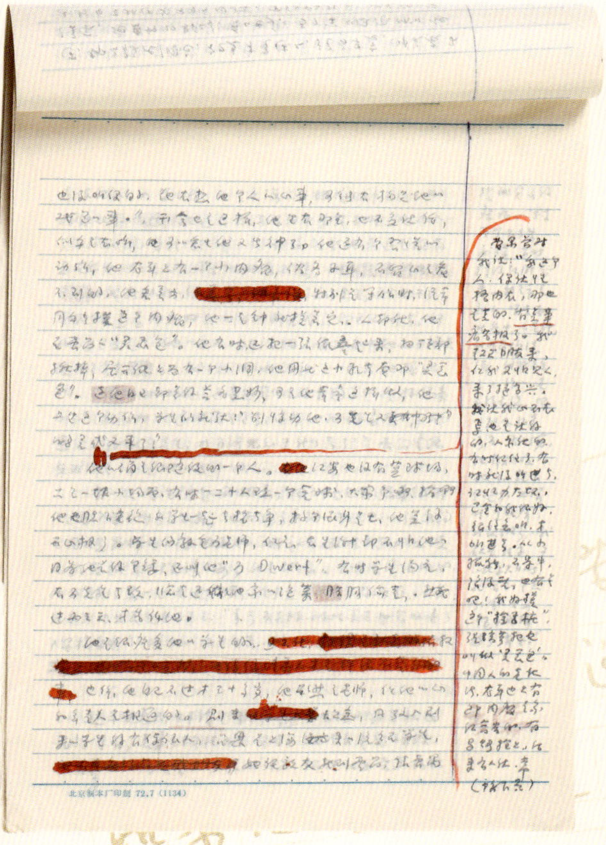

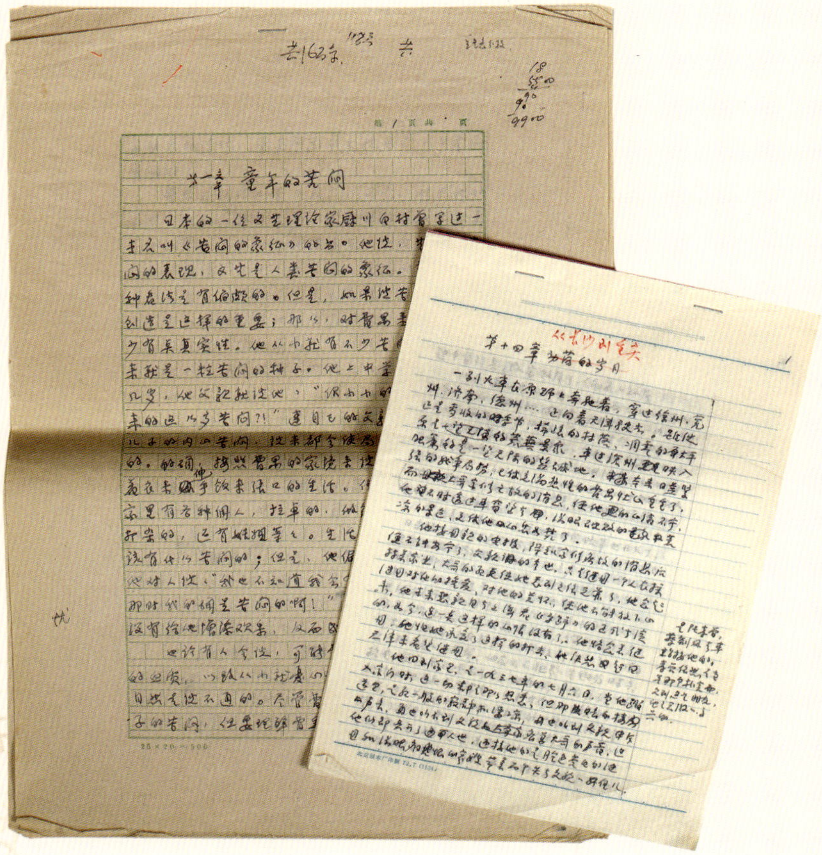

此稿453页，尺寸不一
2015年田本相捐赠

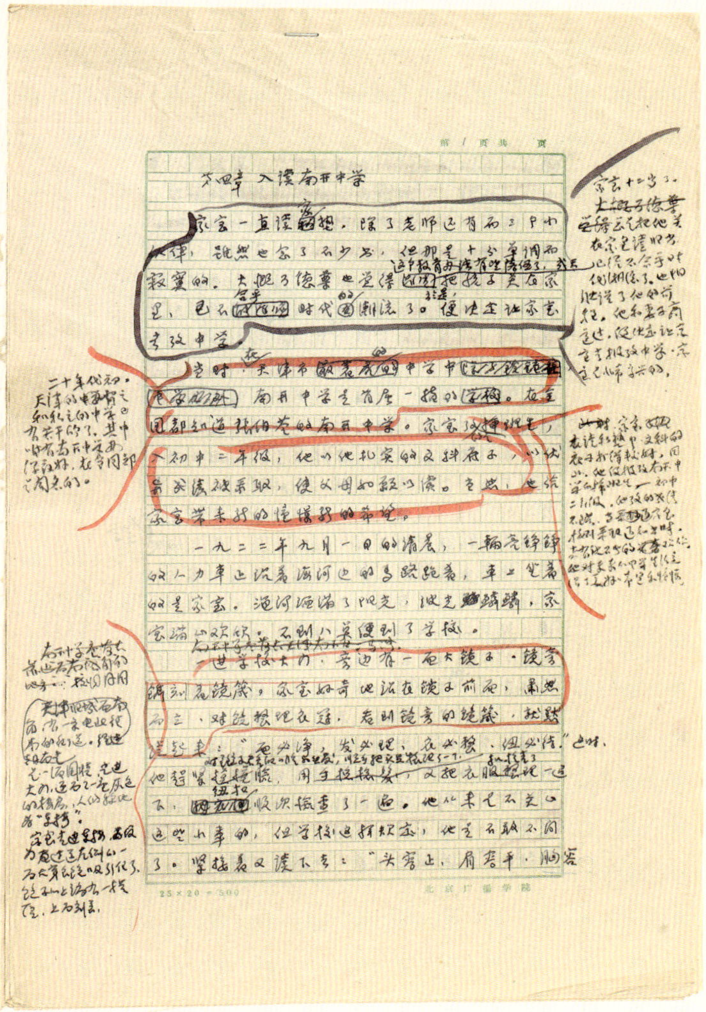

（刘明辉）

# 黄可

黄可，1935年出生。擅长美术史论。先后在中共上海市委文艺工作部、华东美术家协会、上海市美术家协会工作。研究员。长期任《上海美术通讯》主编，上海市美术家协会理论研究室主任，兼任《上海美术志》常务副主编，《中国美术大辞典》和《流行色》学刊编委。出版有《美在方土——艺术随笔》《中国新民主主义革命美术活动史话》等。参与编著《1949—1989中国社会科学争鸣大系·文学艺术卷》《上海文化源流辞典》《中国大百科全书·美术卷》等。

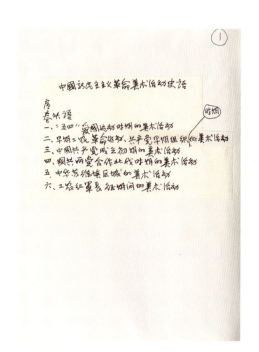

## 中国新民主主义革命美术活动史话

上海图书馆藏有多部黄可著作和文章手稿，包括其2005年完成的代表作《中国新民主主义革命美术活动史话》的完整手稿。作者将手稿按章分类摆放，每章都有封面，并有详细目录。作品记述了革命的美术家和美术工作者队伍在中国新民主主义革命中进行创作活动的进程。该书由上海书画出版社于2006年出版。

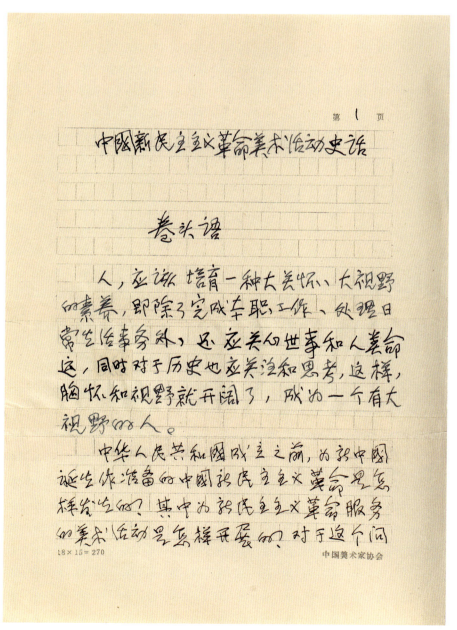

此稿755页，28.5×20.8cm
2009年黄可捐赠
（刘明辉）

# 林其锬

林其锬，1935年出生。上海社会科学院亚太研究所研究员、五缘文化研究所所长、中国文心雕龙学会副会长。主要成果有《增订文心雕龙集校合编》《刘子集校合编》《五缘文化论》《中国古代大同思想研究》《敦煌遗书刘子残卷集录》等，《刘子集校》（林其锬、陈凤金伉俪集校）获上海市1979—1985年哲学社会科学著作奖。有论文《略论农家源流及其在中国经济思想史中的地位》《"五缘"文化与未来的挑战》等。

### 敦煌遗书文心雕龙残卷集校

此稿于1987年10月10日完成，由上海书店出版社于1991年出版，王元化作序。此后，林其锬与陈凤金精益求精，又出版了《增订<文心雕龙>集校合编》，由华东师范大学出版社于2011年出版。

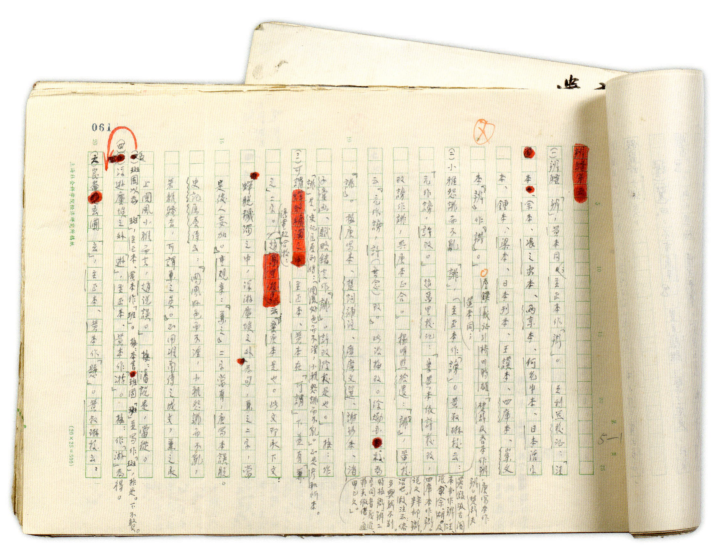

此稿240页，26×36cm
2012年林其锬捐赠

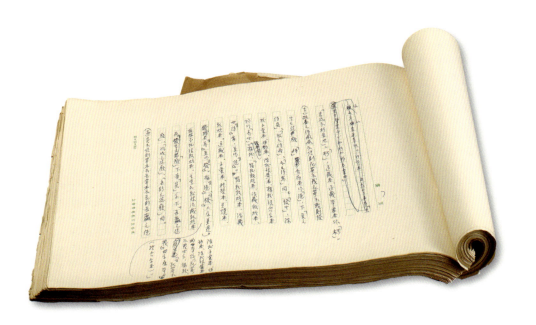

## 刘子集校

　　此书集中了全国现存的《刘子》所有版本和前人的主要校勘成果，对《刘子》的作者进行了详细考证。该书由上海古籍出版社于1985年出版后，得到了国务院古籍整理出版规划小组组长李一氓的肯定和学者、文艺理论家张光年的支持，后又出版《刘子集校合编》，由华东师范大学出版社于2012年出版。

此稿364页，27×37.5cm
2013年林其锬捐赠
（刘明辉）

# 郑重

郑重，1935年出生。《文汇报》高级记者，享受国务院政府特殊津贴。1956年考入复旦大学新闻系，1962年到上海科学教育电影制片厂任编剧，后调入文汇报社，从事采访、评论、理论写作及编辑工作。著有《毛泽东与<文汇报>》《谢稚柳传》《唐云传》《林风眠传》《程十发传》《张珩》《收藏大家》《海上收藏世家》等作品。

## 毛泽东与《文汇报》

2011年，郑重将所著《毛泽东与<文汇报>》的初稿、二稿、三稿、四稿捐赠上海图书馆，手稿不仅完整地体现了作品从草创到定稿的全过程，而且与书法的关联程度较高，体现了作者的书法水平。

此稿2395页，29.6×21cm
2011年郑重捐赠

## 收藏大家

《收藏大家》是郑重继《博物馆与收藏家》《海上收藏世家》之后又一部关于收藏家的作品，作者将视野扩展到京华、津门、南粤，为张元济、夏丏尊、张伯驹、朱家溍、王世襄等人立传，介绍他们的收藏历程和坎坷人生。收录了包括书信、题跋、作者采访记录在内的大量资料，具有历史文献价值。该书由上海书店出版社于2007年出版。

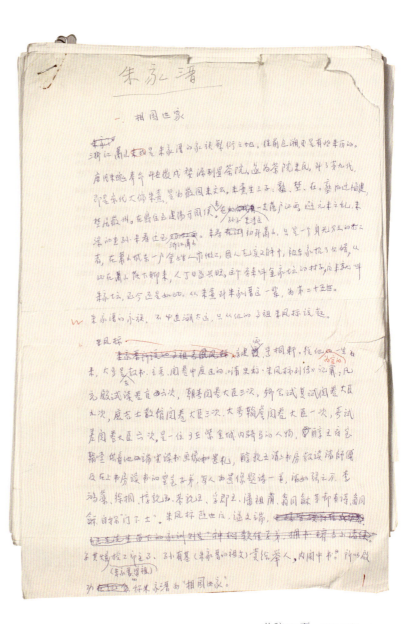

此稿295页，29.6×21cm
2011年郑重捐赠
（刘明辉）

# 朱维铮

朱维铮（1936—2012），历史学家。1960年毕业于复旦大学历史系，后留校任教，曾任复旦大学历史系教授、中国思想文化史研究室主任等职。研究领域为中国经学史、中国思想文化史、中国学术史、中国史学史、中西文化交流史和中国近代史等，2006年获德国汉堡大学荣誉博士。主持整理、编选和校注多种重要典籍，出版有《走出中世纪》《音调未定的传统》《求索真文明——晚清学术史论》等著作。

## 音调未定的传统

此文完成于1988年，主要探讨了"传统"的定义问题，认为"传统"其实是在历史上变动不居的概念，并不存在所谓"一成不变"的"传统"。此稿以繁体字书写于竖行稿纸上，自上而下、自右向左书写，字迹一丝不苟，体现出严谨的写作风格。此文发表于《上海文化》1994年第2期。同名文集由辽宁教育出版社于1995年出版，由浙江大学出版社于2011年再版，中信出版社于2018年出版增订本。

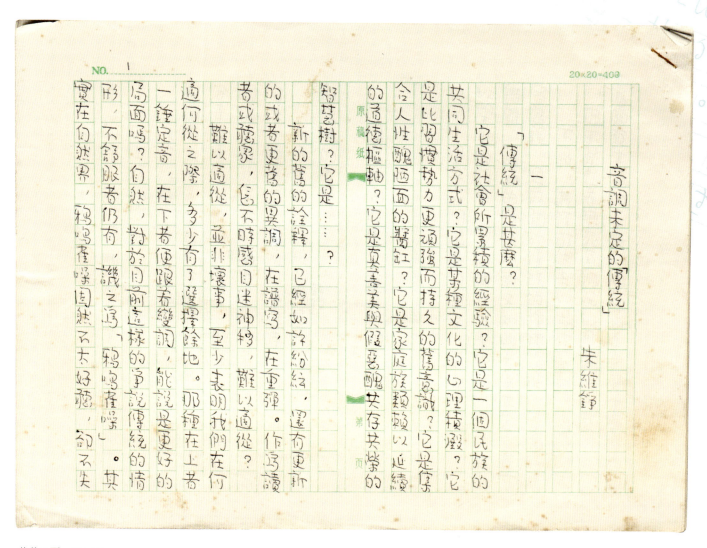

此稿21页，21×27cm
2013年朱维铮家属捐赠

## 走出中世纪——从晚明到晚清的历史断想（续）

此文上接《走出中世纪》增订本首篇《走出中世纪——从晚明到晚清的历史断想》，约2007年作，进一步探讨了清王朝的统治意识形态、"落后"与"先进"的关系、早期"西学"与清代学术的关联等问题。后收入《走出中世纪二集》，由复旦大学出版社于2008年出版。

此稿104页，26.4×18.6cm

2013年朱维铮家属捐赠

（刘明辉）

# 龙彼德 | 作者简介参见第60页

## 洛夫评传

　　在诗歌创作之外，龙彼德以台湾诗人洛夫诗学研究著称学界，他在1990年撰写了评析洛夫诗歌创作的论文《大风起于深泽——论洛夫的诗歌艺术》，发表于海峡两岸刊物，著有《洛夫评传》《一代诗魔洛夫》《洛夫传奇：诗魔的诗与生活》等作品，曾应邀参加在泰国曼谷举行的"诗坛泰斗洛夫与诗评家龙彼德对话"学术会议。本书写作于1992年至1993年，为此，作者收集了大量关于洛夫的一手材料，以严谨求实的治学态度对洛夫的创作成就和不足进行了评述。

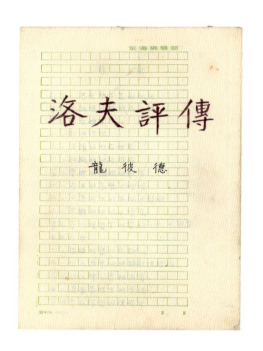

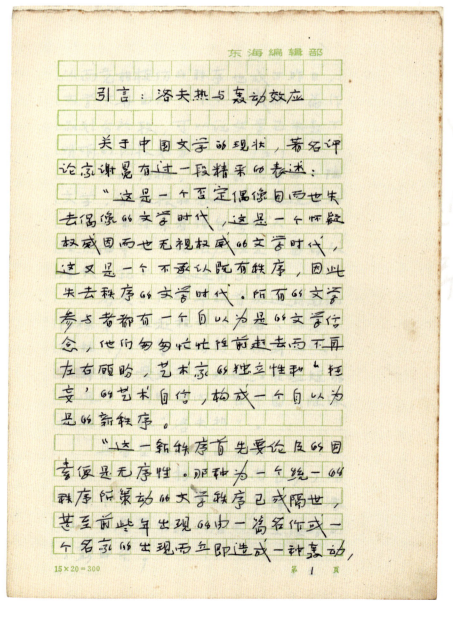

从两党相拮抗的秩序也成了昨日，文学不再由那一个人或那一首作品划分阶段，可以说文学已失去了明确的阶段划分……"（注1）

以此为据，分析前几年的大陆文学，谢教授的表述是不无道理的。但如果还要来看待台湾诗人，不，按照他本人的说法应该是中国诗人洛夫，就不一定适用了。

洛夫于1988年秋首次返湖南衡阳探亲，并赴杭州、上海、北京、桂林、广州等地访问，所到之处□无不受到热烈欢迎。在短短的接近两个月时间内，在中国大陆便掀起了一股"洛夫热"。

且看各地报刊的反映：

《东方时报》（湖南长沙）1988年9月9日，《诗情与情一样浓——台湾著名诗人洛夫先生谈诗》，彭国梁；

第2页

《湖南日报》1988年9月24日，《洛夫与湖南诗人》，庄宗伟；

湖南《新闻人物报》1988年9月30日，《为历史作证——台湾著名诗人洛夫印象》，彭浩荡；

《新闻图片报》（株洲）1988年10月14日，《尾生·洛夫·台湾诗人》，庄宗伟；

《湖南文艺》1989年3月期，《初晤洛夫》，刘剑桦；

《浙江日报》1988年9月28日，《...春》是月的忠人》，...佳；

《杭州日报》1988年10月4日，《...风的聚散》，张德强；

《...报》1988年11月22日，《...聚会——记台湾诗人在...》

第3页

第一章　孤绝的形成及突破

在他"孤"与"绝"的生活中，5希望为那游离无着的生活系泊他，"我下到一座岛"；宝岛而定时说："我来到岛上（二十四）"……我踏进岛——"一个岛上"，但肉身则是归属，他从大陆来到台湾，在他归属。

——叶维廉《洛夫论》，精神的...

未作为一个诗人的性感情超的回避物化真互团。有家还难解的危感防，方语占的危时期过最清看，而后的永佳问题。这...

第19页

对诗人感受的衡激，不弱于西方所说的"文化工业"。
　　——同上

一、来台始末

1949年，是中国政治和历史的转折点，也是洛夫个体生命的转折点。

5月。湖南衡阳。

一位姓杨的高中同学来找洛夫，告诉他："陆军司令部在衡阳招考青年学生到台湾受训，成绩优良的可保送到陆军军官学校，要不要一块儿去报名？"

当时洛夫虽已21岁，却是一个未出过远门、人生经验□□□的大孩子。他□□决地答道："让我考虑考虑，明天再给你答覆。"

洛夫□□□，原名运端，由于

第20页

此稿757页，26.5×19cm
2010年龙彼德捐赠
（刘明辉）

# 谢俊美

谢俊美，1942年出生。华东师范大学教授、博士生导师，国家清史编纂委员会评审专家。长期从事东亚区域史、晚清史研究，主要著作有《政治制度与近代中国》《东亚世界与近代中国》《翁同龢传》《翁同龢评传》《常熟翁氏》《翁同书传》《翁同龢年谱长编》《翁同龢人际交往与晚清政局》《中国通商银行简史》等，主编《醒狮丛书》、《国学传承丛书》、教育部标准教材《中国近代史》，辑有《翁同龢集》《中国通商银行：盛宣怀档案资料选辑之五》等。

扫一扫 更精彩

## 翁同龢传

谢俊美是翁同龢研究专家，出版了多部翁同龢研究与资料专著。《翁同龢传》1989年初稿，1990年5月二稿，1991年5月定稿，由中华书局于1994年出版。作者将翁同龢置于时代的潮流和特定的背景下进行考察，对翁同龢的一生活动和历史功绩作了评价，不仅剖析了其政治经历、思想发展、学术和书法成就，而且涉及许多重大政治事件、战争交涉、党派纷争等内容。手稿由作者自行装订成册，完整地体现了从初稿到定稿的过程。

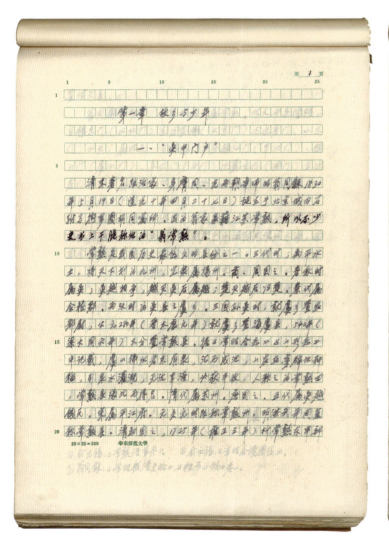

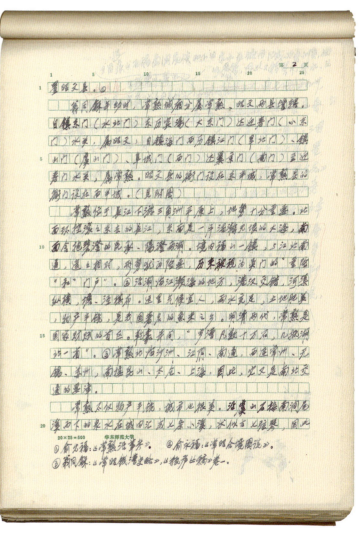

此稿879页，尺寸不一
2016年谢俊美捐赠
（刘明辉）

# 陈子善

陈子善，1948年生。1976年至2018年，执教于华东师范大学，曾任图书馆副馆长、中文系研究员。现为上海市文史研究馆馆员、《现代中文学刊》主编、中国现代文学研究会名誉理事。曾参加注释《鲁迅全集》。长期从事中国现代文学史和文学史料研究，著有《中国现代文学史实发微》《张爱玲丛考》《签名本丛考》《从鲁迅到张爱玲》《说徐志摩》等，编订周作人、郁达夫、梁实秋、张爱玲等现代重要作家作品集和研究资料集多种。

鲁迅书信注释手稿
张爱玲丛考——"《描金凤》、'女汉奸'及其他"
签名本丛考——"郭沫若：《沫若文集》第一卷"

陈子善早年研究鲁迅著作，参与了《鲁迅全集》的注释工作，后在现代文学史料整理与研究方面取得了突出成绩，以张爱玲研究所取得的成就为海内外所公认。同时他也是一位藏书家，曾在《文汇读书周报》上开设专栏，介绍自己所藏的签名本，叙述其中的文学渊源与史实考证。上海图书馆藏有陈子善手稿102页，可管窥作者的研究特点。

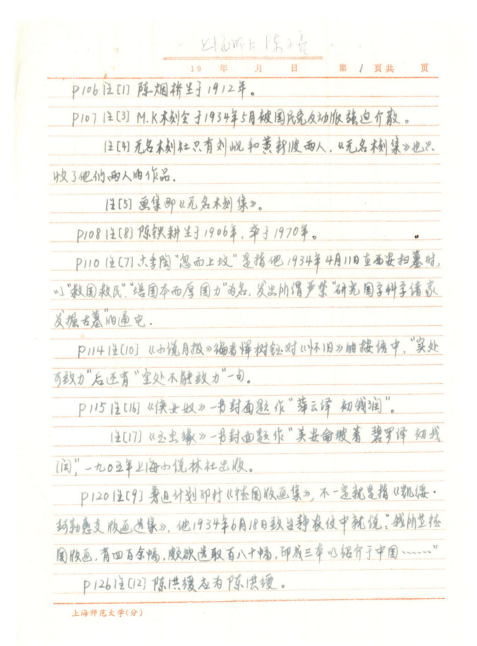

扫一扫 更精彩

鲁迅书信注释手稿
此稿5页
20世纪70年代末作，26.3×18.9cm
2019年陈子善捐赠

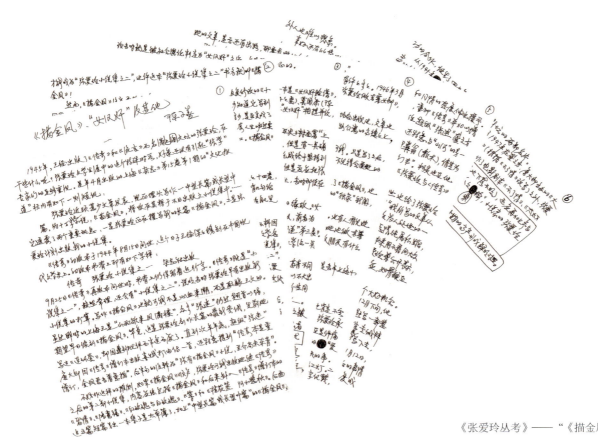

《张爱玲丛考》——"《描金凤》、'女汉奸'及其他"
6页，29.7×21cm
2019年陈子善捐赠

《签名本丛考》——"郭沫若：《沫若文集》第一卷"。3页，29.7×21.1cm
2019年陈子善捐赠
（刘明辉）

# 林庆彰

林庆彰，1948年出生。经学史家。1975年考入台北东吴大学中国文学研究所，师从屈万里、昌彼得、刘兆祐等学者，1983年获博士学位。历任"中研院"中国文哲研究所研究员、台北东吴大学教授、清华大学法鼓人文讲座教授、中国诗经学会顾问。著有《丰坊与姚士粦》《明代考据学研究》《明代经学研究论集》《清初的群经辨伪学》《清代经学研究论集》等，编有《经学研究论著目录》《朱子学研究书目》《乾嘉学术研究论著目录》《晚清经学研究文献目录》《日本儒学研究书目》《日据时期台湾儒学参考文献》等。

## 丰坊与姚士粦

《丰坊与姚士粦》是林庆彰的硕士论文。明代中晚期，士人嗜好奇书，造作伪书之风兴盛，其中以丰坊、姚士粦为最。此书详述丰、姚二人的家世、生平、著作，着重考辨丰坊《石经大学》《子贡诗传》，姚士粦《孟子外书》《於陵子》等伪书，指出《子贡诗传》有抄本与刻本之别，抄本为原本，刻本曾经篡改，《申培诗说》则是抄录丰坊另一本伪书《鲁诗世学》之诗旨而成，最后略述丰、姚所作伪书对明清两代士人的影响。此手稿经过反复修改，朱墨烂然，并批注格式、字体等排印要求，可见林氏早年辛勤研学之迹。2015年，此书由台北万卷楼和华东师范大学出版社分别正式出版。

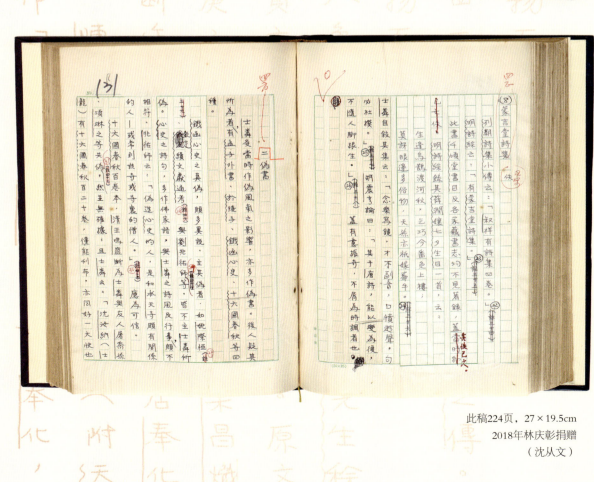

此稿224页，27×19.5cm
2018年林庆彰捐赠
（沈从文）

157

# 孙琴安

孙琴安，1949年出生。上海社会科学院文学研究所研究员、古代文学室主任，上海社会科学院研究生院教授、导师。上海文史研究馆馆员。李白研究会、杜甫学会、徐志摩研究会顾问。已出版《唐诗选本六百种提要》《刘禹锡传》《徐志摩传》等个人著作33部。《中国评点文学史》获上海市第五届哲学社会科学优秀成果著作三等奖，《中国诗歌三十年——当今诗人群落》获上海市作家协会2013年优秀著作奖，《现代诗四十家风格论》被日本大阪大学定为教材。

## 中国诗歌三十年——当今诗人群落

孙琴安历时三年写作的《中国诗歌三十年——当今诗人群落》，以区域性视角来观察中国诗歌迅猛前进的三十年光阴，脉络清晰，史料详细；点面兼顾，综合研究，展现出三十年来中国诗歌的基本风貌。此书手稿留有作者大量修改痕迹和纸张拼贴痕迹，部分页背面有杂稿。该书由上海社会科学院出版社于2013年出版。

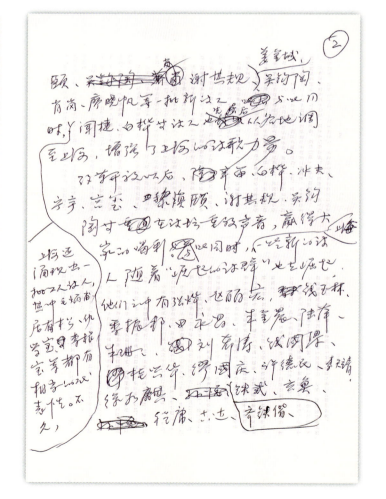

# 诗人群落

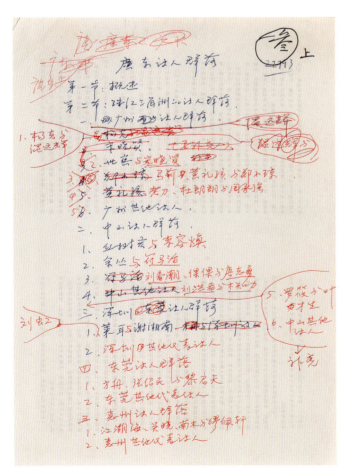

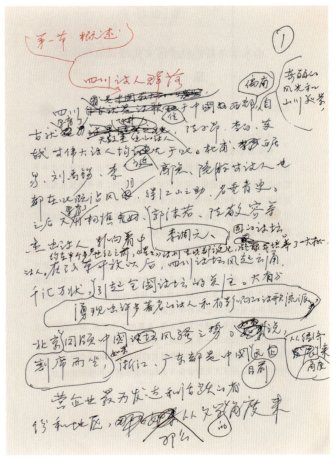

此稿1121页，尺寸不一
2015年孙琴安捐赠
（刘明辉）

# 葛兆光

葛兆光，1950年出生。北京大学研究生毕业，曾任清华大学教授，现为上海复旦大学文史研究院及历史系特聘资深教授。主要研究领域为中国宗教史、思想史和文化史。出版学术著作、译著和文化评论专著多种，主要著作有《增订本中国禅思想史——从六世纪到十世纪》、《中国思想史》（两卷本）、《宅兹中国——重建有关中国的历史论述》、《想象异域——读李朝朝鲜汉文燕行文献札记》等。曾获第一届中国图书奖（1988）、第一届长江读书奖（2000）、第一届Princeton Global Scholar（2009）、第三届 Paju Book Award（韩国，2014）、第26届"亚洲·太平洋"大奖（日本，2014）等。

### 道教修炼

葛兆光在道教研究方面成果丰硕，不仅撰写了首次论述道教与文学语言的论文《青铜鼎与错金壶——道教语词在中晚唐诗歌中的使用》，著有《道教与中国文化》及《屈服史及其他：六朝隋唐道教的思想史研究》等学术专著，还致力于学术普及工作，力求以浅显易懂、深入浅出的文字对专业学科和学术语言进行阐释。此稿语言平实流畅，举例贴近生活，反映了作者在学术普及方面的深厚功力。

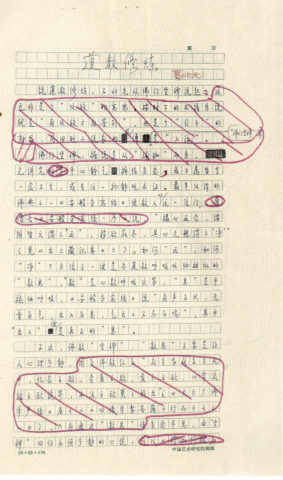

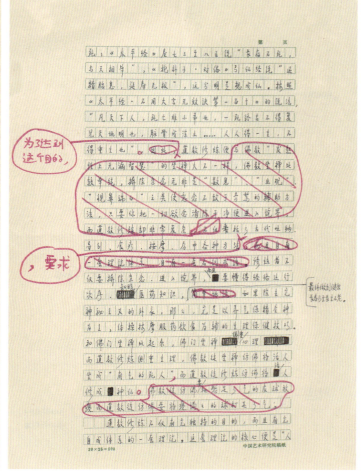

此稿10页，38×26.3cm
2018年王毅捐赠

# 古代中国社会与文化十讲

此稿内容系由作者在清华大学上课的讲稿荟萃而成，作为"清华大学专门史系列教材"之一，由清华大学出版社于2002年出版，后被译为韩文。作者认为"要把学术界对于中国古代文化研究的新资料和新看法，通过简明通俗的方式生动有趣地传达给学生，是一件很不容易的事"，因此出版前依每次讲课时学生的反应和较新的资料进行不断完善。后《古代中国文化讲义》收录了其中部分内容，先后由台北三民书局和复旦大学出版社出版。此手稿写于空白纸张上，空间安排井然有序。作者在写作过程中书写的笔记卡片贴于稿纸背面。文中增补较多之处，则采取另纸重写后整齐覆盖原段落的方式，完好地保持了文本的清晰性与条理性。

此稿29.1×21.1cm
2019年葛兆光捐赠
（刘明辉）

161

# 陈福康

陈福康，1950年出生。上海外国语大学教授，文学研究院研究员，博士生导师。中国鲁迅研究会理事、中国茅盾研究会常务理事、上海古典文学学会理事、上海鲁迅研究专家委员会委员、福州外语外贸学院郑振铎研究所所长、陕西师范大学高等研究院研究员等。著有《郑振铎年谱》《郑振铎论》《郑振铎传》《中国译学史》《日本汉文学史》《井中奇书新考》《鲁研存沈》《民国文学史料考论》等。曾获中国高校人文社会科学研究著作奖、中国优秀传记文学奖、上海市哲学社会科学著作奖、中华优秀出版物奖等。

## 中国译学理论史稿

此稿作于20世纪80年代末。出版后，被多所大学选为教材和相关研究生必读书，曾获教育部社科著作奖，并有译本在海外出版。该书后经修订，更名为《中国译学史》，多次重版。此为最初交付出版社的手稿。

此稿1068页，尺寸不一
2015年陈福康捐赠
（刘明辉）

# 刘绪源

刘绪源（1951—2018），笔名柳园、榴雨。作家、文艺理论家、中国现代文学研究学者。历任上海人民广播电台文学、广播剧编辑，《文汇月刊》编辑，《文汇读书周报》副主编，《文汇报·笔会》主编。著有小说《"阿赣"出海》《过去的好时光》，随笔《逃出"怪圈"》《人生的滋味》《体面的人生》《苦茶与红烛》，散文随笔集《隐秘的快乐》《冬夜小札》《桥畔杂记》《见山是山见水是水》，学术著作《解读周作人》《儿童文学的三大母题》《文心雕虎》等。

人生的滋味

　　《人生的滋味》是刘绪源因胃疾住院时酝酿构思，1990年出院后完成的第一部作品，后由安徽文艺出版社于1991年出版。他在住院时感悟到生命渐渐离开自己时的心情，认为中学生"不应该只生活在自己的阳光灿烂的日子里，他们也应该有一点短暂的时间，想想未来，想想黄昏，体验一下人生的各种不同的风景"，这样会令他们的性格变得"深刻而美丽"。他进而认为，人还应该体验"沉沉的黑夜"，以此更能体会到生命的短暂和珍贵。刘绪源以亲切平和的态度讲述人生的哲理，内涵宏大而深刻，对各年龄段的读者都有教益。

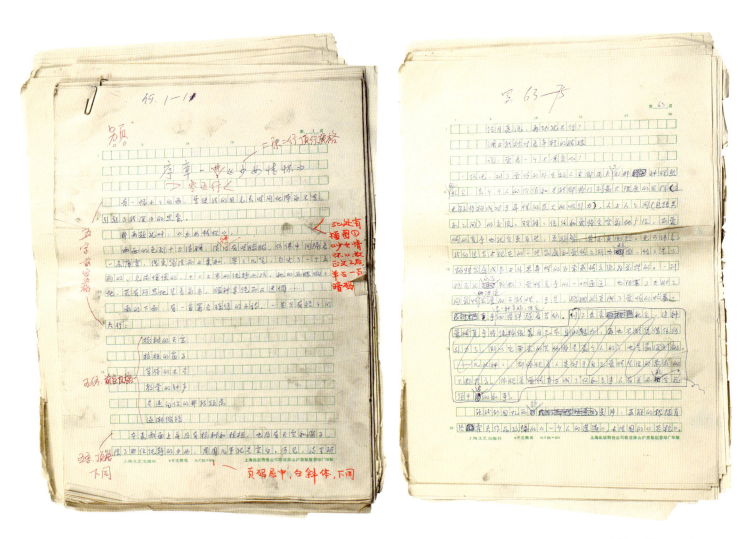

此稿111页，43×27cm

2012年刘绪源捐赠

（刘明辉）

# 江晓原

江晓原，1955年出生。上海交通大学讲席教授，科学史与科学文化研究院首任院长。1982年毕业于南京大学天体物理专业，1988年毕业于中国科学院，中国第一位天文学史专业博士。1994年被中国科学院破格晋升为教授。1999年在上海交通大学创建中国第一个科学史系。已在国内外出版著作约百种，发表学术论文约两百篇，并长期在京沪报刊开设个人专栏，发表大量书评、影评及文化评论。

## 《周髀算经》译注

1995年作，包括对《周髀算经》的长篇新论、《周髀算经》全文白话译文、详细注释、八个相关的附录、参考文献及综合索引等。此书由辽宁教育出版社于1996年出版，后更名为《〈周髀算经〉新论·译注》，由上海交通大学出版社于2015年出版。

扫一扫 更精彩

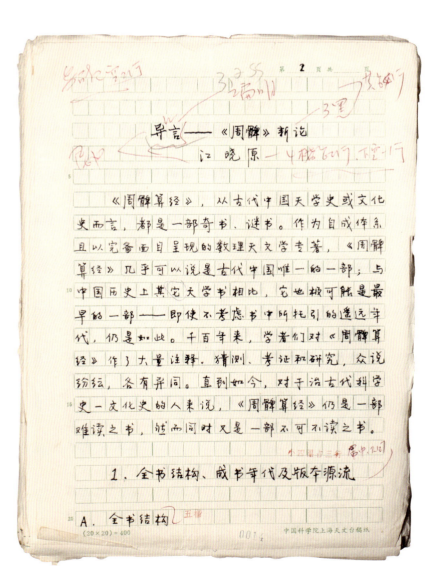

此稿290页，26.5×19cm
2019年江晓原捐赠

## 性张力下的中国人

此为江晓原"中国性史三部曲"之一，作于1994年。全书以学术文本的形式，以儒家经典、历代官史、私家著述、野史笔记、诗词歌赋、小说戏曲等大量历史文献为依据，以"性张力"概念为分析框架，系统研讨了古代及当代中国人的性、爱、婚姻、礼教、家庭、性工作者、色情文艺等等问题，从多个角度重新审视了中国人的性生活和性观念。此书先后由上海人民出版社、东方出版中心、华东师范大学出版社、三联书店出版于1995年、2006年、2011年和2019年。

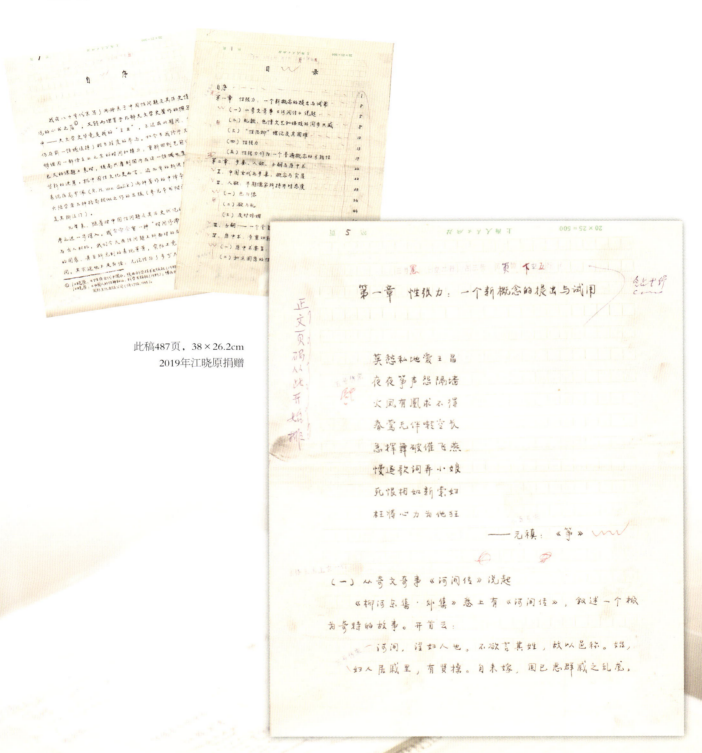

此稿487页，38×26.2cm
2019年江晓原捐赠

（刘明辉）

165

# 书 信

Correspondence

　　书信文献有多种名称，自古以来有尺牍、尺素、翰札、手札、手书、书简、书柬、书启、信札等。书信是人们相互交往中最常见的主要书面交流方式，是最具有社会性的文本创作形式，这种文本形态在我国具有悠久的历史，并形成了书写规范的"书仪"。书信具有信息传递指向性明确的特点，是主要以两人之间为阅读对象的文字书写，内容包罗万象。从传世的书信内容来看，或互告新闻，或评析时事，或辨章学术，或探讨艺术，或交流情感。大而言之，其高谈阔论，可览国事之巨，为政之方；小而观之，其温情细语，可察家事之纤，心曲之秘。作为名家手笔，其辞章足可当美文品鉴，其书法亦可作艺术欣赏，其叙事也能补史料之阙。书信在中国文学史、艺术史、社会史上，均占有独特的地位，历来深受人们的关注。上海图书馆长期重视书信文献的收藏与研究，所藏明清至民国时期的书信达13万余件，曾举办过历代尺牍专题展，出版了《中国尺牍文献》等多种书信文献的汇编。书信作为中国文化名人手稿馆的专藏之一，现已收藏当代（部分为现代）各界著名人士的书信2万余件，延续了本馆书信收藏的传统，积累了丰富的馆藏。

　　本馆所藏书信均来自各界人士的捐赠。举其荦荦大端者有茅盾之子韦韬在20世纪90年代捐赠的书信数百封，本馆为此整理出版了《尘封记忆：茅盾友朋手札》。近年收藏数量最大的书信是来自上海作家叶永烈的捐赠，从2014年起分批交付的书信达五千多件，涉及众多中外名人的手书，令人叹为观止；我们的老馆长顾廷龙先生逝世之后，顾诵芬院士在2010年至2018年间将父亲遗留在北京与

章瑶字雁

上海寓所的图书、文献悉数交付本馆，其中有一批名家与其论学的书信，从中可体会图书馆前辈如何向专家学者提供文献服务的奉献精神；有两位曾任京沪报刊编辑的学者，为本馆捐赠了一批当代文化名家的书信。一是上海《文汇报·笔会》原主编刘绪源，二是北京《读书》杂志原编辑扬之水（赵丽雅）。他们均是在某一方面成果丰硕的学者，与国内文坛学界交往广泛，其往来书信有论学记事的史料价值。令我们感动的是，2019 年 4 月，作家萧军之孙主动联系本馆，向手稿馆捐赠了萧红致萧军的两封珍贵书信。2019 年 8 月征集入藏的一批书信具有十分重要的价值，捐赠者是上海文化界领导人方行的后人，其中众多文化名人的书信填补了馆藏手稿的空白，为我们研究郑振铎等人提供了从未披露的资料。旅美艺术史专家白谦慎与在美收藏家、学者交谊深厚，往来书信记载了彼此论学谈艺的经历，他两次向本馆捐赠书信，其中翁万戈的书信达 50 余件，丰富了本馆"翁氏文献"收藏。本书着重从以上几位捐赠者中选录部分书信披露。

　　在现代通信技术日益发达的当下，传统的手写书信逐渐被短信、微信和电子邮件取代，那一封封浸润手泽，期待一纸飞鸿的岁月，更令人怀念和珍视。

# 陈叔通

陈叔通（1876—1966），名敬第，浙江杭州人。政治活动家。1903年中进士，授翰林院编修。次年东渡入日本法政大学学习。回国后任宪政调查局会办，资政院民选议员。1915年任商务印书馆董事、兴业银行董事、合众图书馆董事等职。中华人民共和国成立后，任全国工商联主任委员、中央人民政府委员会委员、全国人大常委会副委员长、全国政协副主席等职，著有《政治学》《法学通论》。

## 陈叔通致顾廷龙函（1940年9月6日）

本批陈叔通致顾廷龙函约有十通，在此选录一通陈叔通以合众图书馆董事身份致时任该馆总干事顾廷龙函：叶景葵董事已接洽了长乐高氏捐赠高梦旦家藏图书，他嘱顾廷龙派人接收，并刻"长乐高氏捐赠"木印，盖入各书首册。今查馆藏高氏捐赠图书之首本，证实钤有朱砂楷书木戳——"长乐高氏捐赠"。合众图书馆为上海图书馆前身之一。

此函1页，25.4×14.3cm
2011年顾诵芬捐赠
（王宏）

# 叶恭绰

叶恭绰（1881—1968），字裕甫，又作玉甫、誉虎，号退庵，广东番禺人。政治活动家、收藏家、书画家。清末京师大学堂毕业。民国间曾任交通总长、铁道部长。中华人民共和国成立后，任全国政协常委、中央文史馆副馆长等职。著有《矩园余墨》等。

## 叶恭绰致郑振铎函（约 1945 年—1947 年）

抗日战争期间，叶恭绰与张元济、郑振铎等学者发起成立"文献保存同志会"，搜购抢救了大批珍贵古籍。抗战胜利后，他又积极参与追索战时遭日军劫掠的古籍文献。此函为叶氏为商借《静嘉堂秘籍志》而作，并言及欲向驻日盟军司令麦克沃瑟（惯译麦克阿瑟）交涉借抄静嘉堂藏书，应该也作于这一时期。但欲借抄藏书中的哪一部、交涉结果如何，尚待考证。

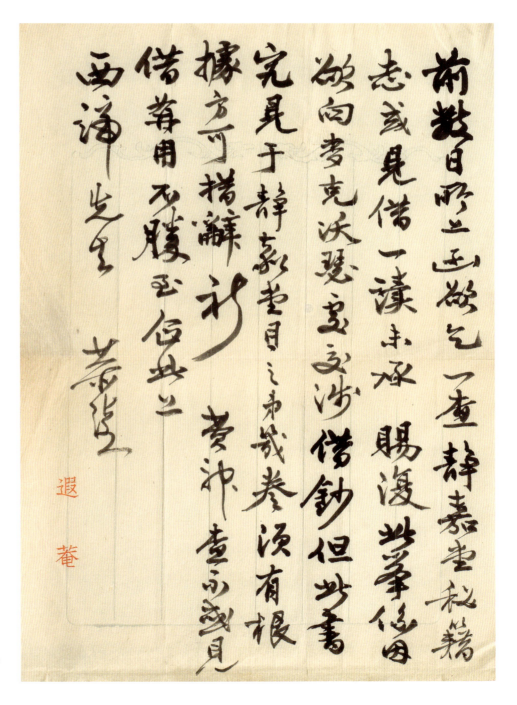

此函 1 页，28.2×20cm
2019 年方行后人捐赠

169

## 叶恭绰致顾廷龙函（1953 年）

此函主要谈及叶氏编《清代学者象传》第二集、陈叔通编《贵阳姚茫父、武进汤定之、常熟杨无恙三家书画集》出版印刷相关事宜，两书均问世于 1953 年。"森老"当指徐森玉，"叔老"即陈叔通，"胡氏"当为影印出版两书的安定珂罗版社负责人胡颂高。

此函 1 页，18.3×26cm
2011 年顾诵芬捐赠
（沈从文）

# 顾维钧

顾维钧（1888—1985），字少川，上海嘉定人。民国时期外交家。13岁入圣约翰书院接受现代教育。1904年赴美留学，于哥伦比亚大学主修国际法及外交专业，获博士学位。自1912年回国后任袁世凯总统英文秘书起，先后担任北洋政府外交部参事，驻墨、美、英公使，外交总长等职。南京国民政府成立后，历任"九一八事变"国联李顿调查团中国顾问，驻法、英大使，中国驻联合国首席代表、驻美大使等，被誉为"民国第一外交家"。

顾维钧（V.K.Wellington Koo）致 Henry Luce 太太函（1967年2月28日）
顾维钧（V.K.Wellington Koo）致 Charles D.Hurd 教授函（1977年8月11日）

作为一名资深外交官，顾维钧平时主要使用英文写作。这里收录的是顾维钧晚年写给美国友人的两封英文信件：一封是1967年2月28日致 Henry Luce 太太函，表达对其丈夫——美国《时代》周刊创办人 Henry Luce 先生逝世的悼念；另一封为1977年8月11日致美国西北大学化学系 Charles D.Hurd 教授函，感念 Hurd 教授的继父1905年在库克学院，对初至美国留学的顾维钧所给予的无微不至的帮助。顾氏晚年定居纽约，与美国的媒体及教育界依然保持着密切的联系，于此两函可见一斑。

此函1页，16.2×16.4cm

2019年杨雪兰捐赠

171

COPY

August 11, 1977

Prof.
Mr. Charles D. Hurd,
Department of Chemistry,
Northwestern University,
Evanston, Ill. 60201

Dear Professor Hurd:

It was a pleasant surprise, upon my return from a rather extended visit to Florida and Southern California, to find your letter of June 22, 1977 awaiting my attention. My absence from New York explains the delay in acknowledging its receipt, which I regret.

Time certainly flies. I can hardly believe that it is now nearly three quarters of a century since I left Cook Academy in 1905. But I still remember the happy year I spent at Montour Falls and the friendly reception I had from Mr. A. H. Norton, your stepfather, who was the beloved principal of the academy school. He took a personal interest in the Chinese us, fresh from China and ignorant of nearly everything relating to the United States. His warm sympathy for us, boys always made our life so much happier at the school. I still recall it from time to time to my family with appreciation and gratitude.

I wish, however, to congratulate you heartily for your own personal achievements success. It is certainly no small honor for your

此函 1 页，31.6×20.4cm
2019 年杨雪兰捐赠
（计宏伟）

172

# 姚光

姚光（1891—1945），谱名后超，字石子，号凤石，又号复庐。文学家、诗人、爱国民主人士。清宣统元年（1909）南社始创时，姚光即为骨干。民国七年（1918），柳亚子辞南社主任，社友推举姚光继任，故有"前有柳亚子，后有姚石子"之说。晚年蛰居上海，直至病逝。

姚光一生笔耕不辍，著有《复庐文稿》《荒江樵唱》《浮海草》《倚剑吹箫楼诗集》，编有《金山卫佚史》《金山艺文志》等。又富藏书，尤重乡邦文献，1950年由其子昆群、昆田兄弟捐赠上海市人民政府，后入藏上海图书馆。陈毅市长曾撰文予以嘉奖。

此函2页，23.2×13cm
2018年顾诵芬捐赠

## 姚光致顾廷龙函（1943年4月23日）

姚光与顾廷龙素有往来，合众图书馆（顾为总干事）新馆落成后，距姚氏居住的景华新村不远，二人交往更为频繁。此信内容主要为姚光新得《清仪阁录苏斋文》一册，嘱顾廷龙题写数语。又托潘景郑为《明清藏书家尺牍》题签。《姚光全集》收录（2007年社会科学文献出版社）。

姚光致顾廷龙函
（1940 年 11 月 4 日）

　　此信不署年份，信中提到姚光欲借阅杨凤苞（秋室）批校《鲒埼亭集》（时为叶景葵收藏）以及委托顾廷龙比对《朴学斋文录》版本等事。《顾廷龙年谱》1940 年 11 月 15 日记载"校《朴学斋文集》毕，借自姚光者"，11 月 21 日又记"姚光来……还杨秋室批本《鲒埼亭集》"。据此推断，此函或当作于 1940 年。

此函 2 页，23×13cm，2018 年顾诵芬捐赠

姚光致顾廷龙函
（1941 年 3 月 29 日）

　　此信多涉及姚光与顾廷龙、燕京大学图书馆之间的书籍交流事宜。《顾廷龙年谱》1941 年 2 月 4 日记载"姚光来，检假《绩学堂诗文集》，为燕京大学图书馆访者"。2 月 15 日载"接燕京大学馆函，知正印《简松草堂文集》"。3 月 10 日又载"为姚光蓝晒纸制《武陵山人制艺》"，似与此信内容相合，故推断或作于是年。

（陈雷）

此函 2 页，23×13cm，2018 年顾诵芬捐赠

# 周叔弢

周叔弢（1891—1984），名暹，字叔弢，以字行。爱国实业家、藏书家，安徽建德（今东至县）人。早年致力于民族实业，曾任唐山华新纱厂经理、天津华新纱厂经理、启新洋灰公司董事等职。中华人民共和国成立后，历任全国政协委员，天津市副市长、天津市人大常委会副主任、全国工商联副主任委员、第二届全国政协常务委员、第六届全国政协副主席、第一至五届全国人大常委会委员等。

周氏富于藏书，精于鉴别，收藏界一度有"南陈北周"（陈为陈清华）之称。中华人民共和国成立后，多次将私人藏书捐赠给国家图书馆、天津图书馆、南开大学图书馆等。

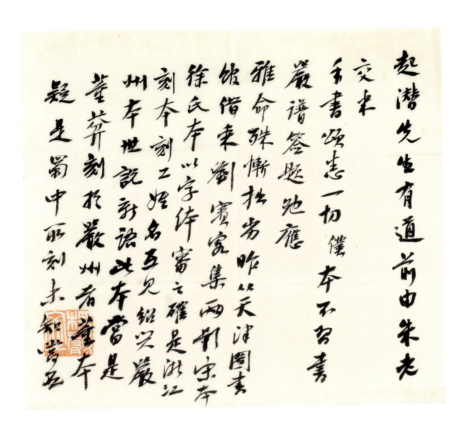

## 周叔弢致顾廷龙函（1979 年 8 月 24 日）

1960 年，周叔弢写信给顾廷龙，表示所藏宋刻本《两汉会要》残存三卷，正可与上海图书馆藏本配齐，愿意捐赠。后此事促成，一时传为美谈。作于 1979 年的这封信主要是答复顾廷龙询问的《刘宾客集》影印底本问题，并答应为《严元照（九能）年谱》题字。顾廷龙来信又见《顾廷龙全集·书信卷》《致周叔弢（三）》。

此函 2 页，21×22.3cm
2018 年顾诵芬捐赠

175

附：顾廷龙致周叔弢函草稿（1979 年 5 月 29 日）

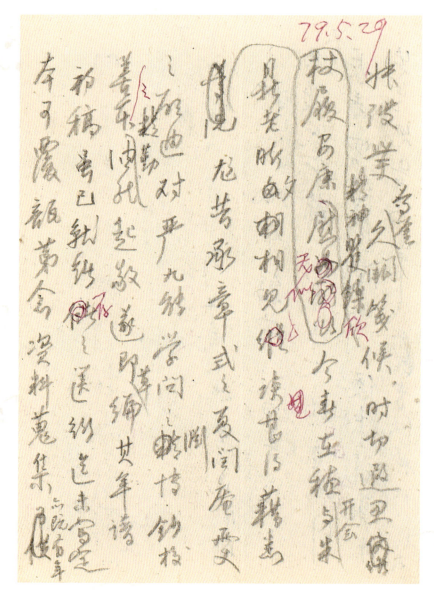

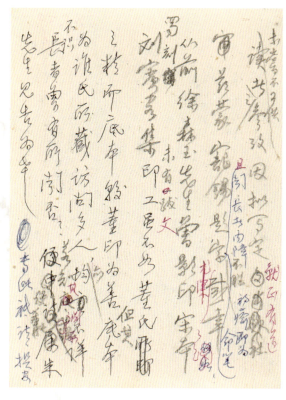

此函 2 页，12.7×8.9cm
2018 年顾诵芬捐赠
（陈雷）

# 叶圣陶

叶圣陶（1894—1988），名绍钧。文学家、教育家、出版家。早年任小学教师并从事文学创作，参加文学研究会。后在商务印书馆、开明书店从事编辑出版工作。主编《小说月报》等杂志。中华人民共和国成立后，任出版总署副署长、教育部副部长、人民教育出版社社长兼总编辑、中央文史研究馆馆长等职。第一、二、三、四、五届全国人大常务委员会委员，第六届全国政协副主席，中国民主促进会副主席、主席。有《叶圣陶集》等著作。

叶圣陶致曹辛之函（1981年10月9日）

　　此为叶圣陶请图书装帧大师、中国装帧艺术研究会会长曹辛之为其《日记三抄》做装帧所书之函。从函中可见叶圣陶对《日记三抄》装帧之重视，虽有学者姜德明已代他请曹辛之设计，但老人还是坚持亲笔写信提出所需要求。

此函2页，26.5×18.3cm
2003年赵友兰捐赠
（王宏）

# 洪深

洪深（1894—1955），字浅哉，笔名庄正平、乐水、萧振声，江苏武进人。剧作家、导演、文艺理论家、翻译家。1916年清华学校毕业后赴美留学，1919年入哈佛大学学习戏剧与文学。1922年回国后，曾任复旦大学教授、明星影片公司编导，先后加入南国社、左翼作家联盟、左翼剧团联盟。抗战时期积极投身于抗日戏剧、电影工作。中华人民共和国成立后，曾任中国戏剧家协会副主席、中国作家协会理事、对外文化联络局局长等职。创作了话剧《五奎桥》《赵阎王》《香稻米》《青龙潭》《鸡鸣早看天》，电影剧本《歌女红牡丹》《劫后桃花》，论文集有《洪深戏剧论文集》，改编译作有《少奶奶的扇子》等。

### 洪深致郑振铎函（1948年5月7日）

此函提及"为美国新闻处翻译剧本"，即美国作家萨洛扬（William Saroyan, 1908—1981）剧作《人生一世》（*The Time of Your Life*，1939年首演），洪深的中译本由上海晨光出版公司于1949年3月出版。《大凉山恩仇记》是李洪辛编剧、洪深导演的四幕话剧，讲述了汉夷（彝）两族化解仇恨、永修盟好的故事，1948年5月14日首演于兰心戏院，洪深在此函中邀请郑振铎观看前一日的试演。

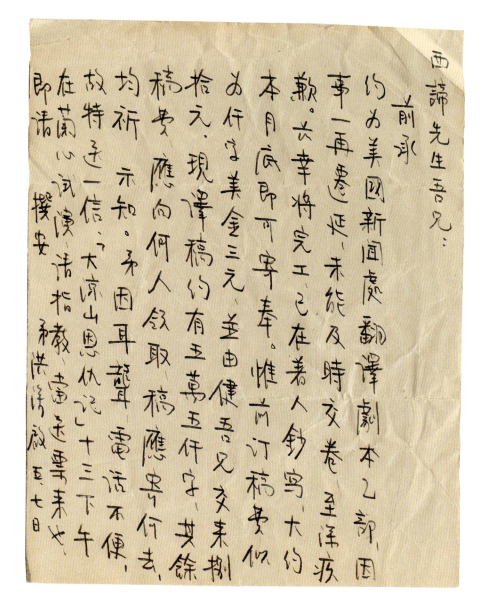

扫一扫 更精彩

此函1页，17.3×13cm
2019年方行后人捐赠
（沈从文）

# 陈之佛

陈之佛（1896—1962），原名陈绍本，号雪翁，浙江慈溪人。美术家、教育家。1918年赴日留学，入东京美术学校工艺图案科。回国后历任上海东方艺专、上海艺术大学、广州美专、中央大学艺术系教授。1942年任重庆国立艺专校长，后仍回中央大学。1958年任南京艺专副校长。在工艺美术、工笔花鸟、美术教育等方面卓有建树。

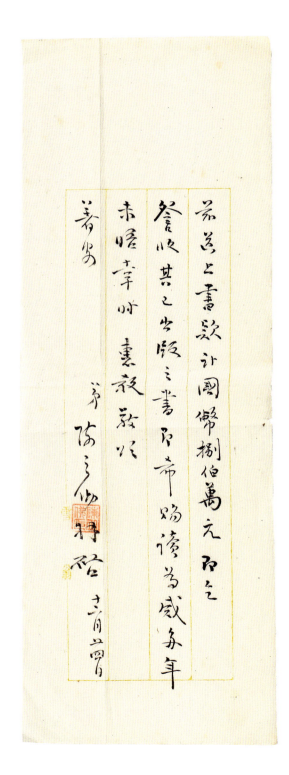

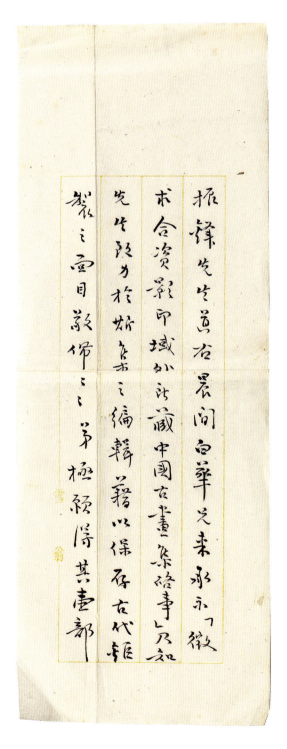

陈之佛致郑振铎函
（1947年12月24日）

1947年12月24日，陈之佛从同在中央大学任教的美学家宗白华处获见郑振铎《征求合资影印域外所藏中国古画集启事》，当即致信郑振铎，称赞郑编纂此书旨在保存古代美术遗产，居功甚伟，并附寄书款，请求订购一部。

179

陈之佛致郑振铎函
（1948 年 1 月 27 日）

此函请求郑振铎将画集中已经
出版的《西域画》上、中辑，《明
遗民画》上辑及《汉晋六朝画》寄
至代收地址，并表达了"颇欲先睹
为快"的热切期待。

振铎先生道右：家上慕画英丽

兼恶讨填合资影印域外所藏中国古画集

全部苏兄读项若出弟集中之「西域画」上辑中

辑明遗民画」上辑及「汉晋六朝画」一辑均

已出版者希将已出版三书饬送至「宁波路三

中银行陈子爱先生」代收最近有人来京拟

颇携带 颇欲先睹为快也专此奉 读教次

授安

弟陈之佛桐叙 百廿七日

此 2 函各 2 页，32×11cm
2019 年方行后人捐赠
（沈从文）

上海 愚园路六十七弄四十三号
郑振铎先生 大启
南京成贤街七十四号师范
校址：南京四牌楼
国立中央大学缄

# 周明泰

周明泰（1896—1994），字志辅，别号几礼居主人，安徽建德（今东至县）人。戏曲学家、历史学家。初为北洋政府总统府秘书、内务部参事，后投身实业，先后任天津元安信托（银行）常务董事及董事长、青岛华新纱厂董事长、上海信和纱厂董事长、上海茂华商业银行常务董事等。编有《几礼居戏曲丛书》《三国志世系表》等。

周明泰致顾廷龙函（1982年7月1日）

附：顾廷龙致周明泰函草稿（1982年）

周明泰酷爱戏曲，专事搜罗戏曲类文献。1949年，他把多年珍藏寄存于顾廷龙主持的合众图书馆中，"合众"编成专目——《至德周氏几礼居藏戏曲文献录存》。中华人民共和国成立后，他将藏书全数捐赠给上海市人民政府，后入藏上海图书馆。

写作此信时，周明泰已定居美国多年，信中托顾廷龙查阅当年捐赠戏曲文献中的窝窝头会义务戏单及梨园公会年底救济同业义务戏单两种，如觅得则委托复印。顾廷龙回信收录于《顾廷龙全集·书信卷》。

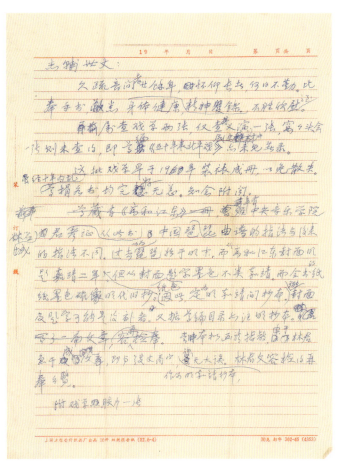

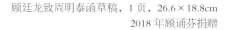

顾廷龙致周明泰函草稿，1页，26.6×18.8cm
2018年顾诵芬捐赠

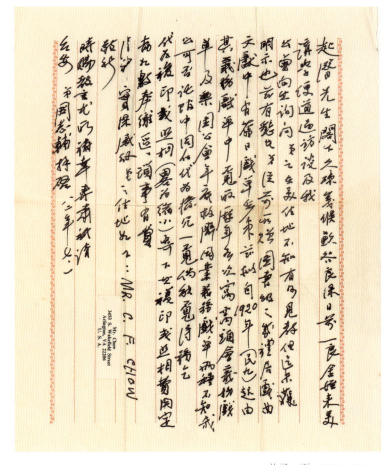

此函1页，27.2×20.8cm
2018年顾诵芬捐赠
（陈雷）

# 许广平

许广平（1898—1968），号景宋。作家。1923 年就读于北京女子高等师范学校国文系，积极参加学生爱国运动。1926 年到广州，曾执教于广东省立女子师范学校、中山大学。1927 年起与鲁迅到上海共同生活。鲁迅去世后，参与编辑 20 卷本《鲁迅全集》，致力于收集、整理、出版鲁迅作品，创作发表了《欣慰的纪念》《关于鲁迅的生活》《鲁迅回忆录》等作品。中华人民共和国成立后，历任全国人大常务委员会委员、全国政协常委、全国妇联副主席、中国民主促进会中央副主席等职务。

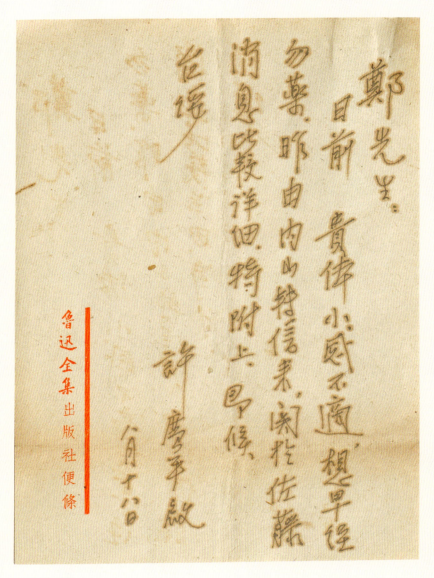

此函 1 页，17.4×12.5cm
2019 年方行后人捐赠

许广平致郑振铎函（1947 年 8 月 18 日）

附：友人致许广平信（1947 年 7 月 27 日）

此信以钢笔书写于"鲁迅全集出版社便条"上，"鲁迅全集出版社"是许广平携周海婴初创的出版印刷鲁迅著作的出版社，位于当时的霞飞坊 64 号，曾出版了《鲁迅全集》和各种鲁迅著作单行本。信中"内山"当指内山完造，内山书店的主人；"佐藤"可能指佐藤俊子，日本女作家。经曾任太平出版印刷公司顾问的草野心平介绍，佐藤与该公司社长名取洋之助相识，1942 年应邀至上海为太平公司编辑出版面向中国妇女的中文刊物《女声》，1945 年 4 月突发脑溢血逝世。信中附有内山转来的友人致许广平信，告知佐藤逝世后骨灰去向。附信后半部分被裁剪后重新拼贴。

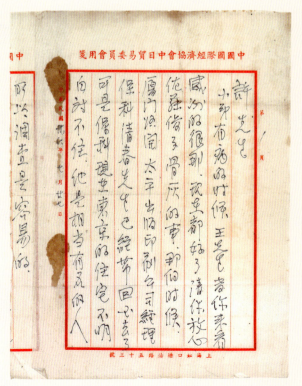

此函 1 页，27.6×20.5cm
2019 年方行后人捐赠
（刘明辉）

# 向达

向达（1900—1966），字觉明，笔名方回、佛陀耶舍，湖南溆浦人。历史学家、考古学家、翻译家。1924 年毕业于南京高等师范学校，先后就职于商务印书馆、北平图书馆。历任西南联大历史系教授、北京大学历史系教授兼图书馆馆长、中国科学院历史所第二所副所长兼学部委员等职。

## 向达致顾廷龙函（约 1935 年—1937 年）

20 世纪 30 年代，顾廷龙与顾颉刚叔侄潜心研究《尚书》。适逢向达与王重民远赴欧洲调查西方收藏敦煌古籍情况，即委托二人调查古本《尚书》。这封短信落款"英京"，当作于向达在英期间，即 1935 年至 1937 年。信中提到获《尚书》残卷照片四张，寄回国内。王重民亦有照片寄回。这些珍贵的照片令顾廷龙在多年后依旧"感不能忘"，成为编纂《尚书文字合编》的重要材料。

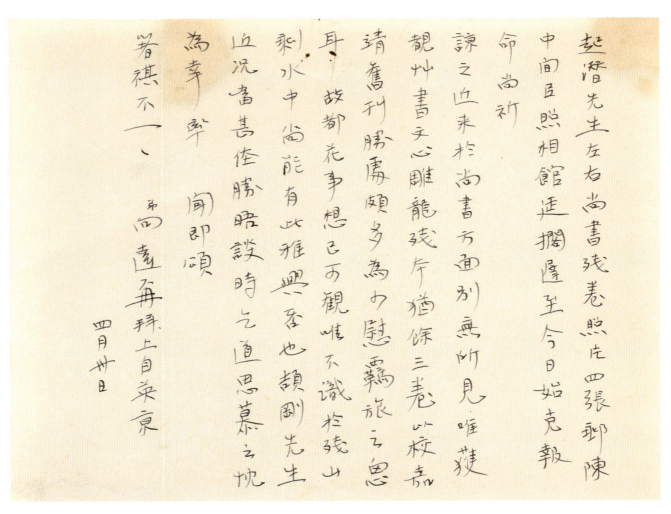

此函 1 页，13.6×17.7cm
2018 年顾诵芬捐赠
（陈雷）

# 苏步青

苏步青（1902—2003），数学家、教育家。1927年毕业于日本东北帝国大学数学系，1931年获理学博士学位。同年回国，受聘于浙江大学，历任副教授、教授、数学系主任、校务委员、教务长。专长微分几何，创立了国内外公认的浙江大学微分几何学学派。1952年转复旦大学数学系，后任复旦大学校长。历任第五、六届全国人大常务委员会委员，第七、八届全国政协副主席和民盟中央副主席，中国科学院学部委员，国务院学位委员会委员，全国人大教科文卫专门委员会副主任，中国数学学会名誉理事长等职。著有《微分几何学》《射影曲线概论》《射影曲面概论》等。

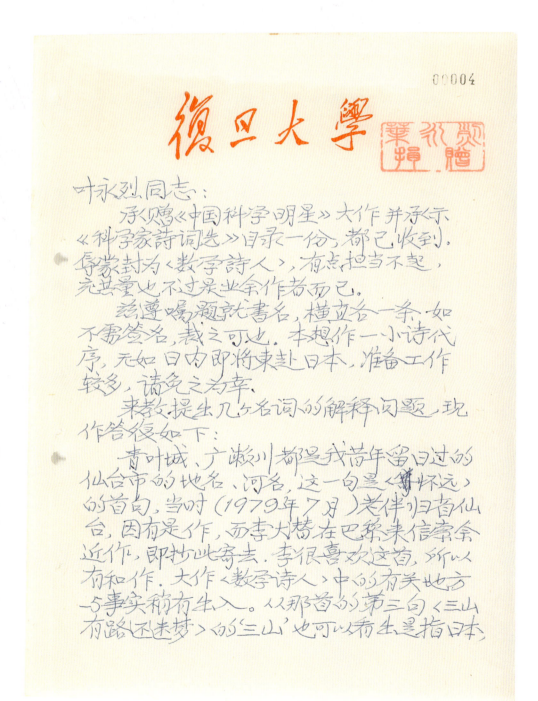

**苏步青致叶永烈函（1983年3月24日）**

此函字迹端正，礼仪周全，体现出一代数学家极高的人文素养。叶永烈称其为"数学诗人"。苏步青在信中详细阐释了自己当年创作的一首诗中的地名、河名，作为对叶永烈所求教问题的答复。叶永烈依惯例钤印朱文"叶永烈捐赠"后捐赠本馆。

不是法国。另外，台湾在祖国东南海上，旧志中称为'鲲南'。

　　以上所陈，能否解决您的下問，还请酌之为荷。

　　匆復，顺颂

撰安

苏步青 1983
3.24夜

此函2页，26.5×18.9cm
2014年叶永烈捐赠
（刘明辉）

# 王重民

王重民（1903—1975），字友三，号冷庐主人，河北高阳人。版本目录学家、敦煌学家、图书馆学家。1928 年毕业于北京高等师范学校，后供职于国立北平图书馆。1934 年，受北平图书馆委派，遍访法、英、德、意、美诸国著名图书馆，搜求流散于国外的敦煌遗书等中国珍贵古籍。1949 年后历任北平图书馆（后改名北京图书馆）副馆长、北京大学图书馆学系教授、系主任。著有《中国善本书提要》《敦煌考古叙录》《中国目录学史论丛》等。

## 王重民致顾廷龙函（1974 年 10 月 2 日）

顾廷龙与王重民系"五十年之旧交"，对于这位老友，顾廷龙称赞他"学贯中西，尤邃于目录版本之业"。王重民的这封书信，主要是为顾廷龙传抄《弟子职古本考注》一事道谢，并据此考证刘绩为明代人，《仪礼经传通解》中"审入"尹知章、刘绩注当在明正德之后，从而纠正了郭沫若认为刘绩为辽代人，其书成于北宋初年的观点。

此函 2 页，25.26×17.3cm
2018 年顾诵芬捐赠
（陈雷）

# 赵万里

赵万里（1905—1980），字斐云，别号云盦、舜盦，浙江海宁人。版本目录学家、敦煌学家。早年就学于东南大学。1925 年到京，从王国维学，任清华学校国学院助教。1928 年入北海图书馆（1929年并入北平图书馆）工作，历任北平图书馆编纂委员、采访部主任、北京图书馆善本部主任等职，第三届全国人大代表。编著有《海宁王静安先生遗书》《校辑宋金元人词》《北京图书馆善本目录》《中国版刻图录》等。

上海图书馆藏有 1946 年至 1948 年之间赵万里致郑振铎书信 5 通，信中内容不乏书林佳话，如：海源阁部分藏书入藏北平图书馆、赵万里整理木犀轩藏书、故宫购得唐写本《刊谬补缺切韵》、郑振铎编纂《韫辉斋藏唐宋以来名画集》出版等。

## 赵万里致郑振铎函（1948 年 12 月 7 日）

此信写于 1948 年 12 月 7 日，时国民党政权已摇摇欲坠，准备将珍贵文物陆续运往台湾，其中就包括北平图书馆收藏善本。赵万里闻讯后焦急万分，决心力阻善本运台。但感到势单力薄，遂写信给郑振铎求助，并在其建议下，采取拖延办法，最终使珍贵古籍保留在京。

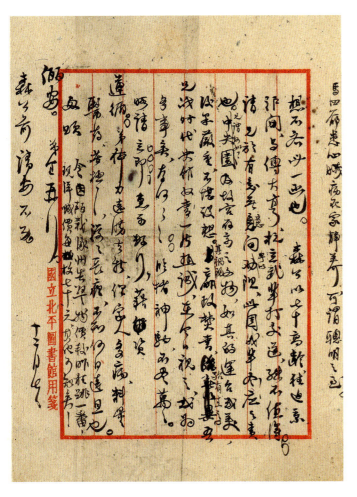

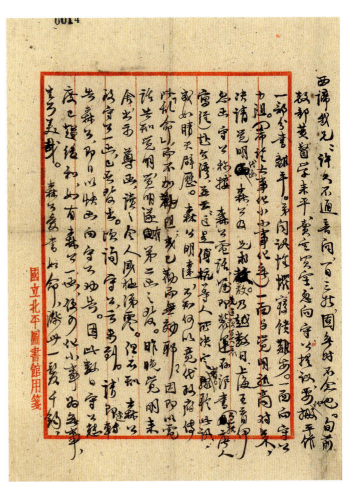

此函 2 页，26.4×17.2cm
2019 年方行家属捐赠
（陈雷）

187

然則象意

秋涼之後

徵題以勁德彼存的感

外性好關造籠視

不壮

九

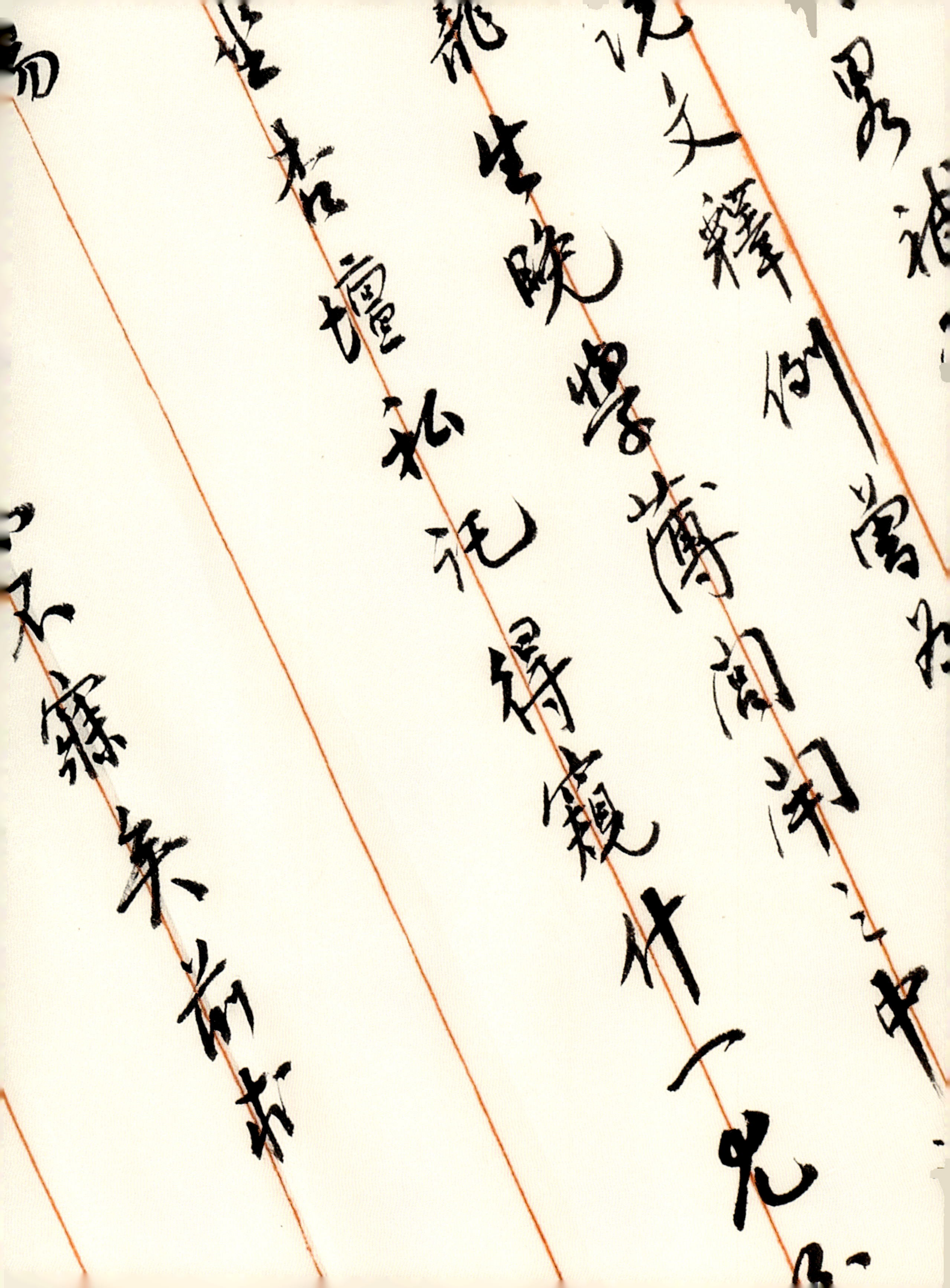

說文釋例
生晚學
杏壇私淑得窺什一

# 秦瘦鸥

秦瘦鸥（1908—1993），原名秦浩。作家。上海商科大学毕业，曾任报社编辑、主笔、讲师。历任香港《文汇报》副刊组组长、集文出版社总编辑、上海文化出版社编辑室主任、上海文艺出版社编审、上海出版文献资料编辑所编辑等职。著有《秋海棠》《危城记》，译有《御香缥缈录》等。

秦瘦鸥致叶永烈函（1981年3月2日）

从此信中可以看到秦瘦鸥对叶永烈作品《论科学文艺》的高度赞赏，评价其为"内容丰富，文笔精炼"，并请叶永烈至上海科技大学讲学。此外，他还详细回答了叶永烈关于1925年上海《福尔摩斯》报的相关问题，此信长达三页。叶永烈曾撰文回忆自己在整理拟捐赠上海图书馆的手稿时，逐封检阅与友朋的鸿雁往来，收藏总量达四千余通，多为文化界知名人士。叶永烈择其部分加上标题、说明，并钤印朱文"叶永烈捐赠"后捐赠上海图书馆。

上海黄色小报五花八门，著名的有《晶报》、《金钢钻》等，不久《福尔摩斯》也出来了，专主之"发人阴私"，专门刺发一些社会上的小道新闻，专也些造谣放刁、污蔑。胡雄飞文化水平不高，但对发刊工作很热心，认为这几个当时的所谓报坛头儿（已非二人，成为老板和霸头了），又以稿费残给他，奉承他们。姚吉老等等人也，讲一个大流谎为老板了。连以编程长无继而。其实关……，也是鸳鸯蝴蝶派中的一分子，久觉为了，工于小计，但他们用不起记者，纤篇又是地摊，没场力主找求纱头报工作的人，把大报上不登发表的消息偷偷给他们，要他们作了，不一定有根据，得些久久请吃之饭而已。我那时年仅廿余岁，就在《福尔摩斯报》做外勤几位老记者都叶加喜，胡碧珠等日然愿下，经营者《福尔摩斯》与编前后有二三年之久。但我根本没写过半文稿费，又经常去晚级成着借他们的名义，找些豆荳，引诱民等请客吃馆，级累小得纸了。到我结婚，算是就连做告工作后，就不去干了。咳落回立十年，绝无半张报纸在手（从未没保存也）。而已我

# 张秀民

张秀民（1908—2006），字涤瞻，浙江嵊县人。目录学家、印刷史专家、安南史专家。1931年毕业于厦门大学文学院国学系，1931年至1971年任职于北京图书馆（今国家图书馆）。著有《中国印刷术的发明及其影响》《活字印刷史话》《中国印刷史》等。

## 张秀民致顾廷龙函（1980年1月26日）

在这封短短几百字的信中，读者可以一窥张秀民学术活动的诸多方面。如：关注韩国发现的《无垢净光大陀罗尼经》，希望看到韩国学者论文的译文（即李弘植《从木版印刷看新罗文化——庆州佛国寺释迦塔发现的陀罗尼经》）。该佛经发现于1966年，早已获得国际学界的重视。此外在信中，张秀民还希望能组织调查全国各家图书馆所存版刻情况并提及他与国外学者神田喜一郎、艾思仁等人的交流。

此函2页，18.9×26.6cm
2018年顾诵芬捐赠
（陈雷）

# 钱存训

钱存训（1910—2015），美籍华人。印刷史专家。1932 年毕业于金陵大学（今南京大学），1947 年赴美，于 1952 年、1957 年先后获美国芝加哥大学图书馆学硕士及博士学位。曾担任南京金陵女子大学图书馆代理馆长、上海交通大学图书馆副馆长、美国芝加哥大学东亚语言文明系兼图书馆学研究院教授、远东图书馆馆长等职，著有《书于竹帛——中国古代的文字记录》《中国纸和印刷文化史》《中国古代书籍纸墨及印刷术》等。

## 钱存训致顾廷龙函（1980 年 5 月 23 日）

钱存训与顾廷龙相识于抗战时期。后多年未晤。直至 1979 年钱存训随美国图书馆界访华代表团访问上海图书馆，与顾廷龙再续友谊。他应李约瑟之邀，写作《中国科学技术史》分册《纸和印刷》时，顾廷龙倾力相助，钱存训在这封信中表达了感激之情。信中还提到了在韩国发现的《无垢净光大陀罗尼经》，有韩国学者撰文认为是新罗古印本，并以此推论印刷术起源于韩国。钱氏认为颇多牵强，但苦于不懂韩文，希望顾廷龙早日将译文寄示。

此函 1 页，27.9×21.6cm
2018 年顾诵芬捐赠
（陈雷）

# 夏鼐

夏鼐（1910—1985），字作铭。中国考古学家，我国考古事业的主要指导者和组织者，中国现代考古学的奠基人之一，在中国新石器时代和商周考古学研究，以及中西交通史与中国科技史研究方面作出了重要的贡献。毕业于清华大学历史系，后留学英国伦敦大学，获埃及考古学博士学位。历任中国科学院考古研究所副所长、所长，中国社会科学院副院长兼考古研究所名誉所长，国家文物委员会主任委员等职。曾被选为中国科学院哲学社会科学部学部委员、英国学术院通讯院士、德意志考古研究所通讯院士、瑞典皇家文学历史考古科学院外籍院士等。著有《考古学论文集》《考古学和科技史》，出版有《夏鼐文集》。

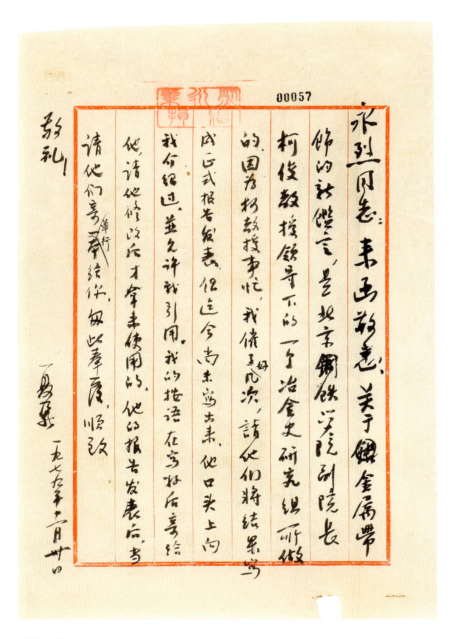

此函1页，29.2×20cm
2017年叶永烈捐赠
（刘明辉）

## 夏鼐致叶永烈函（1979年11月30日）

叶永烈与夏鼐曾就"西晋铝片"这一学术问题有不同见解，进行了多次学术争论。叶永烈认为，最可贵的是夏鼐作为"七国院士"和中国考古界的权威人物，仍保持平等待人、与人为善的处世态度，总是以商榷的口气进行讨论，并且在自己的论著中吸收了叶永烈的观点，具有虚怀若谷的大师风范。《叶永烈文集》中有《论晋代铝片问题——与夏鼐同志商榷》和《晋周处墓出土的金属带饰的重新鉴定质疑》，可管窥二人的学术辩论概况。考古学家罗宗真在其著作《考古生涯五十年》中对叶永烈给予了评价："他是一位化学爱好者又是科普作家，说明他对铝的化学知识并不外行；他又是一位与考古、化学界并无关系的专业作家，说明他对这场争论比较客观。"此信提及北京钢铁学院研究组对金属带饰新鉴言，所述情况在夏鼐《晋周处墓出土的金属带饰的重新鉴定》的补记中有所反映。

# 谭其骧

谭其骧（1911—1992），字季龙，浙江嘉善人。历史学家、历史地理学家。1930年毕业于暨南大学，1932年获燕京大学硕士，1980年当选为中国科学院院士。先后任中国地理学会理事、《历史地理》主编、国务院学位委员会评议组成员、国务院古籍整理出版规划小组成员、中国史学会常务理事、上海市史学会副会长、上海市哲学社会科学联合会副主席、中国地方史志协会顾问。历任复旦大学历史系主任，中国历史地理研究所主任，复旦大学校务委员会委员。有《长水集》《长水集续编》等著作。

## 谭其骧致顾廷龙函（1952年2月23日）

据谭其骧主编的《中国历史地图集》序言，人们一般认为《中国历史地图集》是在1954年立项，1955年开始编绘。今据此谭其骧致顾廷龙函，可知其在1952年就已着手准备编绘历史地图。此处"贵馆"为顾廷龙主持的上海历史文献图书馆，它于1958年并入上海图书馆。

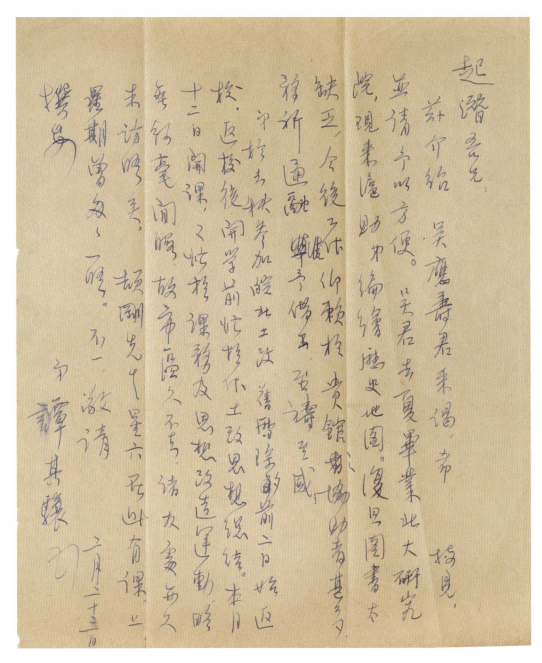

此函1页，25.8×20.8cm
2011年顾诵芬捐赠
（王宏）

# 萧红

萧红（1911—1942），原名张乃莹，笔名悄吟、萧红。作家。在哈尔滨读中学期间接触进步思想和国外文学作品，1932 年参加宣传抗日活动。1933 年与萧军自费出版第一本作品集《跋涉》，1935 年发表《生死场》，1936 年发表散文《孤独的生活》、长篇组诗《砂粒》、中篇小说《马伯乐》和代表作《呼兰河传》。有《萧红集》（黑龙江大学出版社，2011），《萧红文集》（燕山出版社，2011）等文集出版。2009 年黑龙江省设立萧红文学奖，包括萧红小说奖、萧红女性文学奖、萧红研究奖三个奖项。

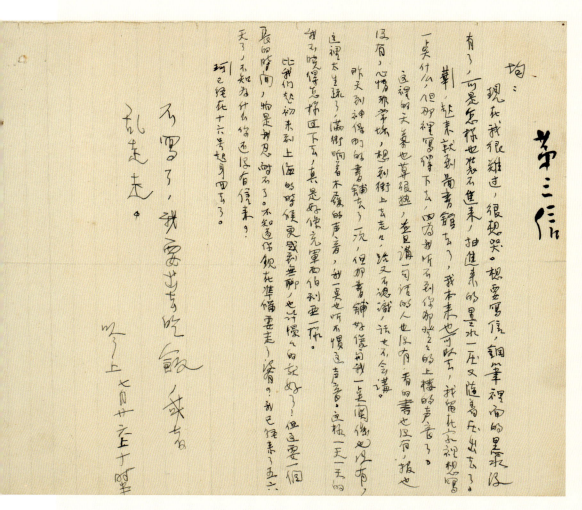

**萧红致萧军函（1936 年 7 月 26 日）**

此为 1936 年 7 月萧红赴日本后，由东京寄往上海给萧军的第三封信，收录于《萧军全集》第 9 卷"萧红信简辑存注释录"中。这批书简在 1938 年春萧军与萧红在山西分别时，由萧军无意中随身带走，后他托付某教员转交萧红未果，几度辗转又回到萧军手中。"文革"期间失落了部分，萧军将保存下来的书简整理、注释，交出版社出版。信中上款"均"，署名"吟"。字里行间表达了萧红在异国的孤寂心境和思乡之情。

**萧红手迹**

一九三六年七月萧红赴日这是她自日本东京寄往上海写给萧军的第三封信。

此函 1 页，16×20.2cm
2019 年萧军长孙萧大忠捐赠

200

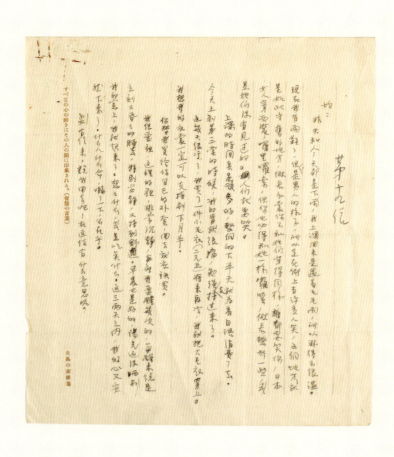

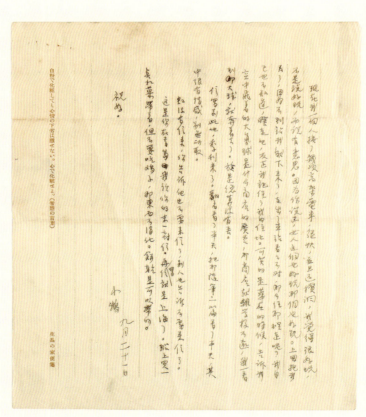

扫一扫 更精彩

**萧红致萧军函（1936年9月21日）**

此为 1936 年萧红由东京寄给萧军的第十九封信。收件者为"山东大学周学普先生转刘均先生"，信中上款"均"，落款"小鹅"。此信是萧红寄给住在青岛的萧军的最后一封信，此后萧军返回上海。信中记叙的琐事是二人生活和时代背景的真实写照。

（刘明辉）

此函 2 页，22×18.7cm
2019 年萧军长孙萧大忠捐赠

# 端木蕻良

端木蕻良（1912—1996），原名曹汉文。作家。1932年考入清华大学，发表小说《母亲》，加入左翼作家联盟。抗战时期曾在山西民族革命大学、重庆复旦大学任教，编辑《文摘》副刊、《时代文学》杂志等。中华人民共和国成立后，曾任北京市作家协会副主席、全国作家协会理事等职。著有长篇小说《科尔沁旗草原》《大地的海》《曹雪芹》及众多中短篇小说、散文、剧作等。

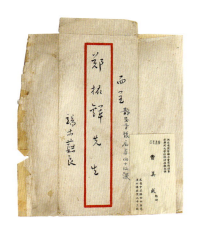

**端木蕻良致郑振铎函（1946年10月12日）**

此函应作于1946年10月端木蕻良寓居武汉期间，当时他原计划经上海去香港，被友人挽留，主编汉口《大刚报》副刊《大江》。信中介绍的曹美成（1913—1989），号勉功，湖北武昌人。广州大学政治系毕业。抗战时与柳亚子、董必武、齐白石等交往甚密。1946年任武昌"曹顺泰"商号经理、湖北省商会联合会常务理事。1958年被错划为"右派"，1978年恢复名誉。曾任武汉市文史馆馆员、武汉市政府参事、民革中央委员等职。

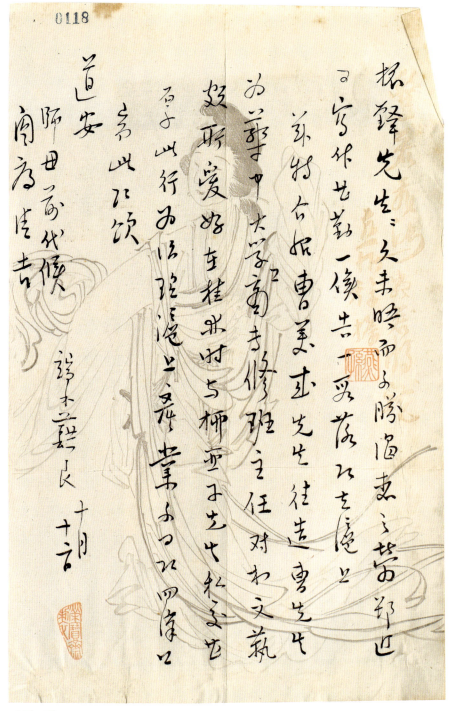

此函1页，27.5×16.5cm
2019年方行后人捐赠
（沈从文）

# 王绍曾

王绍曾（1910—2007），字介人，号介盦。文献学家。1930 年毕业于无锡国专。后入商务印书馆，襄助张元济校刊《百衲本二十四史》。1963 年起先后在山东大学图书馆、古籍所、文史哲研究院工作。编著有《近代出版家张元济》《山东文献书目》《山东藏书家史略》《清史稿艺文志拾遗》等。

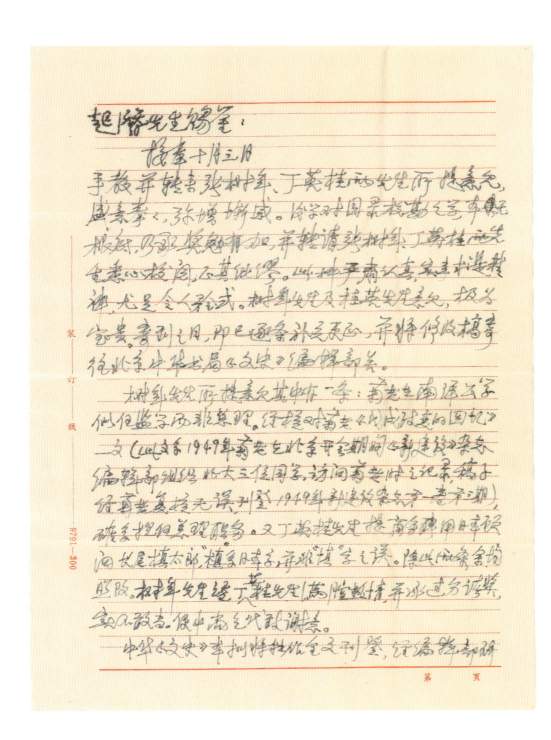

**王绍曾致顾廷龙函（1979 年 10 月 14 日）**

1979 年起，王绍曾开始从事张元济研究，撰写论文《试论张元济先生对我国文化事业及目录学的贡献》，初稿寄请顾廷龙指正。顾廷龙对此文奖勉有加，并转呈张树年（张元济之子）、丁英桂二人审阅。这封信中，王绍曾回应了张、丁二人所提出的问题，又提到为张元济编辑诗文集、传记等事。后王绍曾在此文基础上扩写传记，每写作一章，即寄给顾廷龙审稿，最终完成《近代出版家张元济》一书。

盖此不仅发扬檀之业志，亦学术界所乐闻之大事也。

初年先生查讯处，便请录知，以便将此信转图书馆收存备刊等事。谨神道感。

专此敬请

著安！　　　　　後学王锡荣上　1979.10.14.

先，因《文史》原先有过纪念不刊登译介胡适之文章，故拟将抬临末三部分（"为文化事业奋斗终身"），刊登在《文史及学林漫录》中，另将前文转请《北京学书》（新出刊物）发表，为避免一稿两投，故将末二部分稍加压缩。初稿经先生审阅，是否再有变动，尚未得知。一俟正式会议，再当奉告。

前卷诗文集已业先生编释之中，甚盼早日付印，俾得及转为快。未知该卷部分是否包括寰神桥学术性论文在内？1948年前老在国民党中央研究院室内国民党味觉和年，除之子今未出书之重之，及发言时间极之。1934年前后，後子在无锡国专期间，前老前老喉托，在无锡中科普现处访问薛明剑自然更多免任珍。当时前老对上海登一华大量电字脱车皮芩子大力支持认省建美发展地方电车，总须破除出信移极性局。因为当时个人搜去之对表先前老前写过一篇文章为阐其报。此真之章，似可收入家著。

按临《为文修先生童年》一文，是学生游江有朋友之嘱而写，同时为文史资料供稿。因对前老生动事迹知之甚感，主未充稿，未知叔伴先生生电可提供有关前老生平事连（戌戍事变陈列）？今后发望当有为前老擬写郅谱计划，有需以字尽笔墨逆业，自当尽心力而为。

此函 3 页，26.4×19.1cm
2018 年顾诵芬捐赠
（陈雷）

# 周一良

周一良(1913—2001),字太初,安徽建德(今东至县)人。历史学家。曾就读于辅仁大学、燕京大学、哈佛大学,获哈佛大学哲学博士学位。1946年回国,历任燕京大学、清华大学、北京大学教授,创设亚洲各国史课程。任中国史学会理事、中国日本史学会名誉会长。有《魏晋南北朝史论集》《世界通史》(与吴于廑共同主编)、《魏晋南北朝史札记》《中日文化关系史论》《唐代密宗》等著作。

## 周一良致顾廷龙函(1956年6月13日)

此函中所谈都与图书、目录相关。周一良告诉顾廷龙,他研究亚洲史是从1954年开始的,而且是"从头搞起"。

# 翁万戈 | 作者简介参见第 47 页

　　白谦慎，1955 年出生。1982 年毕业于北京大学国际政治系，1990 年获美国罗格斯大学政治学硕士学位，1996 年获耶鲁大学艺术史博士学位。1999 年至 2000 年为盖梯基金会博士后。1997 年起任波士顿大学艺术史教授，2004 年获终身教席。2002 年春为哈佛大学艺术史系客座教授。2019 年起任浙江大学艺术与考古学院院长。主要中英文著作有《傅山的世界：十七世纪中国书法的嬗变》《与古为徒和娟娟发屋——关于书法经典问题的思考》《白谦慎书法论文选》《吴大澂和他的拓工》等。《兰亭论集》（合编）获首届"兰亭奖"编辑奖。2004 年在美国获"古根汉研究奖"。2011 年获美国国家人文基金会资深学者研究奖金。

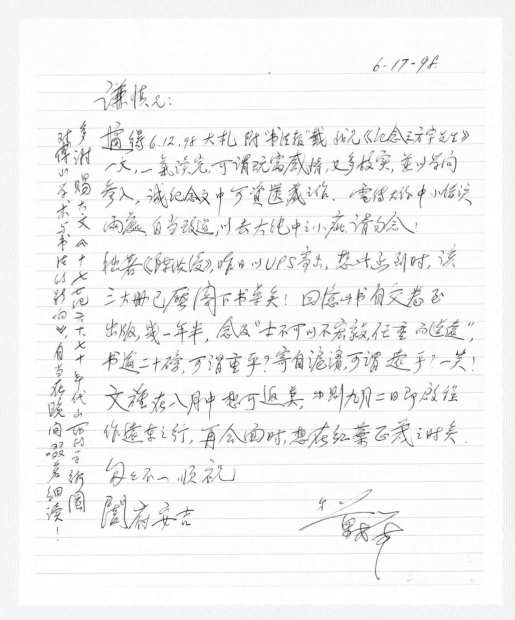

扫一扫 更精彩

此函 1 页，27.9×21.5cm
2018 年白谦慎捐赠

## 翁万戈致白谦慎函（1998 年 6 月 17 日）

　　2018 年 7 月，白谦慎将翁万戈五十多通书信捐赠上海图书馆收藏，这些通信始于 1991 年，终于 2014 年，前后跨度二十三年，内容涉及学术研究、日常生活、雅集聚会等，是二人友谊和学术交流的宝贵记录。

　　白谦慎在收藏家、学者王方宇去世后，曾撰写《纪念王方宇先生》一文，发表于 1997 年 12 月 17 日《书法报》。因王方宇生前与翁万戈经常进行学术讨论交流，友情颇深，白谦慎特意复印了样报寄给翁万戈。翁万戈复信盛赞此文。此信中提到的翁万戈著作《陈洪绶》在此信写作当天已寄达白谦慎府上。

翁万戈致白谦慎函（2009年4月25日）

　　此信中主要谈及对白谦慎译李慧闻《董其昌的"其昌"署款演变研究及其对董其昌某些作品系年及鉴定的意义》论文的感想。论文中提到王方宇在研究八大山人、翁万戈在研究陈洪绶过程中排列署款，研究其演变的意义，翁万戈对此表现出兴趣并愿购读论文中提及的相关著作。写此信时，翁万戈已91岁高龄，仍可见其求知若渴、严谨求实的治学态度。

扫一扫　更精彩

2009年4月25日

谦慎兄:

多谢惠赠《明清书法史国际学术研讨会论文集》。连忙拜读尊译《董其昌署款演变》一文，得益匪浅。C. C. Riely 原著的出版社、日期等，似不见於"注中。我很想买一部，不知应从何处？

文中开始比较王方宇先生及其对画家署款的研究，并称我为"更徹底"，（p.116），又说"将陈洪绶的署款基本上全部列出这一具有开拓性的工作…"使我汗颜！我与王方宇间互相切磋之事，在我自传中当详述。以年龄而论，我是王先生的"後学"了！

● 关於尊书 p.116 第二段中"钧"字印成"鈞"字，必是手民之误，颇为遗憾。

● p.128，谈赵左画了上博藏《摹松雪翁高山流水》轴（图二十一、二十二），然后紧接以"这件藏在途宁省博物馆的画作上，近左写着"摹季常丘华山居…"的读之颇为不节。请教。[想其中必脱落一段？]

现开始读薛教授《王铎奇字》一文，不再啰嗦。并祝

撰安

翁万戈　4.25.09晨。

此函1页，28×21.6cm
2018年白谦慎捐赠

（刘明辉）

207

# 黄裳

黄裳（1919—2012），原名容鼎昌，笔名勉仲等，山东益都人。散文家、藏书家、版本学家。肄业于交通大学，后任《文汇报》记者、编辑，中央电影局上海剧本创作所编剧，中国作家协会会员，中国戏剧家协会会员。有《榆下说书》《银鱼集》《翠墨集》《黄裳论剧杂文》《花步集》《珠还记幸》等著作。

## 黄裳致扬之水函

（2010年10月7日）

此为馆藏黄裳致扬之水的五封信之一，是2010年10月7日黄裳收到时为中国社会科学院文学研究所研究员扬之水赠书后写的回函。当这位耄耋老人从报刊上得知她的新作出版，便请人代购。"不图近又以此书之精装毛编本见赐，欢喜何似。"寥寥数语勾勒出藏书家得作者赠书的喜悦之情。

此函1页，25.5×17.8cm

2018年扬之水捐赠

（王宏）

## 柏 杨 张香华

柏杨（1920—2008），原名郭定生。作家。曾任《自立晚报》副总编辑及艺专教授。著有《玉雕集》《倚梦闲话》（10集）、《西窗随笔》（10集）、《牵肠挂肚集》、《云游记》，代表作有《丑陋的中国人》《中国人史纲》《异域》等。人民文学出版社出版有《柏杨全集》20卷。曾被列为台湾十大畅销作家之一。

### 柏杨、张香华致萧乾、文洁若函（1990年4月2日）

此函由柏杨执笔，用两种颜色墨水所书，笺间文字不连贯，明显是一封信的头，一封信的尾。也许像他开场白所言，给敬重的长者写信，怕写错字和话。结果反出大错，把两信合一函而寄来。称呼也奇，萧乾为盟友，文洁若为难友。

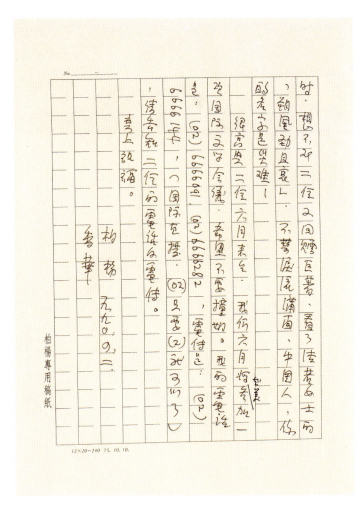

此函2页，26.5×18.7cm
2003年文洁若捐赠
（王宏）

# 丁景唐

作者简介参见第 130 页

### 丁景唐致荣太之、陈漱渝函草稿（1978 年 5 月 1 日）

　　1977年至1978年，丁景唐为了修订、补充《关于参加中国左翼作家联盟成立大会的盟员名单》一文，曾征求多人意见。他精心保存了与夏衍、冯乃超、许幸之等人的一些来往信札，其中有1978年5月1日丁景唐致荣太之、陈漱渝书信草稿。荣太之、陈漱渝时为北京鲁迅博物馆鲁迅研究室的同事。陈漱渝后为副馆长兼研究室主任、中国鲁迅研究会副会长兼秘书长、中华文学史料学会副会长等。此函草稿中红色笔迹系作者本人修改。此后另纸誊写寄出。

　　2018年，丁景唐之子丁言模向上海图书馆集中捐赠了其父手稿文献24箱，包括文稿、书信、音像资料等多种类别。2019年又补充捐赠了多件文稿和书信。

扫一扫 更精彩

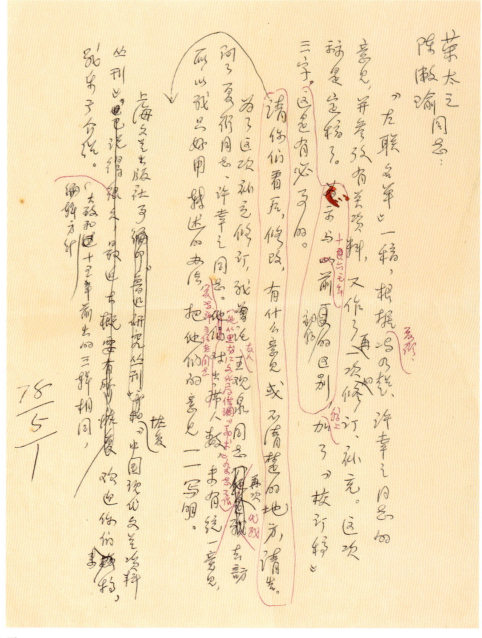

此函1页，26.3×19cm
2019年丁景唐之子丁言模捐赠
（刘明辉）

# 钱伯城

钱伯城，1922 年出生。笔名钱东甫、钱冬父等，文史学家。1937 年后曾在上海生活书店和《文汇报》工作。中华人民共和国成立后，先后任上海新文艺出版社、上海古典文学出版社、中华书局上海编辑所编辑，上海古籍出版社主任、总编辑、社长，中国出版工作者协会理事等。有《辛弃疾传》《唐宋古文运动》《韩愈》《袁宏道集笺校》等著作。

## 钱伯城致扬之水函（1994 年 2 月 19 日）

钱先生在 20 世纪 90 年代看到扬之水用电脑打字写信给他，便发出了手写书稿将消亡的感叹！老人在 20 年前电脑方兴未艾之时，就预感到我们今天征集手稿将面临的尴尬。

此函 2 页，26.5×19.1cm
2018 年扬之水捐赠
（王宏）

# 唐振常 作者简介参见第 134 页

**唐振常致扬之水函（1998 年 11 月 27 日）**

　　唐振常在此信中感谢扬之水给他出的"命题作文"《四川军阀杂说》由辽宁教育出版社出版了。这位年逾古稀的老人童心未泯，他十余年前出版的集子在设计、装帧、印刷、用纸上与好友黄宗江的书相去甚远，便致电责任编辑问"其何厚于黄而薄于我"。但收到《四川军阀杂说》后，便有"今得此书，可以无憾"的感叹！

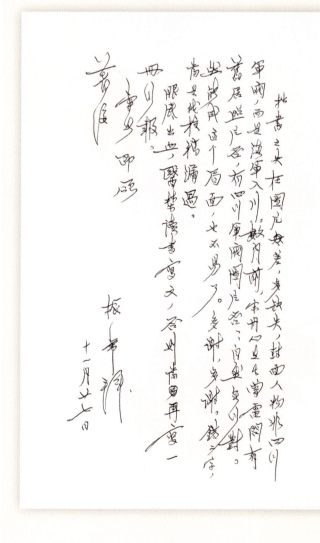

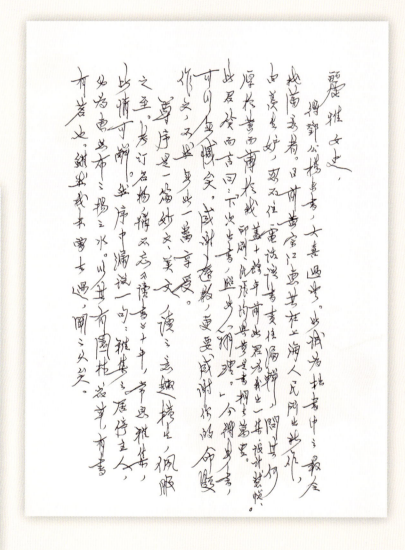

此函 2 页，24.9×17.6cm
2018 年扬之水捐赠
（王宏）

# 吴小如

吴小如（1922—2014），原名吴同宝，安徽泾县人。文史学家。先后就读于燕京大学、清华大学，1949 年毕业于北京大学。先后任教于津沽大学、燕京大学、北京大学。在中国文学史、古文献学、俗文学、戏曲学、书法艺术等方面都有很高的成就和造诣。著作有《京剧老生流派综说》《古文精读举隅》《莎斋笔记》等，译作有《巴尔扎克传》。

### 吴小如致扬之水函（6 月 14 日）

扬之水捐赠上海图书馆的吴小如致其函共有四十四通，均为 20 世纪末至 21 世纪初所书。此函是吴小如欲收扬之水为学生，特自我介绍了名、字、别号、斋号及用法。并告之有两事待办：一是"真正传我衣钵之人选"，二是"身后有人认真为我整理遗著"。

此函 2 页，26.2×19cm
2018 年扬之水捐赠
（王宏）

**蒋孔阳**

蒋孔阳（1923—1999），重庆万州人。美学家。1946年毕业于中央政治大学。1951年后任复旦大学中文系讲师、副教授、教授，《复旦学报》编委会主任。国务院学位委员会评议组成员，全国文艺学博士重点学科学术带头人。1991年获上海文学艺术杰出贡献奖。其专著《德国古典美学》获上海哲学社会科学优秀著作一等奖，《美和美的创造》获上海社联特等奖，《美学新论》获上海市社科一等奖、国家教委社科优秀著作一等奖。

蒋孔阳致朱践耳函（1992年4月11日）

此为蒋孔阳在收到作曲家朱践耳赠送两盘录音磁带和《生活启示录》后的回函。信上留有朱践耳阅信时的铅笔划痕和在首页左上角红笔画的五角星。可见朱践耳对蒋孔阳的复信的重视。

復旦大學

香的界。任何一种变奏，都是生活对话的"启示"，但也都是对于生活的超越。音乐家的很多音乐创作生活的"启示"，更是依赖于是要对生活的省的"悟"。"悟"就是创造，艺术主要创造。艺术深来生活，但不满足于生活，它需要创造。生活的先知，艺术要创造；生活的是在，艺术也要加以创造，创造是"艺术家的生命"。如果艺术家失去了创造性，也就失去了生命力。艺术家的生命力，在于他能够在生活中世界中发现和去创造。我去到，许多著名的探索创造的画院，而且已经下出了创造，这是令人欣喜高兴的。

创造是一种生命的变变，变更多为又变更多，这得与生活保持密切的联系，对心受到

復旦大學

生活的启示；但是，创造又是一种哲理的眼光的沉思，它会使我的笔进深入于宇宙、深入乾坤，它会使你的大脑精神超往来，和自然精灵多需要相契合，这时，你将会从笔此上那创造出上绝，你惟省你自己著著的眼睛著的灵光浮温的目录，你会呼到自然和万物为你创造者的声音，这会创造出"天籁"，创造出"神曲"。不过，这一切，都来向于生活的启示。我祝福你：变到生活启示的伟大的一代画家！

不过，我却对于生活的启示然却理解得太默陌。最近，看到《文汇报》上关于丁光中的介绍。他以从中国民间画中的变创的启示，在国内大受欢迎。丁光中的成就是大多肯定以，他的画也自然他的特点。但是，要因中国民间画的特点创世界艺术创造，要创建一家中国主的画院，我看，来作是长久之

復旦大學

计。中国画源远流是，自古它的深享相府，我们无仅可能足婚奇一样，把中国画主要特色和国文化特色何连到民间绘画中去写？这是一个大问题，以后有机向，再向你请教。

我该这了，总冒远者之名的，后中捉事，难免案例而看，把著孔语，请你亮、变谅，指教。

春安！

弟 蒋孔阳
4月11日
（1992）

此函 4 页，26.4×19.1cm
2015 年朱践耳捐赠
（王宏）

215

# 严格 | 即辛丰年，简介参见第 12 页

**严格致宋远函（1995 年 11 月 3 日）**

　　扬之水捐赠给上海图书馆的严格致其信函二十五通，本书选录的是严格投稿《读书》时致宋远的函，宋远是扬之水的笔名。函中认为万宝全书式介绍唱片是狼吞式暴饮暴食，决不可能消化得了。他写的乐评都是自己听过的，是听懂的，是喜欢的才介绍给广大乐迷读者。

此函 1 页，26.5×19.2cm
2018 年扬之水捐赠
（王宏）

216

# 黄永年

黄永年（1925—2007），历史学家，文献学家。1950年毕业于复旦大学历史系。历任陕西师范大学教授、北京大学中国古文献研究中心兼职教授、全国高校古籍整理研究工作委员会委员、全国古籍整理出版规划小组成员。著有《唐史史料学》《唐代史事考释》《古籍整理概论》《古籍版本学》等。

黄永年致顾廷龙函（1979年11月23日）

此信中，黄永年因教学工作繁重，未及赴西北大学图书馆查询《水经注疏证》一事向顾廷龙致歉。又向他告知，陕西师大准备成立唐史研究室，并着手为《旧唐书》作注（笺纸即印"旧唐书注稿纸"）。

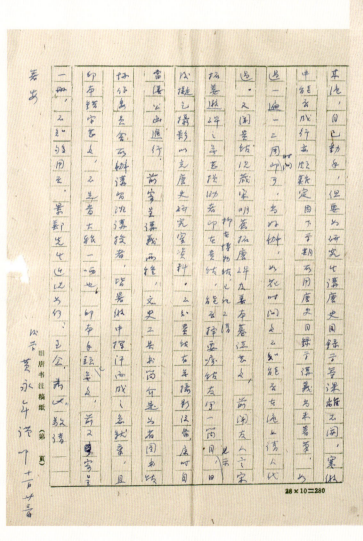

此函3页，26.9×19.2cm

2018年顾诵芬捐赠

（陈雷）

# 吴钧陶

吴钧陶，1927 年出生。翻译家、诗人、作家。1952 年参加工作，历任上海太平洋出版公司编辑、上海平明出版社助理编辑，上海新文艺出版社、上海文艺出版社、人民文学出版社上海分社及上海译文出版社编辑、编审。译著有狄更斯《圣诞故事集》《马克·吐温十九卷集》（主编），史蒂文生《错箱记》《狄更生诗选》，夏洛蒂·勃朗特《维莱特》，卡罗尔《爱丽丝奇境历险记》；英译作品有《鲁迅诗歌选译》《唐诗三百首新译》《杜甫诗新译》等。

## 吴钧陶致朱践耳函（1998 年 8 月 12 日）

朱践耳创作"江雪"交响曲时，吴钧陶把自己的唐代大诗人柳宗元的《江雪》英译稿和德文翻译大家钱春绮的《江雪》今译稿抄送朱践耳，并告知画家刘旦宅、高适都曾为这首唐诗作过画。此函见证了上海文艺工作者跨界交流、相互启迪的友谊。

江雪　　　　柳宗元

千山鸟飞绝，　　　千山万壑，没有一只飞鸟，
万径人踪灭。　　　条条道路，看不到人迹，
孤舟蓑笠翁，　　　只有孤舟上蓑笠渔翁，
独钓寒江雪　　　　在寒江垂钓，冒着大雪

（钱春绮今译）

The Snowbound River

O'er mountains and mountains no bird is on the wing;

On thousand lines of the pathways there's no footprint.

In a lone boat on the snowbound river, an old man,

In palm-bark cape and straw hat, drops his angle string.

Tr. Wu Juntao

（吴钧陶 英译）

此函 2 页，26.2×18.6cm
2015 年朱践耳之女朱卫苏捐赠
（王宏）

# 姜德明

姜德明，1929 年出生，山东高唐人。学者，藏书家。1951 年毕业于北京新闻学校，曾任《人民日报》文艺部编辑、人民日报出版社社长、鲁迅研究会理事、中国散文学会副会长。有书话《新文学版本》《姜德明书话》《书衣百影》等，散文《南亚风情》《与巴金闲谈》等，随笔《书叶集》等。《相思一片》获 1989 年全国新时期优秀散文集奖。

## 姜德明致扬之水函（1993 年 12 月 6 日）

这是姜德明在收到时任《读书》杂志编辑扬之水寄给他的两篇游记后的回信。道出了他喜欢扬之水和黄裳游记的原因，是因为他们的游记文化情味浓，不是只写景。当然，藏书家也不会放弃一切聚书的机遇和显示捡漏的眼力："利用旧版刷印的《艺风堂诗集》才三四元一册，可谓便宜。"

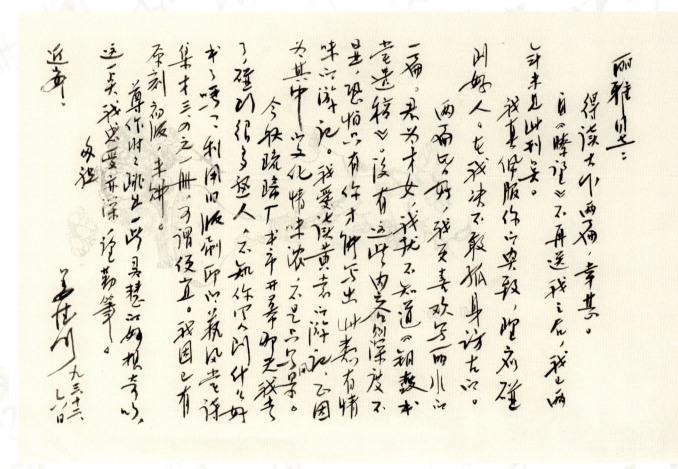

此函 1 页，22.8×31.1cm
2018 年扬之水捐赠
（王宏）

220

# 朱维铮 | 作者简介参见第 150 页

## 朱维铮致扬之水函（1994 年 8 月 20 日）

这是 20 世纪 90 年代末朱维铮致中国社会科学院文学研究所研究员扬之水的八封信之一，因扬之水对朱维铮的文章拟题提出批评：太有"学术架子"，从而引发了他写此信探讨关于文章应该如何取一个唤起"读者兴趣"的题目，对后学者很有启发。

此函 2 页，26.6×19.1cm
2018 年扬之水捐赠
（王宏）

221

# 日 记 · 笔 记

*Diaries·Notes*

　　日记是一种具有独特价值的文献，是个人对当日见闻、感想的选择性记录。日记，既书写了个人的经历，也反映了社会的历史踪迹，具有珍贵的史料价值。这种以"非公共性写作"为主的文字，是一种个人的私密性记录与交流形式，一般不作公开发表的预设。所以，日记这种编年逐日书写的手稿，是文献学中的一个类型，其价值历来深受人们重视。日记之作，自宋元以来逐渐盛行，明清时达到高峰，是现存古代日记的主要遗产，至近现代则更为流行，写作者遍及社会各个阶层，各色人等，其数量不可胜数，而真正得到保存的日记却十不存一，失散严重。

　　上海图书馆所藏日记稿本数量颇为可观，不仅有存世最早的中国古代稿本日记——元代的《郭髯手写日记》，还有众多明代至民国时期的稿本日记。本馆在 2014 年曾举办专题稿本日记展览，并整理出版了多种馆藏的稿本日记，为学术研究提供了大量文献。近年来，本馆连续收藏了一批重要的稿本日记，如 2015 年美国翁万戈先生捐赠《翁同龢日记》稿本 47 册，天津翁铭庆捐赠《翁同龢日记》稿本 1 册，晚清四大日记之首的翁氏日记的入藏成为引人注目的文化盛事。"文化将军"陈沂的一百余册日记不仅是这位老革命家一生的历史记录，同时也是中国革命与建设的缩影。66 册《谭延闿日记》稿本是令人关注的民国时期重要政治家、军事家、书法家谭延闿的一生写照，记录了风云变幻的时代变迁，本馆从台湾获得了谭家后人的寄存入藏，深受两岸学界瞩目。上海图书馆前任馆长顾廷龙先生毕生从事图书馆的收书、编书与刊布，其日记记载了他一生的经历，因此，《顾廷龙日记》的史料价值是不言而喻的，是我们研究中国现当代文化史的重要资料。此外，本馆近年得到多位作家后人的信

治傅公信

任，将日记捐藏于中国文化名人手稿馆。本书仅选介了其中的一部分，并特选馆藏原存的革命先烈应修人的日记手稿。

本馆所藏"笔记"类手稿有别于中国传统文体范畴中的史学类杂著和文学性笔记小说。主要是现代作者以笔记本形式记录个人工作与学习活动的一种文本，其中有会议、记事、杂感、读书摘录等方面的内容（不包括以笔记本为载体的创作性书写）。这类笔记虽不是严格意义上的创作手稿，但有相当部分文字也具有程度不等的创作内容，记录了个人的感想，片段的思考，有类似日记的功能。通常状态下的笔记记录往往因人而异，没有格式规范可言。所以，个人使用的笔记本也是五花八门，书写的随意性较大。在本馆收藏的笔记中，一种是日常性的记事本，页面上常见的现象是书写不连贯，跳页空白，内容跳跃大，主题分散，但仍能体现出主人的身份特征；一种是功能性的笔记，如采访记录、实验记录、研究资料摘录等；一种是讲课笔记，这类笔记的文字结构、逻辑、书写都较完整，具有知识综合的研究性特点；一种是学术性的读书笔记，有摘录、有评论、有研究，往往是主人的研究心得，为日后的论著撰写打下基础。笔记具有私密性的特点，以个人备忘为主，供日后查阅之用，与日记作用相类似，虽然文本状态呈现为零散而不连贯，但具有较强的资料性，有助于了解书写者的状况。有些学术性读书笔记经整理出版后，深受人们重视，如顾廷龙笔记曾收入《顾廷龙全集》中出版。

每个人都会写笔记，但名家的笔记价值与众不同。

# 谭延闿

谭延闿（1880—1930），民国时期著名政治家、书法家、美食家。1904 年参加科举考试，中试第一名贡士，殿试获赐进士出身。武昌起义后，任湖南军政府参议院议长、民政部长。后历任湖南省都督、省长、督军等职。1912 年加入国民党。后参加二次革命、护国运动。1922 年投奔孙中山，后在国民党中央执行委员会、广州国民政府、武汉国民政府担任要职。1928 年 2 月任南京国民政府主席，至 10 月转任行政院院长，兼任首都建设委员会委员，财政委员会委员、委员长，国民党中执委、中常委、总理陵园管理委员会委员。1930 年 9 月 22 日病逝于南京。

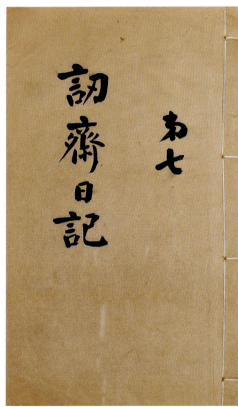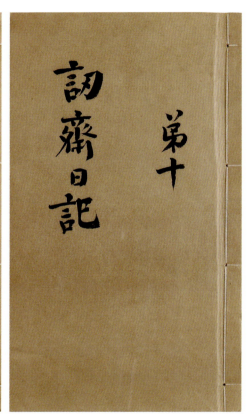

《谭延闿日记》，尺寸不一
2016 年余传韬寄存

## 谭延闿日记

谭延闿在纵横捭阖的生涯中，勤于记述个人行迹，一生所遗日记稿本达六十六本。他自光绪二十一年（1895）九月十一日起始写日记，虽有间断，但从民国二年（1913）开始至民国十九年（1930）九月二十日止，所记日记基本完整。这批珍贵的日记稿本原件由谭家后人辗转收藏，精心保护七十余年。在有关机构与人士的协调下，余传韬于 2016 年 8 月 31 日将谭延闿日记稿本原件寄存上海图书馆。同年 9 月 21 日，上海图书馆为此举行了入藏仪式，并特制七个古楠木书匣贮存这批日记，妥善珍藏于恒温恒湿的书库中。2019 年经谭家后人授权，中华书局影印出版了全套日记，是中国现代史研究的重要史料。

在谭延闿政治生涯中，曾与共产党人交往，日记中有多处记录。此为《訒斋日记第十》中所见与吴玉璋、毛泽东等人的交往。

谭延闿是蒋介石与宋美龄联姻的媒人，数次帮助从中斡旋。此为《非庵日记第四》中所见记叙蒋宋婚事受阻，其设法疏通一事。

谭延闿日记除记载政治事件、日常琐事外，又涵盖诗词、中医药方、古籍经典、戏曲、碑帖、游记、美食等，资料丰富，包罗万象，不仅是近代历史的见证，也可一窥传统文人的生活情调。在美食方面，其创制的私房菜组庵谭菜极富盛名。此为《訒斋日记第七》中所见杏仁豆腐制法的描述。

（刘明辉）

# 应修人

应修人（1900—1933），原名应麟德，字修士，笔名丁九、丁休人。现代诗人。1914年入上海豫源钱庄为学徒，期满留做账房，工作之余读书自学，1920年开始发表新诗。1921年发起成立上海通信图书馆。1922年与汪静之、冯雪峰、潘漠华等成立湖畔诗社，出版诗歌合集《湖畔》。1925年加入中国共产党，1926年底受组织派遣到黄埔军校工作。1927年到莫斯科中山大学学习。1930年回沪，参加中国左翼作家联盟，先后在中共临时中央及江苏省委工作。1933年5月14日，在与国民党特务搏斗中牺牲。

应修人日记

此为应修人1917年日记，书写于中华书局印行的《中华民国六年丁巳普通日记》本上，字迹颇淡。主要记载工作、学习日程，日常交游等，对"丁巳复辟"等事也有提及，可由此了解其早年生活、思想状况。应修人在钱庄工作期间，曾想改习农业，日记中留下了不少阅读农业书籍的记载。此稿内容收入《应修人日记》（上海书画出版社，2003）。

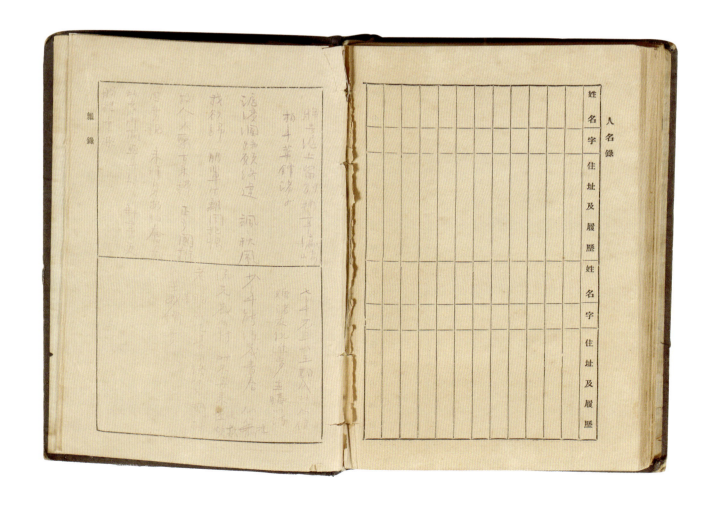

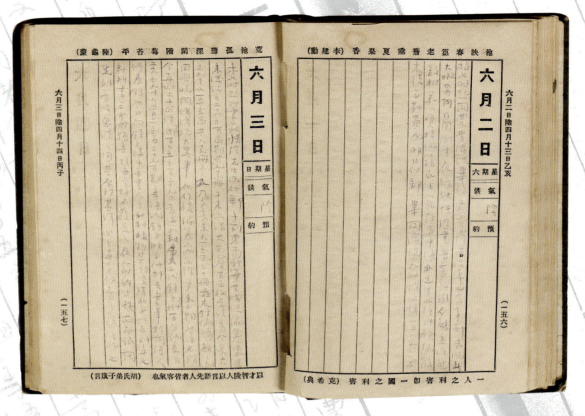

此稿 1 册，共 371 页，19.5×13cm

（沈从文）

# 顾廷龙 | 作者简介参见第 189 页

顾廷龙日记

（1937 年至 1938 年、1940 年至 1948 年、1950 年至 1951 年、1960 年至 1963 年、1965 年至 1966 年、1975 年、1984 年）

《日记》今存 14 册，自 1937 年 1 月 1 日起，至 1984 年 2 月 3 日止，期间时有中辍，记事亦有详略，以 1940 年至 1947 年及 1950 年至 1951 年所记较为完整，此时顾廷龙主持合众图书馆馆务，故《日记》内容多涉书籍征集、编校、影印等事以及与张元济、叶景葵、陈叔通、叶恭绰、李宣龚、徐森玉、郑振铎、潘景郑等人的交友往来。

封面题字有"读书日记"（1938 年）、"虚度岁月"（1941 年 1 至 8 月）、"蒲寓新记"（1941 年 9 月至 1942 年，合众图书馆新馆落成于蒲石路，即今长乐路）、"匋諮日记"（1943 年至 1945 年）、"养新日记"（1950 年）等。版心镌"经艺楼"、"有美草堂"、"合众图书馆"、"隶古定居"等。

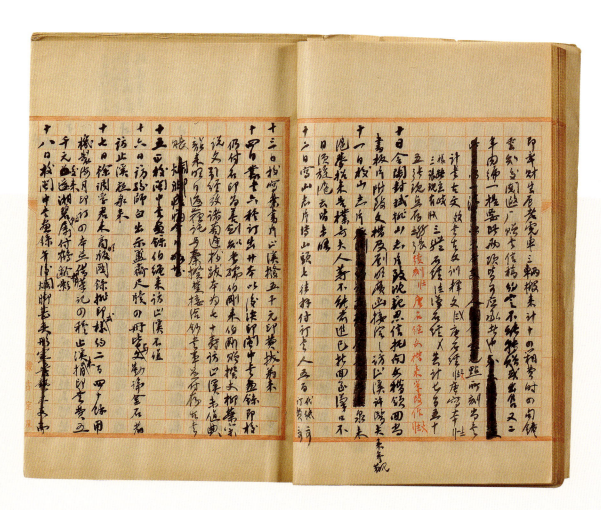

1943 年 5 月 14 日。顾廷龙正拟将《闽中书画录》编入合众图书馆丛书，5 月 17 日又商讨《明代版本图录初编》排版事宜。

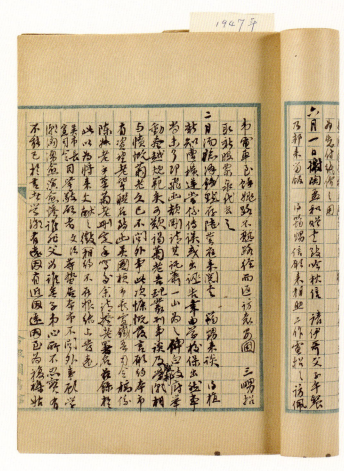

1947 年 6 月 2 日。因国民党镇压学生反内战示威，张元济联合上海有名望之老辈，上书当局要求释放学生，即轰动一时的"十老上书"事件。是日，顾廷龙访张元济，张即委托他将函稿带去交叶景葵署名。顾廷龙在日记中录下了全文，"以为将来文献之征"。

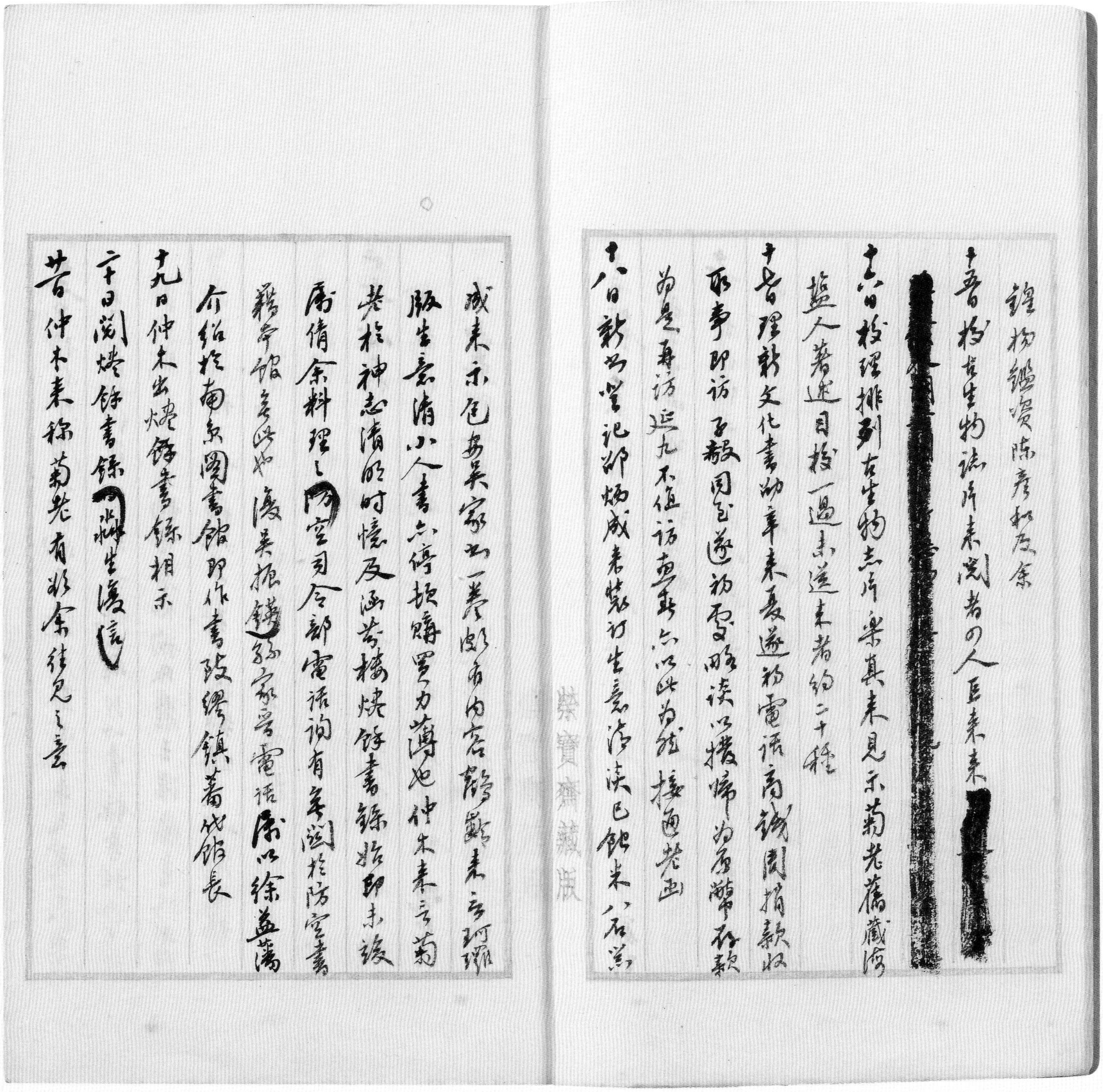

（手稿，竖排，自右至左）

鍾枳音鑑隻陳彥秋及余
晋枳音生物誌所未閱者□人臣未来
去看校理排到古生物志所　桌真未見示菊光舊藏海
監人著述目梭一遍未莲未著約二十種
十音理新文化書动辛来友送初電話商誠圆損款收
亚事即访　子报园已遂初窗听误以撮婦為屋蔽在款
菊意再访遲九不值访事兩六以瞰為哉画　接面光画
十八日新新室記卯炳威寿茇訂生意湾洪巳館末八君品

威来示包安吳家书一卷鄯知肉客静歌来言珂珊
服生意清小人書六停頃婦罗力薄炮仲木未末言菊
英枝神志清的时憶及涵芬樓烧餘書錄粘朱即未竣
厲倩余料理之　防空司令部電話讷有寄閱於防空書
毅寺館多政㧐　溪吳振鑣孫家肇電話應以徐益藩
介绍於南京圆書館即作書政㩗鎮蓄飲館長
九日仲木出烧餘書錄相示
幸日剛烧餘書錄同此㷦生滓信
菩仲木未稌菊光有状余㨗見之意

1950 年 1 月 18 日。张元济之子张树年（仲木）来访，言其父忆及《涵芬楼烬余书录》未竣，委托顾廷龙代为料理。

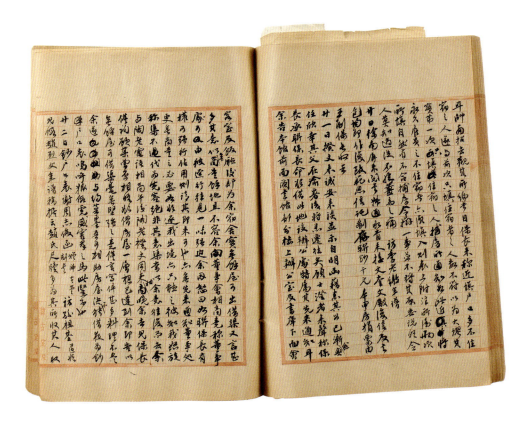

此稿尺寸不一
2010、2011、2014 年顾诵芬陆续捐赠
（陈雷）

# 茹志鹃

茹志鹃（1925—1998），作家。曾在小学任教，后参加新四军，在苏中军区文工团工作时开始从事文学创作。1955 年转业到中国作家协会上海分会，任《文艺月报》编辑，后任《上海文学》副主编、中国作家协会上海分会副主席。著有《百合花》《静静的产院》《剪辑错了的故事》《她从那条路上来》等作品。

## 茹志鹃日记

此为茹志鹃 1947 年的部分日记。其中记述了作者在 1947 年 11 月期间所经历的土改运动，后经茹志鹃的女儿王安忆整理后，由大象出版社于 2006 年出版。王安忆认为，母亲日记中所记的土改运动"无论与主流性的革命文学，还是边缘如张爱玲的《秧歌》，或是新时期文学的历史反省性写作，都有所不同"。

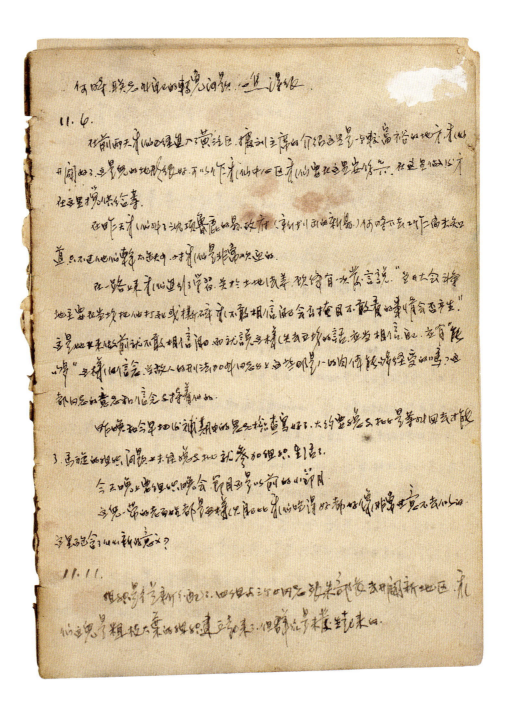

此稿 14 页，16.6×11.5cm
2008 年王安忆捐赠

233

11.18.

11.22.

11.23.

（刘明辉）

# 顾廷龙 | 作者简介参见第 189 页

### 顾廷龙读书笔记

在顾廷龙的图书馆生涯中，"收书"一直是其重要的学术活动之一。搜罗文献时，他每遇稀见善本，便记录下相关信息，如序跋、印章、价格以及珍贵之处等等。这些构成了他学术笔记的主要内容，此外，还记录有其他一些学术资料及信件、文章的底稿等。

此为顾氏读书笔记二种：其一封面题"屠门大嚼"，借喻遇到好书却无力购置，只得草草记下聊以慰藉。记录自 1934 年 7 月始，顾廷龙时任北平燕京大学图书馆中文采访主任，同时又为美国哈佛大学汉和图书馆采购中文书籍。版心有"经艺楼"字样。其二封面题"起潜备忘"，有顾氏题识，据此可知，是册亦为燕大时期访书记录，恰逢潘景郑委托抄书，即写于其格纸之上。版心镌"吴县潘氏宝山楼校钞乙部秘籍"。

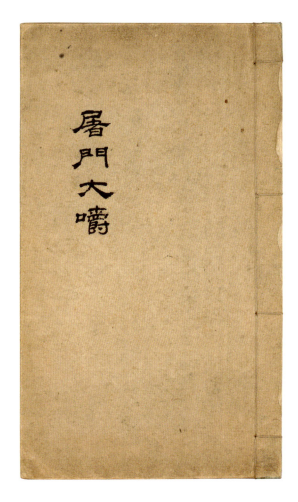

《屠门大嚼》封面

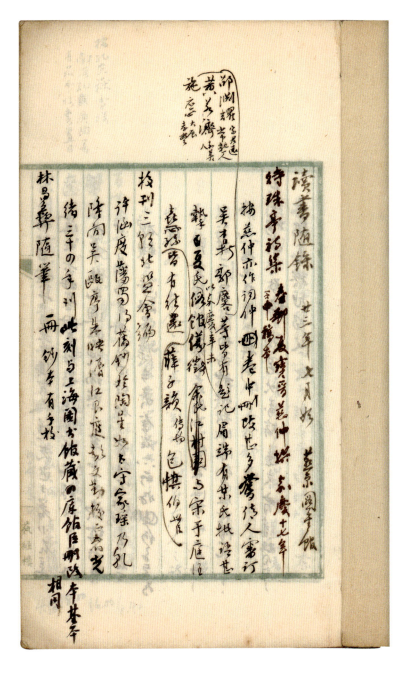

卷端第一页

高昌王世勳碑亦雲分敘之詳矣必群尚存劉在帖睦兒兒補化之五世的宣府右衛指揮使寧家書甄帖睦兒補化二字長不著試堂關六都護高昌王亨阿修也先忽都公

亨卒不傳子和賣渾子伯顔不花的斤宣養出后沙為太常典浮鮮手捏玉錫官王江東康訪副使浙東宣慰使介立不群草書通真暢氏和賣關六都護為高昌王鎮甘肅

闡於洪武三年宋國公西征以金沙新士島金沙帰附除和陽衛指揮同知洪武又年辛錫蕃馬為永寧云佛

佛宮懷英諡職守調宣府右衛卒王永寧云佛

三姓妙先逋菩連者者宮坐世而三子母五蝣辰佛遺腾子三歲卒亡穎楲以生寧亦遺腹子云
藏水東日記

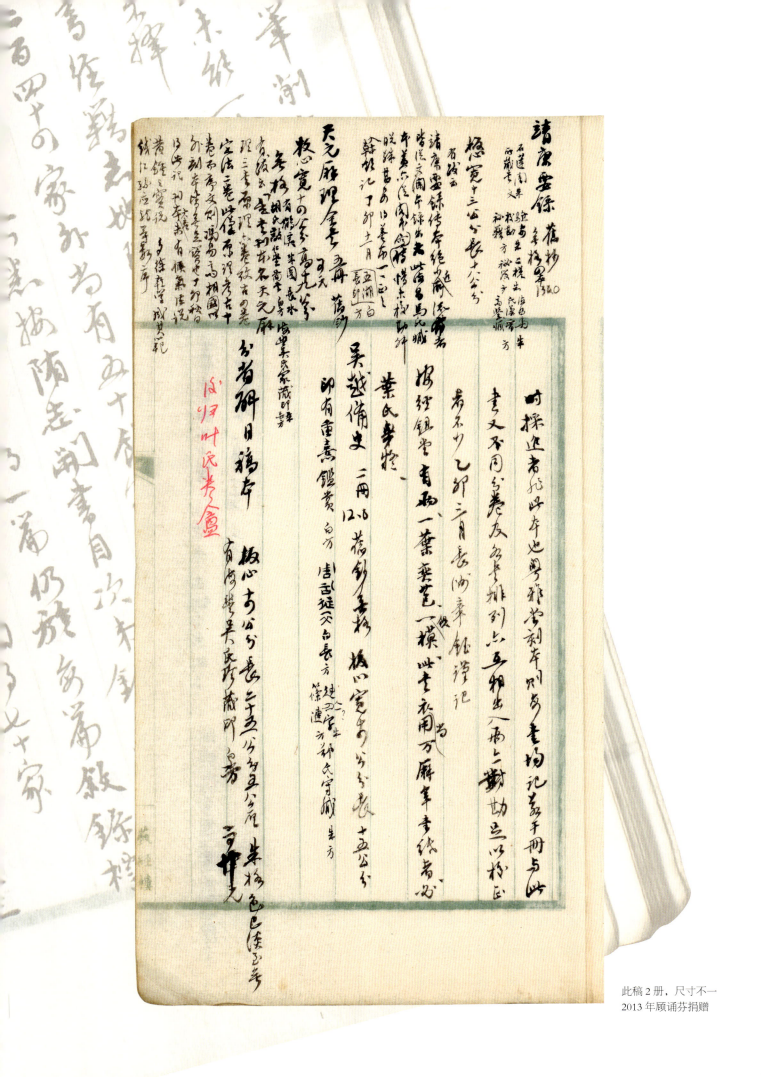

此稿 2 册，尺寸不一
2013 年顾诵芬捐赠

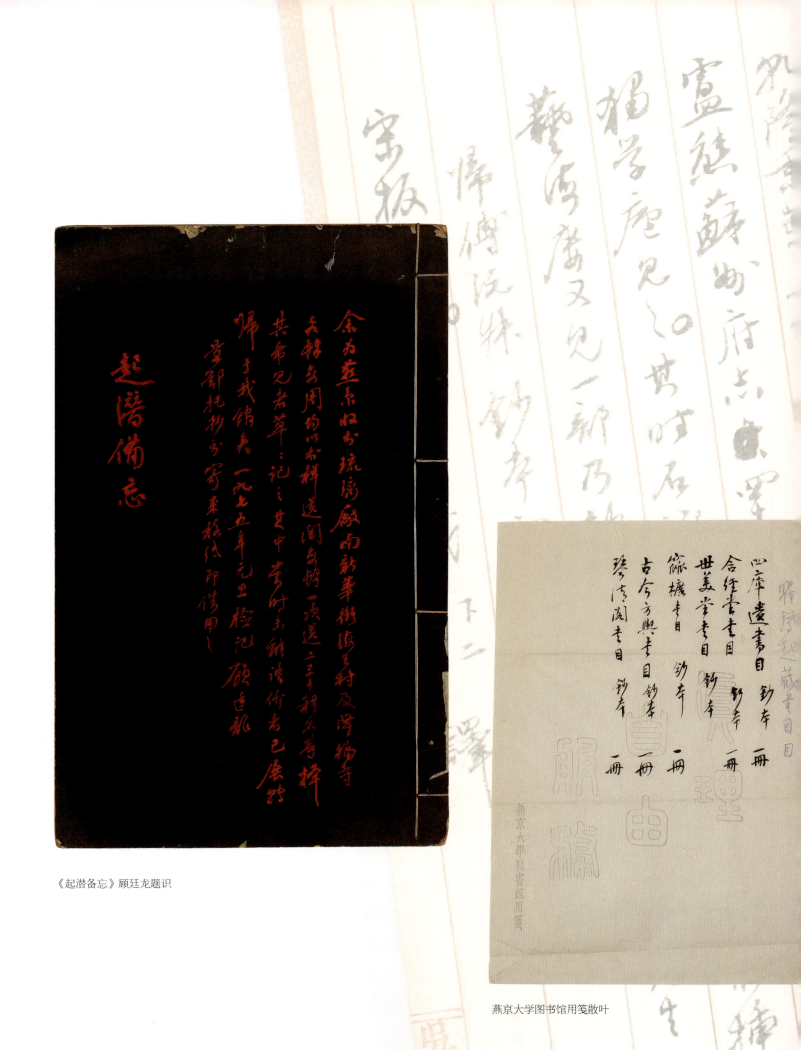

《起潜备忘》顾廷龙题识

燕京大学图书馆用笺散叶

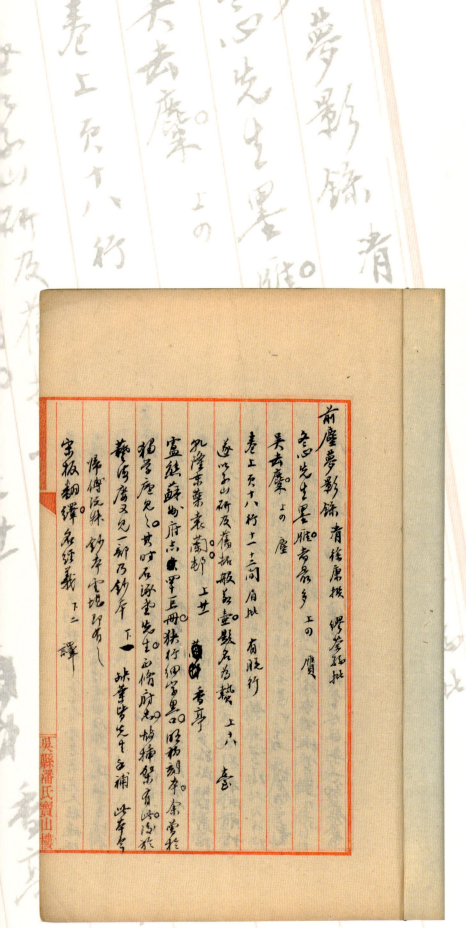

《起潜备忘》第一页卷端

潘景郑来信，附于笔记中

（陈雷）

# 张乐平

张乐平（1910—1992），当代漫画家，漫画"三毛"形象的创作者。历任上海美术家协会副主席、中国美术家协会常务理事。毕生从事漫画创作，画笔生涯达 60 多个春秋。20 世纪 20 年代末开始在报纸杂志上发表作品。1935 年创作知名漫画人物"三毛"。抗战爆发后，参与组织和领导了漫画救亡宣传队，战后创作了《三毛从军记》《三毛流浪记》等作品。中华人民共和国成立后，在中国美术家协会上海分会、解放日报社、少年儿童出版社任专业画家。80 年代后任中国美术家协会顾问、《漫画世界》主编。其漫画以反映时事、针砭时弊见长。1949 年后还画了三毛在新时代的经历系列画集，共出版 10 多部三毛形象的漫画集，在海内外有很大的影响力。

张乐平笔记

此为张乐平 1962 年所作的笔记。笔记簿由张乐平友人陆瘦燕赠送并在扉页题词。笔记中包括张乐平参与会议时的听讲记录、个人随想，人物形象画稿和"三毛日记"文字片段。

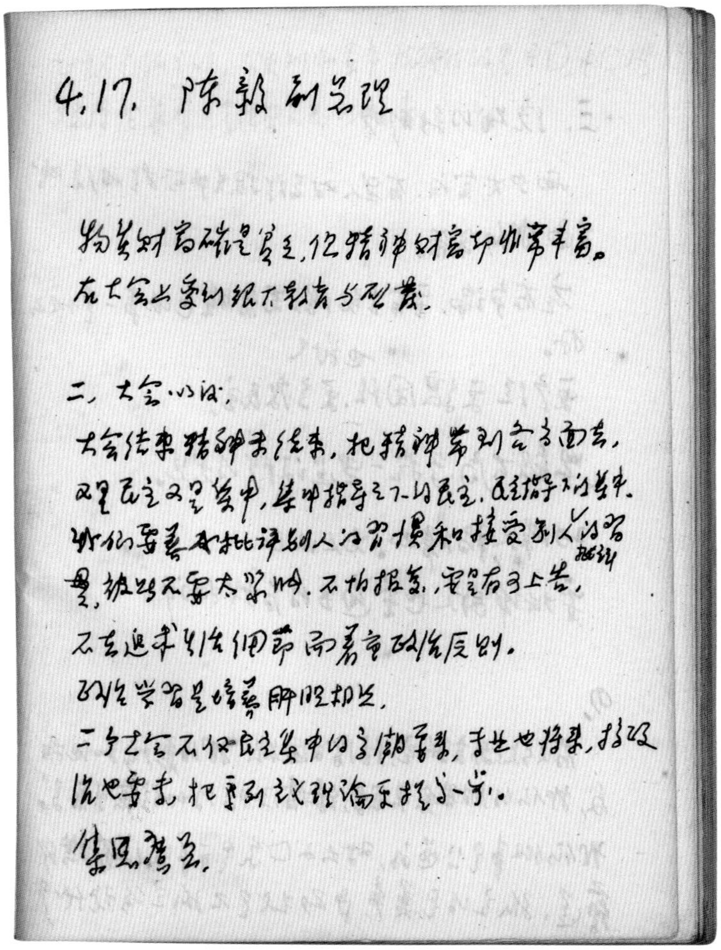

4.17. 陈毅副总理

为英对局势是实主，但精神财富却非常丰富。
在大会上委引但丁敌言与砂岩。

二、大会心得。
大会结束精神未经束，把精神带到各方去。
又是民主义是集中，集中指导之下的民主。在实际的基本。
如何善于批评别人的习惯和接受别人的习惯。
要挂路不要太紧张。不怕报复，要望右上告。
不去追求以个细节而忘言政治反则。
政治学习是唯一册明却片。
二个之合不仅民主集中的多数学者，手也也将求，接收
信也要求，把重到议理论更接近一步。

停职，鹰飞。

政治是孤立的。今天如知美帝投得住的是中口，中口将
了习停住若帝连贯世界人民的福音。

三、统战的新形势
西宁大会说，右坐人对右阶级报告中所指的信域
引面感到写告。
在右军论，要有主动地，岂君脸包必要一定做石
好。
要宁但要退围社，采了度良让。
也有民
比较大局，多找一点这说作的意见。
功得人狗缚己，尢人泅己。
要地诊别人巴要应言的白我批评。

四
右人经：外言孤立，结窗团结：我的君店和化相
友，那仍以朋友会来会多，读用口陪沟切信念是多。
那仍做事自公道的，对大小口家是平等的。13方培列
爱遣。孤立以足黄卖，要到主义飞不孤主经现代修

此稿 1 册，76 页，17.5×12.5cm
2009 年张乐平后人捐赠
（刘明辉）

241

# 剧 本 · 题 词

Manuscripts of Plays·Inscriptions

文学剧本是各种舞台戏剧表演与拍摄影视的基础。剧本按不同的应用对象可分电影剧本、电视剧剧本、话剧剧本等。剧本作为一种不同于小说、散文的文体，对剧情的表达、对话、动作、场景的设计与叙述有其独特的要求。不论是原创剧本，还是众多的改编剧本，作者是剧本创作的核心，尽管文学剧本在实际运用时，会被改写成分镜头剧本、演出本等，但作者的原始稿本是最值得重视的文本，也是剧本被发表和出版的底本。

上海图书馆藏有大量古代戏曲剧本，中华人民共和国成立后，周明泰曾将个人所藏几礼居戏曲文献全部捐献于上海市人民政府，后由上海图书馆收藏至今。当代剧作家的名作，馆藏有陈白尘捐赠的《大风歌》第二稿手稿等。近年来重要的剧本入藏有夏衍创作于 20 世纪 50 年代的电影剧本《林家铺子》《祝福》手稿，上海著名编剧艾明之的电影剧本《何东与何西》手稿。夏衍改编自茅盾小说《林家铺子》与鲁迅小说《祝福》的电影剧本，在中国电影史上具有重要价值。夏衍在 20 世纪 50 年代非常重视电影人才的培养，从本馆已藏的夏衍写作于 1958 年的《关于写电影剧本的几个问题》手稿中可知，在 1958 年，夏衍曾五次赴北京电影学院讲课，辅导如何写作电影剧本，对电影剧本中的一些具体问题作了阐述。综合馆藏中先后入藏的夏衍电影手稿，有助于我们深入认识夏衍对新中国电影事业的贡献。

题词，也称为题辞、题字、题跋，是指为某人、某事或某物而书写的文字。这类手稿通常是应另一方之邀或主动为接受方而书写。其本源具有礼仪纪念性，字数一般不多。我国传统的题词习见于书

# 撷藻流芳

法作品形式，如条幅、中堂、册页等，书籍上的题跋也属于一种题词。现代题词形式趋向多元，纸张大小无定规，用笔更加多样。作为创作手稿的题词，不包括采录前人诗文的抄稿。

本馆所藏名家题词形式多样，册页装的有原藏徐家汇藏书楼的《徐光启逝世三百周年纪念册》，张元济后人捐赠的《张菊生先生九十生日纪念册》，2018年由本馆邀约上海名家为"文苑英华"英国作家手稿展而写的"我与英国文学"题词汇编本《文苑英华寄语》。这些大型题词集，各界名家汇聚，嘉言吉语，墨迹芬芳，具有历史的纪念意义。本馆散件的题词有多种形式，既有佛教人士福惺游访国内众多寺院后捐赠本馆的多批僧人与学人的题词，也有多位作家、诗人捐赠的各式题词。为古籍题跋是中国传统版本目录学的一种评述和记录形式，往往题写后附页于原书上。本馆古籍中存有大量名家题跋，曾编有17卷的《上海图书馆善本题跋真迹》问世。本图录选刊一件顾廷龙题跋的手稿，供从事古籍工作之外的人士略窥题跋的文体特色。在手稿馆专藏的数千册签名本上，还有大量的名家赠书题词，表达了作者对上海图书馆的拳拳之心与殷殷之情。在我国文化传统中，人们十分重视邀请名家为图书题签，这类形式的题词既有艺术的欣赏性，也体现了对书写者的尊崇。顾廷龙先生是当代为图书题签数量最多、影响最大的名家之一，具有独特的文化符号意义。

## 《林家铺子》电影剧本

电影《林家铺子》，原著为茅盾的同名小说。夏衍于 1959 年改编成电影剧本，由水华导演，谢添主演，北京电影制片厂出品，1959 年上映。1983 年获第 12 届菲格拉达福兹国际电影节评委奖，1995 年获中国电影世纪奖，名列中国电影 90 周年十大优秀影片。

此稿 37 页，20.1×28.7cm
2013 年夏衍之子沈旦华捐赠

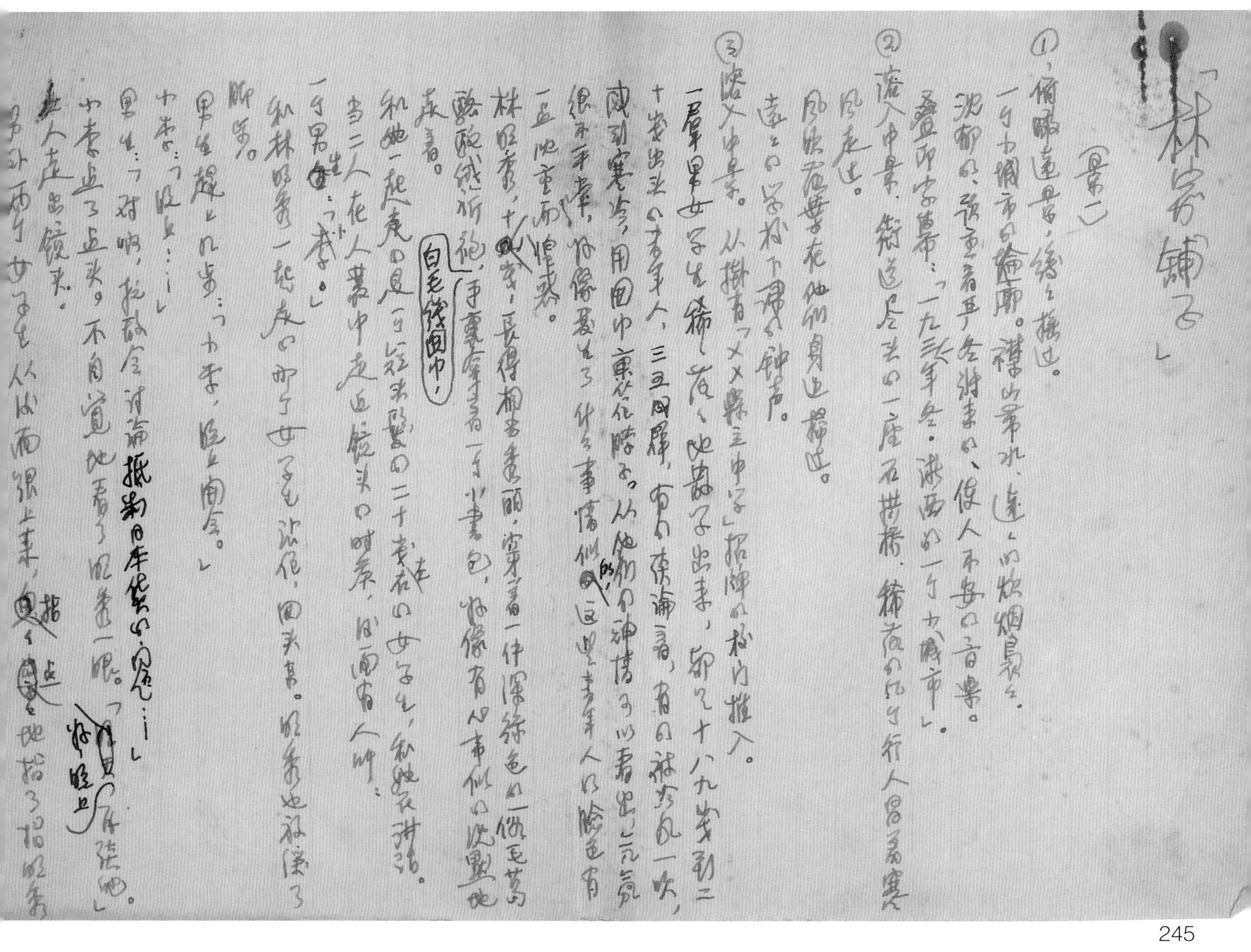

「林家铺子」

（景二）

① 俯瞰远景，缓缓推进。
一行北调市的街廊。禅出声水、远、的炊烟隐隐。
沈却从，沉重着单车游事，使人不安的音乐。
叠印字幕：…一九三零年冬，浙西的一个小城市。

② 落入中景。符道尽头的一座石世桥，符在的村子行人昌号塞。
落人中景。从挂有"×××县立中学"招牌的校内推入。

③ 落人中景。
风从屋无无在她们身边掠过。
远上的谷村下晃钟声。
一群男女学生稀，疏，此嘈子出来，都已十八九岁到二十岁出头气…
十岁出头的青年人，三五成群，有的谈论着，有的看书…他们出元气

…（后续文字难以辨识）

白毛线围巾

245

## 《祝福》电影剧本

电影《祝福》，原著为鲁迅同名小说。夏衍改编成电影剧本，由桑弧导演，白杨主演，北京电影制片厂出品，1956 年上映。该片是新中国第一部彩色故事片，在电影发展史上具有重要影响。该片 1957 年获第 10 届捷克斯洛伐克卡罗维发利国际电影节特别奖，1958 年获墨西哥国际电影节银帽奖。

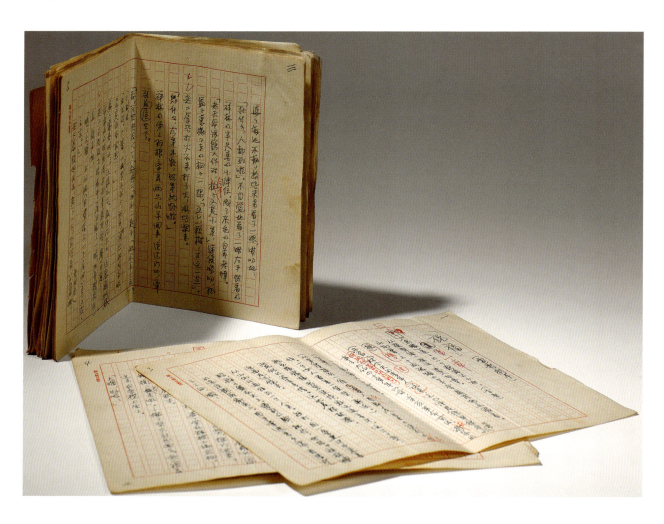

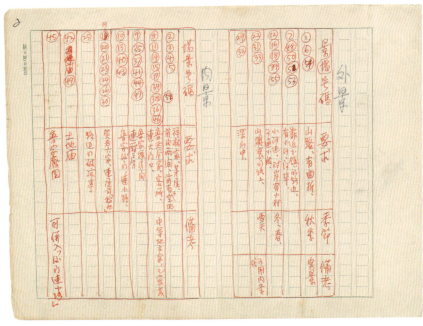

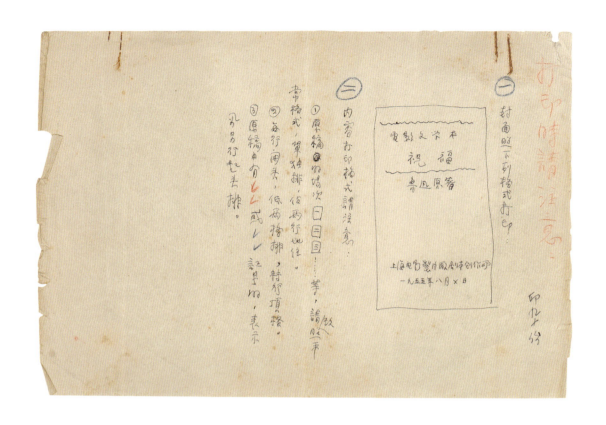

此稿 42 页，21.2×27.2cm
2013 年夏衍之子沈旦华捐赠
（刘明辉）

# 顾廷龙 | 作者简介参见第 189 页

### 明嘉靖本演繁露跋

　　此跋原载 1939 年《燕京大学图书馆学报》第 130 期。内容主要是通过对《演繁露》各版本文字互校，得出嘉靖本是"汇诸本而刻之"、"当以此为最足之本"的结论，并修正了张元济认为宋刻十卷本为残本的观点。后顾廷龙将这篇跋文寄给张元济，张颇为赞许，同时进一步劝说其南下主持合众图书馆。是年七月，顾廷龙即携家属离开北平去往上海。

　　现存顾廷龙手稿二页，为正式发表版本的前半部分，保留了考订的主体，正式版全文抄录的《永厚陵方中》、《台谏官许与不许言事》及陈垲刻书序则无之。所用版格纸版心有"隶古定居"四字，为顾廷龙书室名。

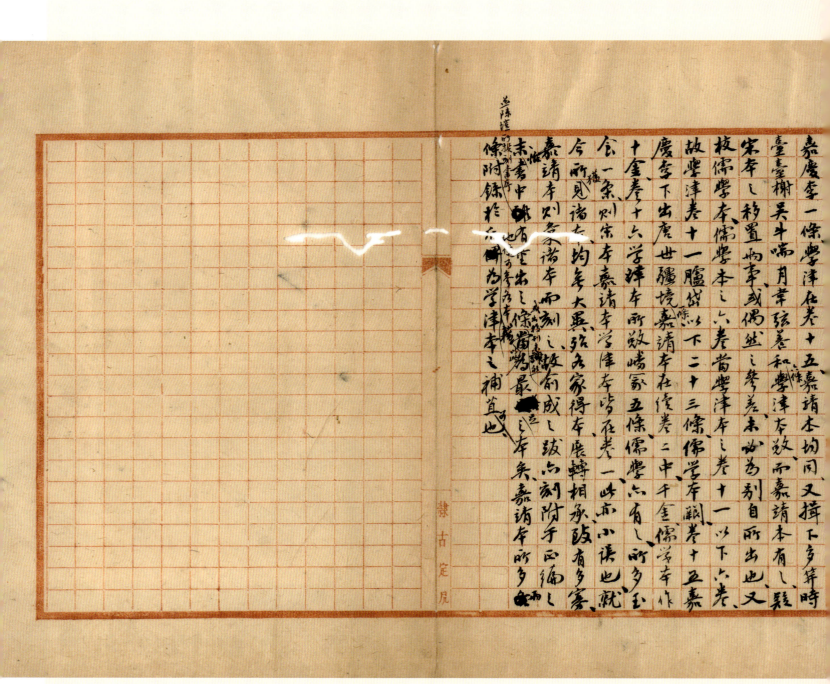

248

明嘉靖本演繁露跋　　　　　　　　　　　　　　　顧廷龍

演繁露陳氏書錄解題及宋史藝文志均作十四卷續六
卷而傳於今日者明嘉靖辛亥衡孫照刊本明萬曆丁巳
刊本于張氏學津討原本皆為十六卷續六卷俞成儒學警
悟刊本僅六類均經刪節劑典之論列
二十六年秋涵芬樓景印及明嘉靖本獨山　　　　為殘
存近見宋氏恐園流出明嘉靖本獨山莫氏僑物有獨山
莫山藏書獨山莫祥芝圖書記獨山莫棠生第三莫天
麟印獨山銅井文房之印獨山莫祥芝善徽父讀過
莫棠之章洞井寄廬諸印前序簡端有頊見宋刊本丰
十一行行二十字裝十卷此序在卷末不審初刻此耶
柳因瀨而終置耶惟通體繁書皆作著朱筆出徽父
字學核之涵芬樓景本行款志合惟前序本列于卷首

耳想涵芬借本與徽父所見者未必一本而同為十卷可
知十卷者此本次第多寡均有不同學津討
原本條覆嘉靖本並列暎跋可證惟學津本校嘉靖本五
有敓誤以與津本卷四　　廟游衣冠後敓雄郎梅雨佛骨
三條卷十撝下敓笋時臺臺榭姜半端月韋弦養和以條
　　　　　　　　　　無此當　卷十六天鹿碑邪下敓嵋家
又目錄卷十一嘉靖本馬凱蒲菊盧一條按正文
　　　　　　　　　　卷十五中重出者卷十

壓南立仗馬銅柱兩漢闕五條續卷一蓽一舉執官觀再碎再
任指擇下敓永厚陵方中臺諫官許與不許言事兩條卷
二元祐入仕數下敓唐世疆境一條又丞郎一條嘉靖本在
所改者張史跡在卷十六說文敓段二
是卷之末觀其謀敓　　漏他善因諱改字慣于時勢在
字重出下，天鹿淳邪一條繫津本在卷十

顾廷龙题词一组

　　王元化曾以"雅量"来形容顾廷龙的书法艺术，"雅量之美，淳厚浑穆，神明内敛，气静机圆；书林中之诸葛孔明、谢太傅是也。雅量之美，谈何容易！融厚植之学养、博洽之闻见、清澄之心地、沉着之干才于一炉，全幅人格之呈显"。(《起潜先生书法选集序》)

　　顾廷龙留存墨宝颇多，虽有《顾廷龙书法选集》《顾廷龙书题留影》整理出版，仅为冰山一角。在他的书法作品中，题词与书籍题签是极具特色的一类。此组顾廷龙题词底稿，创作于20世纪90年代，据存稿所见，他对于每一个字均反复斟酌，体现了认真严谨的态度和对艺术精益求精的追求。

《王同愈遗集》题签，正式出版作《王同愈集》，所
用纸"图书馆杂志"亦据顾廷龙手笔影印
此稿1页，20世纪90年代作，26.7×19cm

《尚书文字合编》题签，此稿1页，约1995年作
22.3×11.5cm

# 名人手稿陳列室

上海图书馆中国文化名人手稿馆的前身是 1992 年成立的中国文化名人手稿室，顾廷龙为此题词。1996 年上海图书馆新馆落成后，改名为中国文化名人手稿馆，附设手稿陈列馆。

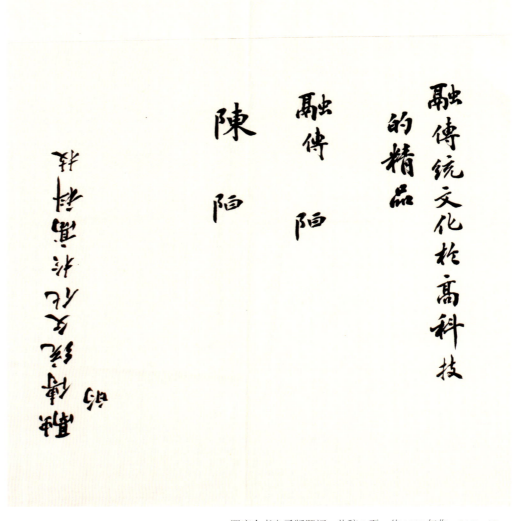

四库全书电子版题词，此稿 1 页，约 1998 年作，34.5×32cm

2011 年、2018 年顾诵芬捐赠

（陈雷）

251

# 启功

启功（1912—2005），字元白，又作元伯。教育家、国学家、古典文献学家、书画家、文物鉴定家、诗人。曾任中国人民政治协商会议全国委员会第五届委员，第六、七、八、九、十届常务委员，九三学社中央委员会顾问、中央文史研究馆馆长、国家文物鉴定委员会主任委员、中国书法家协会名誉主席、北京师范大学教授。

**《莱溪诗草》题签**

此为启功应翁万戈之邀，为其 1998 年出版的《莱溪诗草》题签。

此题签共 2 件，17.3×2.9cm
2019 年翁万戈捐赠
（刘明辉）

# 张光年

张光年（1913—2002），原名张文光，笔名光未然。诗人、文艺活动家。1937年加入中国共产党，后到延安，创作了著名组诗《黄河大合唱》，又在重庆、缅甸、昆明等地从事抗日活动。中华人民共和国成立后，任中国作家协会书记处书记、党组书记、副主席等职。著有歌词《五月的鲜花》，组诗歌词《黄河大合唱》，论文集《风雨文谈》等。有《张光年文集》（五卷）行世。

《文心雕龙集校合编》书名题词

《文心雕龙集校合编》由林其锬、陈凤金校编，暨南出版社于2002年出版。王元化作序，张光年题写书名。

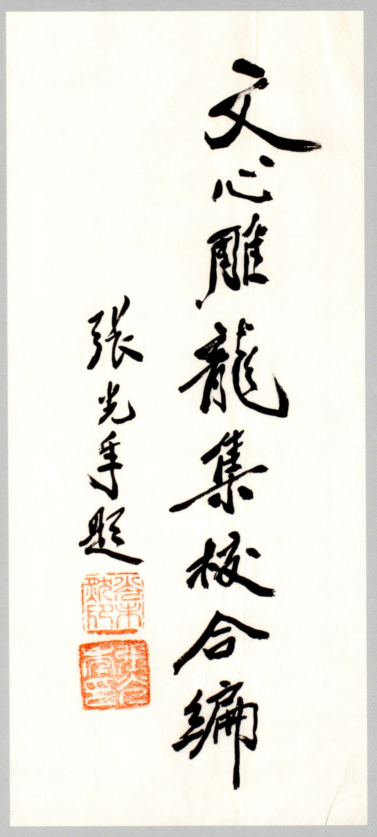

此稿1页，42×29.5cm
2012年林其锬捐赠
（刘明辉）

# 贺敬之

贺敬之，1924 年出生。历任华北联合大学文学院教师，中央戏剧学院创作室主任，《人民日报》文艺部副主任，文化部副部长兼文学艺术研究院院长，中共中央宣传部副部长，文化部代部长。著有《贺敬之文集》《贺敬之诗选》《贺敬之文艺论集》等文集，长诗《回延安》《放声歌唱》《雷锋之歌》《中国的十月》，歌词《南泥湾》等。歌剧剧本《白毛女》（参加执笔）获 1951 年斯大林文学奖。

贺敬之题词一组

贺敬之一直关心桂兴华的政治抒情诗创作，他曾表示："新时期以来，桂兴华同志以及其他同志在政治抒情诗创作上取得的新开拓、新成就和新经验，一直是我倍觉珍贵并努力学习的。"他以九十多岁高龄连续八次为桂兴华的诗集题写了书名。

此为贺敬之为桂兴华所著部分诗集题写的书名。

《中国在赶考》，2016 年作，上海人民出版社 2016 年出版，1 页，8.7×22.1cm
2016 年桂兴华捐赠

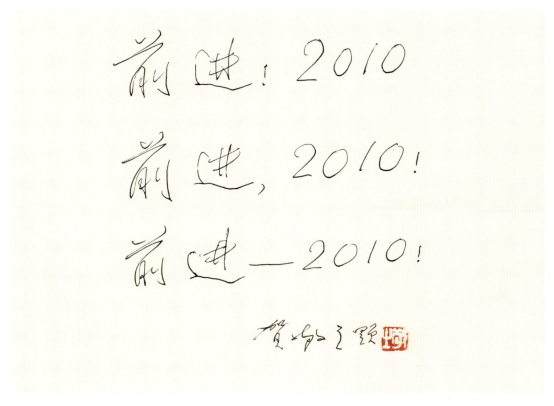

《前进！2010》，2010 年作，上海人民出版社 2010 年出版，1 页，17.8×19.1cm
2010 年桂兴华捐赠
（刘明辉）

# 艾明之 | 作者简介参见第 14 页

### 何东与何西

2017 年，艾明之女儿黄晓蓓向上海图书馆集中捐赠其父手稿及相关文献，涵盖证书、信函、剧本手稿、历史原照等类别共 298 件。其中《何东与何西》手稿创作于 1990 年，是完整的剧本手稿，改编自民间传说，加入了作者的艺术灵感与创新。手稿为初稿，改动较少，显示出一气呵成的写作状态。

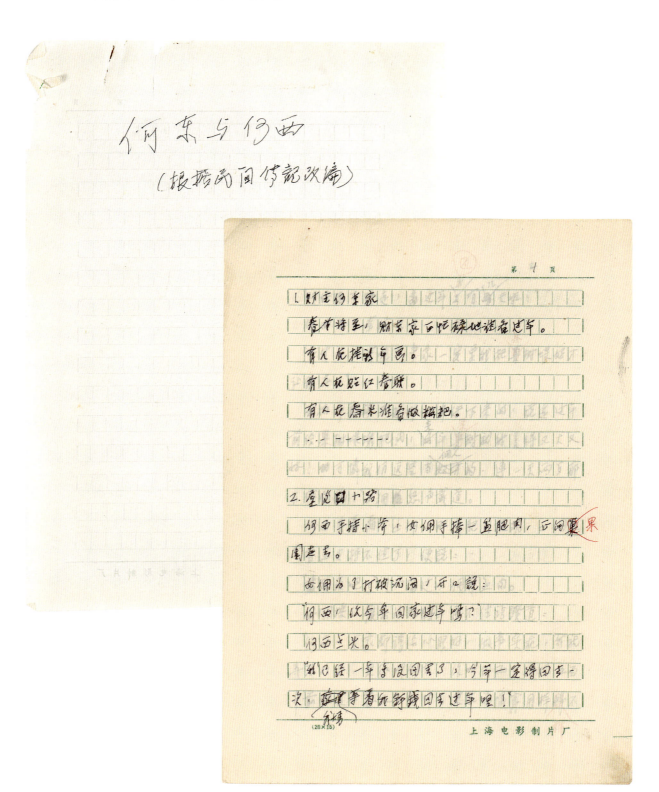

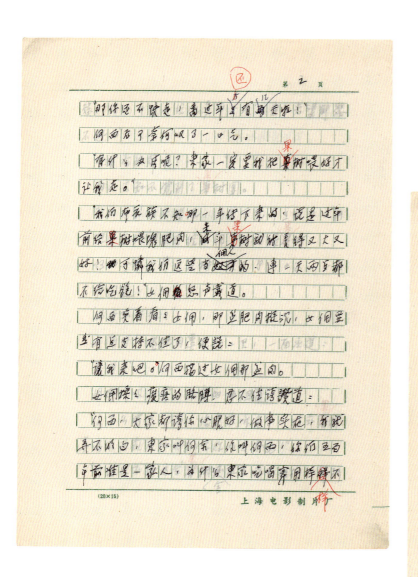

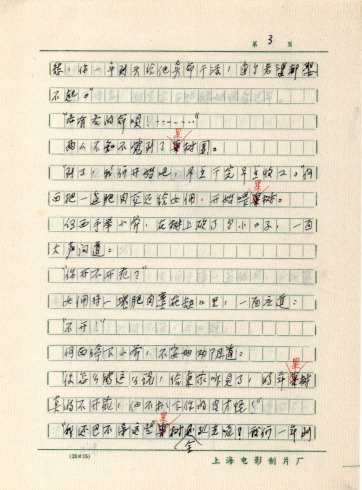

此稿 81 页，27×19.4cm
2017 年艾明之女儿黄晓蓓捐赠
（刘明辉）

# 陆谷孙

陆谷孙（1940—2016），英美语言文学专家、双语词典编纂家、翻译家、教育家。1965 年复旦大学外语系研究生毕业，留校任教。历任副教授、教授、博导，上海翻译家协会理事。主编《英汉大词典》《中华汉英大词典》等，著有《余墨集》《余墨二集》《莎士比亚十讲》等，译有《幼狮》等。

《英汉大词典》（第 2 版）题词

　　《英汉大词典》是第一部由中国学人独立编纂的综合性大型英汉词典，第 1 版出版后，影响巨大，获首届国家图书奖等多项荣誉。随后陆谷孙又倾五年之力，主持了此书的增补修订工作。2015 年 10 月，他将《英汉大词典》（第 2 版）题词赠送上海图书馆中国文化名人手稿馆。

《中华汉英大词典》（上）题词

　　《中华汉英大词典》是陆谷孙主编的另一部大型双语词典，上卷由复旦大学出版社于 2015 年出版。词典采用"有保留的描写主义"的编纂方针，保持所用英语的规范性；收词古今兼顾，中华本土与海外社区兼顾；释义在追求汉英"等值"的同时，还引入英语国家文化中的近义语汇。2015 年 10 月，陆谷孙先生将此书上卷题词赠送上海图书馆中国文化名人手稿馆。

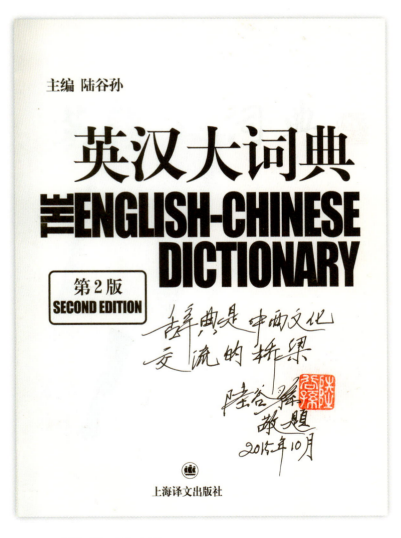

此稿 1 页，29.5×21.7cm
2015 年陆谷孙捐赠

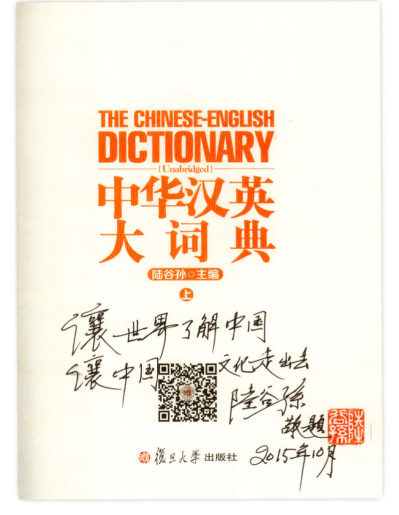

此稿 1 页，29.3×21.8cm
2015 年陆谷孙捐赠

（沈从文）

《小说界》"千禧际会"题词一组

　　1999年，为迎接千禧年的到来，上海文艺出版社的大型文学期刊《小说界》编辑部策划了"千禧际会'一句话'"征稿活动，向全国各地的著名作家征集新世纪感言。时任上海文艺出版社编辑的作家修晓林负责组织和实施此项征稿活动并起草了征稿函，函中还附有回信的信封和邮票，方便作家支持此项活动。征稿函发出后获得了热情支持和响应，部分作家将感言直接书写在征稿函上寄回。《小说界》在1999年第六期中刊登了感言，获得了读者的共鸣与好评。此处收录柯灵、钱谷融、袁鹰、严家炎、蒋子龙、陈忠实、冯骥才、王小鹰、陈世旭、叶辛、毕淑敏、陈丹燕、格非等作家的题词。

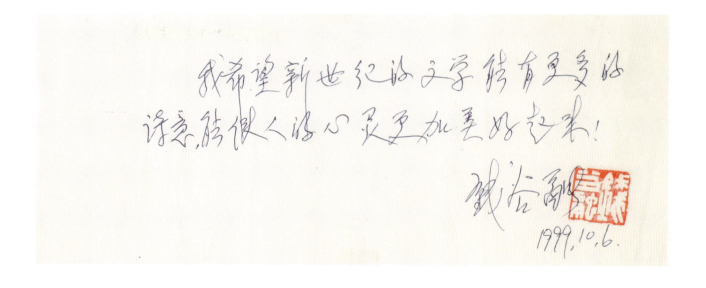

【千禧际会】 "一句话"：

在信息高度发达、书写可能变滥的未来世纪，真希望诞生一两部能将汉语文字的美妙发挥到极致的作品，一两部能令人读后为之生、为之死的作品！

　　　　　　　　　　严家炎
　　　　　　　　一九九九年十月十二日

从心所欲不逾矩

　　　　　　　　蒋子龙
　　　　　　　　99.10.9.

继续完成时种种非文学因素加剧后，逐渐接近及至进入真正意义上的文学本身。

　　　　　　　　陆建德
　　　　　　　　PP.10.4.
　　　　　　　　西安

廿一世纪的中国人会证实：
进步的前提是不重复以前的错误。

1999.10.1

因为文学是有精神的，纵以文学之树长青。

王小鹰
99.10.11.

新世纪是过去世纪的延续，至于
该怎样／也还会怎样。

99.9.30.

文海无涯千峰秀，
佳构一窝贯古今。

叶辛
99.10.14.

新世纪的反学，也是心灵间的绿草坪，散发

滋养灵魂的 清新气息。

毕淑敏

99.10.7

是吧样吗：
时间对我来说，前面不知道是什么，而回
首不至有太多的遗憾。

陈丹燕

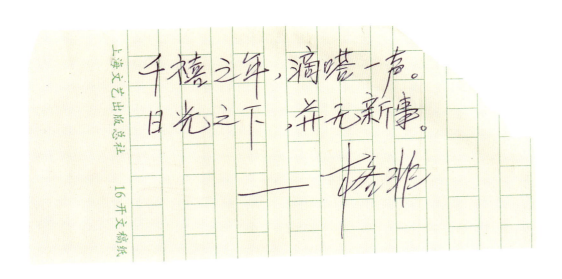

千禧之年，滴嗒一声。
日光之下，并无新事。

——格非

柯灵、钱谷融、袁鹰、严家炎、蒋子龙、陈忠实、冯骥才、王小鹰、陈世旭、叶辛、毕淑敏、陈丹燕、格非
千禧际会"一句话"。1999年作，13件，尺寸不一
2016年修晓林捐赠
（刘明辉）

261

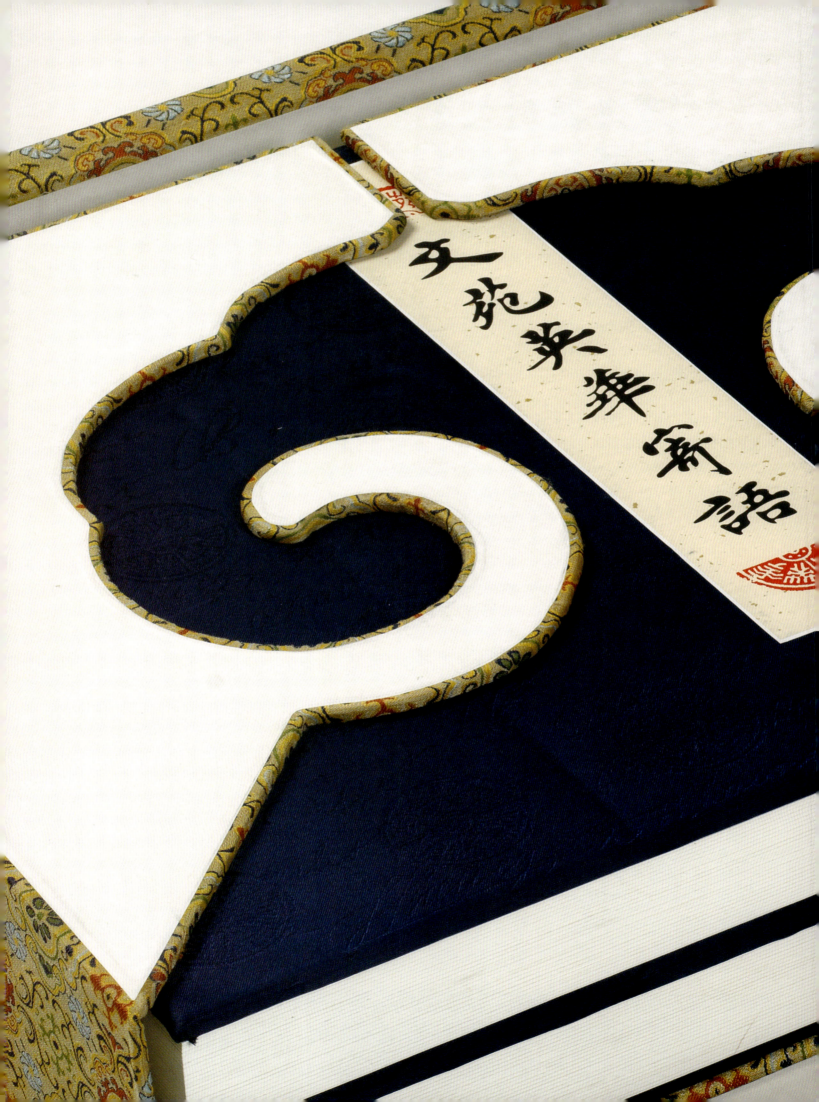

石埭乡贤陈序宾观察百龄纪念册

此册为陈一甫在 1933 年其父陈簧举百龄之时，和其兄陈西甫邀请天津政要、社会贤达二十六人题词作画汇辑而成。

陈簧举（1834-1884），字序宾。师从江南名儒陈虎臣，并随其往祁门投曾国藩，得曾氏赏识，派管江西建昌盐厘等职，后由曾氏选拨入李鸿章淮军，任行营支应，银钱所总办。由训导累功至知府，诏赠道员。直晋大灾，津门筹赈，旋积劳病卒。

陈惟壬（1869-1948），字一甫，号恕斋居士。陈簧举之四子。长期随周学熙襄办实业，任中国第一家水泥厂——启新洋灰公司协理、总经理。20 世纪初，水泥刚入中国被称"洋灰"，所以有了"洋灰陈"的雅号。

册上有曾任民国总统徐世昌的题词，实业家周学熙的序赞，书画家张海若的造佛和写经，画家徐宗浩、陈云彰、傅光甫画其生平"皖江受学"、"祁门感遇"、"淮海从军"、"津门筹赈"图。书法家赵元礼，学者朱士焕、钟广生，藏书家傅增湘等的序或书后记。记录了陈簧举一生和民国陈氏家族在天津的来往。

陳序賓觀察百齡紀冊子書後

石埭陳公序賓以先緒甲申卒於津門迄今又五
十年歲紀甲戌上溯誕降之期正百年矣失是
津郡搢紳耆碩追思中興饎餽振邮之勞近畿
之惠上書卻府既乙侑食崇祠申狀史館至是
又以百齡之會相與述遺徽鋪鴻藻爲歌詠圖
之丹青斳以揚休美於無窮者固匪一人一家之私
言也賢嗣惟庚等奉冊走舊京欲余綴言以爲
重穡惟自念與公家結與巳歷三世矣先祖勵生

公同官津沽誼等金石庚辰夆進風疾瀕於危殆
得公主方亨無恙其後惟彥官江寧與伯兄爲同僚
惟庚住直隸余簡任提學屬以會計科長三年他
如群遂往還之密緩急相助之殷氣誼所投久而弥
萬即無惟庚昆季之請余寧得巳於言乎余嘗
闓前招有言祝壽之典古無有也至世俗陰壽之說
尤盛於禮碩嘗致姚旅書言俗謂親死日爲暗忌
生日爲明忌親死者遇五十六十猶追壽焉族人具礼
謌煦一如存日又觀鄭泳麟溪集言姤遷祖初生之

醫隩如救其疾綜是數者或致力以專營或竢時而
並舉而咸以我公百齡之紀標揭之以惟庚昆季厚
集脊力怵張篝策圖成其事固非難也普召公甘棠
之詩詠之者謂百世而下思其人猶愛其樹余意此邦
人士後凡讀公之書沐公之教食公之惠則公之大名
將流傳於萬口永壽於千秋寧祇百齡之紀而巳
裁乙亥六月江安傅增湘謹識

第二行甲戌應作癸酉 惟庚謹注

此稿为木夹板册页装，33.1×21cm
2011 年陈克俭捐赠
（王宏）

# 科学家手稿

*Manuscripts of Scientific Research*

手稿的分类并无公认的文献学标准。研究者从不同的视角进行手稿考察时，或以文本体裁、或以文本内容、或以作者身份、或以时代、或以版本等为对象，研究的目的各有不同。这里特指科学家手稿是为了强调这一类作者身份的手稿是我们正在高度重视的新对象，因为在以往的国内手稿收藏传统中，大多偏重于作家的文学作品手稿，出版界所出版的"手稿本"也大多聚焦于文学类，对自然科学的手稿一般很少关注。本馆在近年加强了科学家手稿的征集，逐渐形成了一个新的手稿收藏增长类别。

科学家手稿通常是指从事自然科学研究的专家所书写的文稿，实验记录与报告，各种演算记录与图表，研究与讲课笔记等。这类手稿大多是研究过程中产生的各种记录，与通常的以发表和出版为目标的论著创作文稿不同，不少手稿虽不是以后论著的直接初稿，但它是研究成果积累过程中的基础材料。所以，人们往往将这类手稿列为科研档案而予以保管，以致国内以此为对象的研究也不充分，而影印出版的科学家手稿凤毛麟角。也许是科学家手稿所书写的内容具有专业性，公众难得一见，充满了神秘感。这正是需要我们加强宣传和展示的对象，而今年正生逢其时。英国伦敦的英国国家图书馆隆重举行了纪念科学家、发明家、艺术家达·芬奇逝世 500 周年手稿展，对于曾到访过上海两次的伟大科学家爱因斯坦，在他诞辰 140 周年之际，上海在世博会博物馆举行了爱因斯坦的手稿展。因此，科学家手稿具有跨越时空，引人入胜的独特魅力，从科学家书写的符号、公式、

图表、笔记、卡片等手稿中，我们不仅可以看到科学研究的曲折过程，还能体验自然秩序的抽象之美，以及科学家的精神感召。所以，今年在上海图书馆展出一部分院士手稿，具有令我们继往开来，不断加强科学家手稿收藏，倡导社会崇尚科学的意义。

本馆集中收藏科学家手稿始于 2008 年，上海医学名家汤钊猷、杨雄里、杨秉辉各自捐赠了一批富有特色的研究文稿和卡片式手稿，此举在上海图书馆的手稿收藏史上具有标志性意义。近年来收藏数量最大的科学家手稿文献来自吴建屏院士家属的捐赠，数量达 20 余箱，这位著名脑科学家诸多类型的手稿与文献在中国文化名人手稿馆得到了集中收藏。其他院士的手稿还有顾诵芬的人物纪念发言稿、杨玉良的演讲稿。在此，我们特意将两份"跨界"的手稿收录书中，一是著名科学家张香桐的诗稿，二是著名翻译家周克希早年作为大学数学老师时的教学笔记稿，让我们透过字符，以此联想抽象思维与形象思维交融的美妙景象，以及无处不在的科学之美。

# 张香桐

张香桐（1907—2007），神经生理学家。1933年毕业于北京大学心理系。1946年获美国耶鲁大学医学院生理系哲学博士学位。1957年当选为中国科学院学部委员（院士）。曾任国际脑研究组织中央理事会理事，中国科学院上海生理研究所研究员，中国科学院上海脑研究所所长、名誉所长，中国科学院神经科学研究所名誉所长。张香桐是树突生理功能研究的先驱者之一、新中国神经科学的奠基人之一，获国际神经网络学会终身成就奖。从1956年回国后直到七十高龄为止，总共做了一千次实验。

### 第一千次实验纪念

1978年张香桐回国后完成第一千次实验时，学生和助手们在实验室中为他举行了小型纪念仪式，他有感而发，现场赋诗一首。诗中以"影屏银蛇"指代指示波器屏幕上的波形，"金枪"指代插入脑髓的金属微电极，以"鏖战千回未足道"表达百折不挠的科研精神，体现了老一辈科学家的文学修养和对科研事业的无限热忱。此诗被收入《院士诗词》，由上海科技教育出版社于2001年出版。

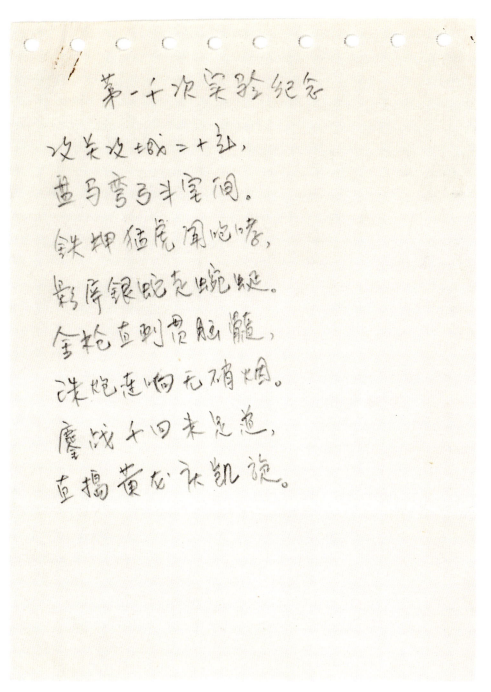

此稿1页，18.8×13.9cm
2017年吴建屏后人捐赠

272

## 在上海神经生物学讲习会开幕式上的致词

由国际脑研究组织、联合国教科文组织支持的上海神经生物学讲习会于 1980 年 10 月 7 日至 17 日在上海生理研究所召开，出席会议的正式代表共 72 名，旁听者二百余名。讲习会的宗旨是回顾近年来神经生物学中一些领域的新进展和交流科研经验。张香桐作为讲习会组织委员会成员之一出席会议并在开幕式上致词。此为发言稿的手稿。

此稿 1 页，28×21.6cm
2017 年吴建屏后人捐赠
（刘明辉）

## 汤钊猷

汤钊猷，1930 年出生。肿瘤外科学家。复旦大学附属中山医院肝癌研究所所长。曾任上海医科大学校长，国际抗癌联盟理事，中国工程院医药卫生学部主任，中国抗癌协会肝癌专业委员会主任委员。早年从事肝癌早诊早治研究，著有《亚临床肝癌》英文版，获国家科技进步一等奖和美国金牌奖。后从事肝癌转移研究，最早建成"高转移人肝癌模型系统"，获第二个国家科技进步一等奖。获吴阶平医学奖和陈嘉庚科学奖。曾获全国五一劳动奖章和白求恩奖章。曾两次担任国际癌症大会肝癌会议主席，在国际会议作特邀演讲 90 余次，组办 7 次上海国际肝癌肝炎会议并任主席。1994 年当选中国工程院院士。

医学研究笔记卡片

2013 年，汤钊猷向上海图书馆集中捐赠了医学研究笔记卡片，共 1972 张，作者将其分类为血管吻合术、血管移植、静脉吻合、血管缝线、血管造影、脑血管造影、甲状腺、颅脑损伤、软组织、手部外科、静脉血栓行程与静脉炎、静脉曲张、血栓闭塞性脉管炎、结核、关节炎、骨病、一般外科等多个类目。卡片中图文资料详尽，笔迹一丝不苟，类别井然有序，治学之严谨可见一斑。

The General Biological Reaction to major trauma, including its metabolic and endocrinological aspects
Wright, G. P. (London)
Imprimerie médicale et Scientifique, Bruxelles. P.9-18. (1965)

Vingtième congrès de la Société internationale de Chirurgie (Rome, 14-21 septembre 1963)

经述甚全. Ref 20. (中华外科杂志有其译文全载)
502号 W.B. Cannon 名著 "Bodily changes in pain, hunger, fear and rage"

少壮创伤后为何造大量氧毒物之来以为主。其结论为第三类。
凡及创伤后血色 eosin 少, ACTH↑
唐病, 糖尿病, 此外另有创伤后所属增多项目, 凡由演变为甚为加重 stress. 引起中毒.
此时另有水电解质变乱, CHO, Pro 代谢失常. 其结之数个 (5A及T布立) 此增减. 血浆 Na↑ K↑, 少尿 (因肾毛细管变叶管下血浆挤入细胞在淋巴移管在瘀). Pro 分解增多 (其分解呕在氮化) 生变测数个有定.

Local and general Effects of Injury
以上. P. 24-36
Gelin, L. E. (Sweden)

组之技术引起 microcirculatory 阻害. 兼有血内 aggregation + stasis g the formed elements of blood in the postcapillary venules.
果用 dextran 可改善之比特定. 另由于文交结, 指自疾中毒体毒, 例如 thrombosis, 急性肾衰等其在外科, 烧伤外科等. 其在大量 造影剂.

Anticholinergic drugs in Peptic Ulcer — their current status
MCNA, march: 495, 1957. [1]
Kirsner J. B., Ford H., Kassriel R. S.
(University of Chicago) Ref 114

[1] Anticholinergic drugs are compds interfering c transmission of N. impulses mediated by acetylcholine at the neuro-effector junction of postganglionic cholinergic N. Their use in peptic ulcer is based upon the concept that the gastric hypersecretion of duod ulcer is caused chiefly by parasym (cholinergic) hyperactivity. Their function therefore is to inhibit the neurogenic or vagal mechanism, decreasing the output of HCl & facilitating healing of ulcers. It similarly blocks stimulation of smooth mm & diminish G.I. motility.

[2] Evolution of gastric inhibitory compds.
1. Isolation of Atrop.
2. 合成类 Atrop 药 — homatropine, Bellefoline, Syntropan, Trasentine, Pavatrine.
3. the preparation of simple quaternary ammonium salts — tetraethylammonium, hexamethonium compds.
4. Combination of amino alcohol ester structure of Atrop. substitutes c the quaternary ammonium configuration to produce Banthine & other anticholinergic drugs.

[3] Pharmacologic & Physiologic consideration — omit (inhibition of gastric secretion's & G-I motility

---

针灸治疗急性阑尾炎 资料 　　　　　　　　　中山医学院 1961-11月

(一)疗效统计.

| | | 针灸治疗例数 | 治愈率 | 住院日 | 随访数 | 随访率 | 复发率(6月内) |
|---|---|---|---|---|---|---|---|
| 初发 | 单纯 | 300 | 93.7% | 5.02天 | 190 | 67.9% | 11.9% |
| | 局限 | 34 | 55.4% | 6.5 | 10 | | |
| | 包块 | 12 | 11c | 9.9 | 11 | | |
| 复发 | 单纯 | 89 | 75.3% | 5.7 | 65 | | |
| | 局限 | 9 | 5c | 7.0 | 4 | | |
| | 包块 | 4 | 4c | 9.8 | 4 | | |
| 1958.9.24-1961.9.23 共计 | | 448 | 86.4% | 5.81 | 284 | 73.4% | 24.1% |

此外另有 8例, 除一例外均接受针灸治疗

(二)适应症. 不同表现型采取不同
从病人数 治为对象 (适应症)
① 单纯一般
② 局限, 急发-大部分针灸
③ 局脓 治疗较难. 其症一般不用药. 黄阻宜手术.
④ 包块 大部分有效. 加中药更好
⑤ 妊, 心, 痰, 上消化道, 合并TB

2. 针灸取穴归纳 — 足三里, 上巨虚　足三里+其他　阑尾+内关
凡采用不同穴位, 根据中医理论

3. 证验观察 — 体温, 白血球, 脓疡, 石疡 1.2.4.8 hr.
4-6 发病后除181例

脓疡162-24小时 58%
石疡 3天1症 51.8%
体温 92-48小时 66.3%
WBC 48小时 69.5%

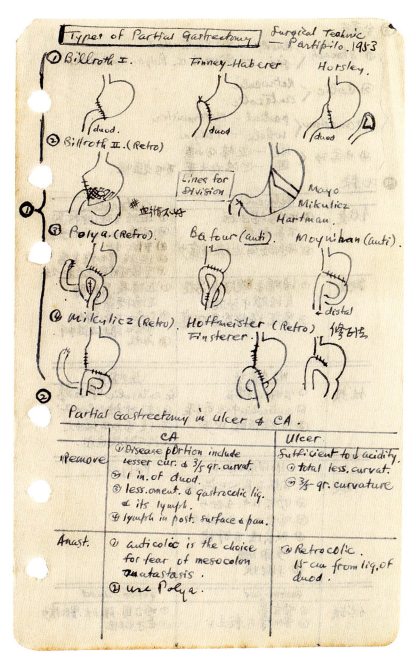

**Types of Partial Gastrectomy**  — Surgical Technic — Partipilo. 1953

① Billroth I.          Finney-Haberer          Horsley.
   duod.                  duod                    duod

② Billroth II. (Retro)                  Lines for Division          Mayo / Mikulicz / Hartman

③ Polya. (Retro)          Balfour (anti).          Moynihan (anti).
                                                     distal

④ Mikulicz (Retro).      Hoffmeister (Retro) / Finsterer.

**Partial Gastrectomy in ulcer & CA.**

|         | CA | Ulcer |
|---------|----|-------|
| Remove | ① Disease portion include lesser cur. & 3/5 gr. curvat.<br>② 1 in. of duod.<br>③ less. oment. & gastrocolic lig. & its lymph.<br>④ lymph in post. surface & pan. | Sufficient to ↓ acidity.<br>① total less. curvat.<br>② 3/5 gr. curvature |
| Anast. | ① anticolic is the choice for fear of mesocolon metastasis.<br>② use Polya. | ② Retrocolic.<br>15 cm from lig. of duod. |

卡片 1972 张，15.7×9.3cm
2013 年汤钊猷捐赠
（刘明辉）

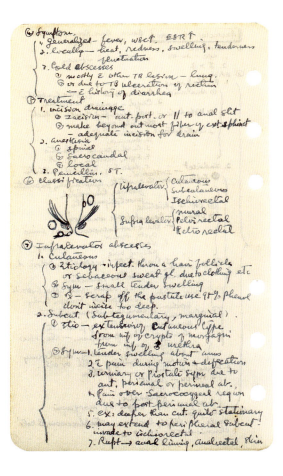

⑤ Symptom.
  1. Generalized — fever, WBC↑, ESR↑
  2. locally — heat, redness, swelling, tenderness, fluctuation
  3. Cold abscesses
    ① mostly ē often TB lesion — lung.
    ② or due to TB ulcerations of rectum — ē history of diarrhea
⑥ Treatment
  1. incision drainage
    ① incision — cut post. or // to anal slit
    ② make beyond outmost fiber of ext. sphinct. — adequate incision for drain
  2. anesthesia
    ① spinal
    ② sacrocaudal
    ③ local
  3. Penicillin, ST.
⑦ classification — Infralevator { Cutaneous, Subcutaneous, Ischiorectal } / Supralevator { mural, Pelvirectal, Retrorectal }

⑧ Infralevator abscesses
  1. Cutaneous
    ① etiology · infect. throu a hair follicle or sebaceous sweat gl. due to clothing etc
    ② Sym — small tender swelling
    ③ Rx — scrap off the pustule use 95% phenol don't incise too deep.
  2. Subcut. (Subtegumentary, marginal).
    ① etio — extensions cutaneous type from inf. of crypts of morgagni from inf. of of urethra
    ② Sym — 1. tender swelling about anus
      2. ē pain during motion & defecation
      3. urinary or prostatic sym. due to ant. perianal or perineal ab.
      4. Pain over sacrococcygeal region due to post perianal ab.
      5. ex: deeper than cut. quite stationary
      6. may extend to peripheral subcut. invade to ischiorectal
      7. Rupt → anal lining, analrectal, skin

## 顾诵芬

顾诵芬，1930年出生。空气动力学家。1951年毕业于上海交通大学航空工程系。1991年当选为中国科学院学部委员（院士）。1994年当选为中国工程院院士。中国航空工业总公司科学技术委员会副主任，航空科学技术研究院研究员、副院长。主要从事飞机的气动力设计。主持歼八飞机的气动力设计，任歼八飞机型号总设计师，解决了大超音速飞行的飞机方向安定性问题和跨音速的飞机抖振问题；担任歼八Ⅱ飞机总设计师。获1985年国家科学技术进步奖特等奖、2001年国家科学技术进步奖一等奖。主要代表作有《设计超音速高性能飞机中的一些气动力问题》《飞机操纵安定品质计算手册》《飞机总体设计》等。

### 在上海图书馆顾廷龙诞辰110周年座谈会上的发言稿

　　此为顾诵芬2014年在上海图书馆举办的顾廷龙诞辰110周年座谈会上的发言稿。顾诵芬的父亲顾廷龙（1904—1998）是我国著名的古籍版本学家、图书馆事业家、书法家。他将毕生精力用于收藏、保护和发扬我国民族文化，为国家作出了重要的贡献。1991年上海市政府授予"大功"奖励。顾诵芬时年八十四岁高龄，笔画一丝不苟，行文语言流畅，深情地从五个方面回忆了顾廷龙一生的成就与贡献。此文收入《顾廷龙先生纪念集》中。

## 中国航空工业总公司 科学技术委员会

理念

我父亲办合众书馆的宗旨是"淡泊明志，宁静致远"，他认为"人不能但有所表现，或能成人之举，不予其生平"。他办馆自律为"专事正理，不为新绩；专为前贤彰役，不为个人张本"。因此他办馆除收书外，更强调的是为读者服务。

我父亲自己总结办合众书馆工作是6个字"收书、编书、印书"。

关于收书，他认为保存我国民族文化，不能按传统观念，只收"经史子集"四部，而是按历史大家郑颉刚先生的研究方法，凡是记载自世界与社会的材料一起收，不但收好的，坏的也要收，实事后来我父亲总结成"片纸只字都是资料"。正因为这种收集历史文献的方法，早在40年代合众书馆时期就收集了不少革命文献，解放初为中宣部、外交部、国家机关提供了不少有用的资料。特别是解放在由文化局领导，他曾经多次从造纸厂破烂纸堆中收集到大量的家谱和碎卷，经正理影印后成为现上海书馆的别存。

## 中国航空工业总公司 科学技术委员会

特色收集                                    1940年

由于我父亲供合书保管并共有条，而且书多珍爱，甚至经合众书馆新馆落成后馆全正设计是按保存要求设计的，仍当时没有空调，通风靠开窗，防潮靠控制等，每天清晨和傍晚必须做的，馆中人手少有时还要我也参加。另外就是防蛀，他自己多次买了化工专家诉教，虽然合书馆经济拮据，设施简陋，但14年来已没有出现过书被虫蛀的事故。另外就是付古籍的修补，一建立合众书馆就聘了专门的旧书修补工。正是这样对书的爱护，博得了各界人士的关注。老人们都希望把自己收集的古书资料有个永久的归所，都想到了合众书馆。其中最突出的是上海南洋中学的创办人，老校长王培孙先生，他喜收集古籍，经过40年的积累，收集都存放在学校书馆里。1952年学校要改建，把古书馆改建成礼堂。因为王先生集书不是中学生所需要的，所以决定捐献，经过学校认真调查，认为捐给合众书馆最合适，最后由

# 吴建屏

吴建屏（1934—2012），神经生理学家，毕业于上海第一医学院（现复旦大学上海医学院）。1991年当选中国科学院学部委员（院士），2003年当选第三世界科学院院士。曾任中国科学院上海脑研究所所长、上海生命科学研究院首任院长，上海市科学技术协会副主席，中国神经科学学会第一、二届理事长。

**手绘神经元形态图**

吴建屏1958年大学毕业后，师从中国科学院学部委员、神经生理学家张香桐开展研究。1964年被公派到英国牛津大学生理实验室深造，研究运动皮层对狒狒前臂肌肉运动神经元的控制，回国后继续研究运动控制机制，参与针刺麻醉研究，取得多项成果。

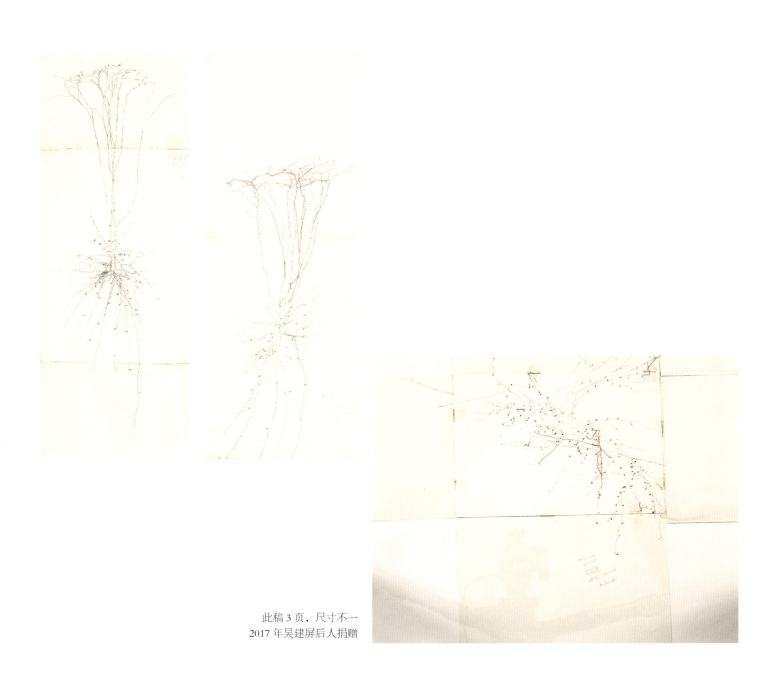

此稿 3 页，尺寸不一
2017 年吴建屏后人捐赠

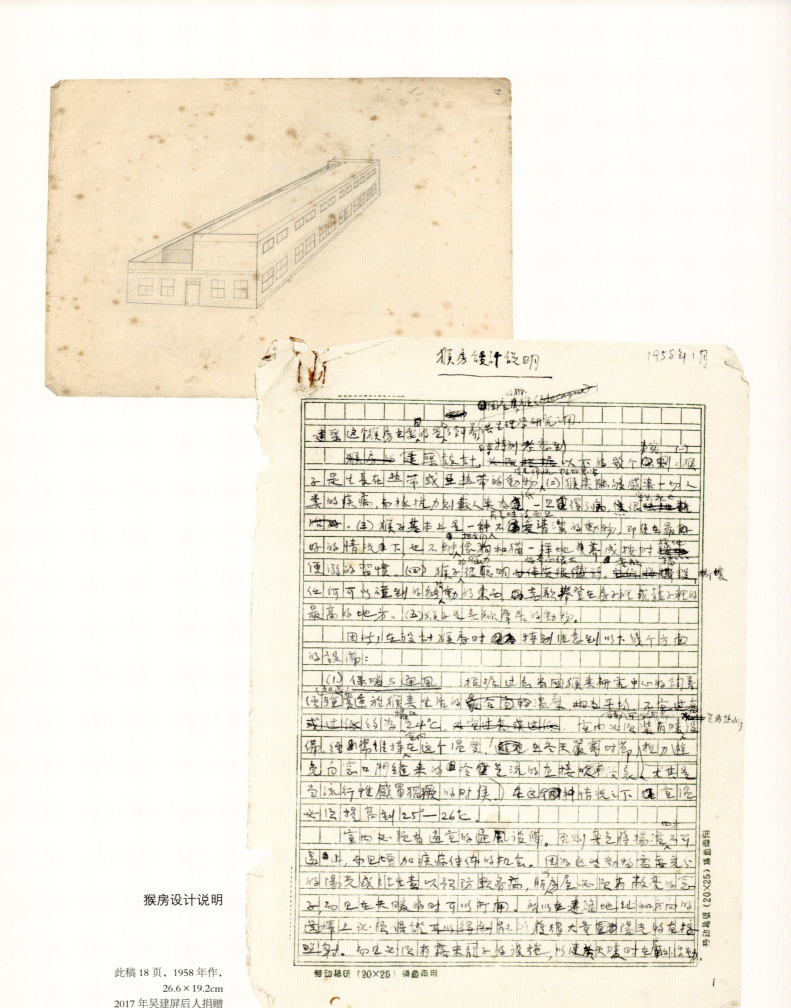

猴房设计说明

此稿18页，1958年作，
26.6×19.2cm
2017年吴建屏后人捐赠

关于运动控制机制的研究的一些想法

中国科学院上海脑研究所 吴建屏

脑对运动的控制是脑功能的一个重要方面。在高等动物，特别是人类，进行精细和准确的运动的能力得到高度发展。例如微型雕刻艺人能在一颗米粒上刻许多字，熟练的乒乓球运动员能在很短的时间内根据对手来球的不同特点，打出速度快，力量、角度、落点都恰到好处的球。做这些精确的动作需要脑的感觉和运动机能密切配合，也需要脑对参与运动的全身各部位为数众多的肌肉在收缩时间、收缩力量和方式上很大举精确和协调的控制。脑对运动的这种高度复杂和完善的控制能力，是在大脑不断进化的过程中形成的。研究脑对运动的控制机制，里面对于认识脑功能的奥秘，了解脑的工作规律具有十分重要的意义。此外，动物和人类做精细运动的能力是经过大量的学习和锻炼，逐步提高和完善的。所以，研究脑的运动机能也将有助于探索学习和记忆的机制。从工程学的观点看，任何一个随意运动的完成，又都是一系列复杂的反馈系统工作的结果，运动控制的研究也很可能为自动控制等理论的发展和完善提供重要的生物原型。最后，脑对运动控制机制的深入了解，并将有助于人类战胜各种运动系统疾病

会促进对研究，将对运动控制机制的研究起推动作用。

以上意见，仅供保规划时参改。

1983年5月18日

以下指标技术记录来自神经元的研究进展，一百是毛病，切竟是限于对两种神经元在对比，它们概化及纤维粗细上的差异。因为……概化纤维末门主的更优研究进展。

对运动控制的研究起了很大的推动作用。用这种实验方法，获得的重要研究成果已有不少，例如已证实运动皮层、小脑、基底节等与运动控制有关的神经中枢在肌肉收缩前即开始活动；运动皮层神经系的放电频率与肌肉收缩力的大小有密切关系；运动神经在做极精细运动时运动皮层神经元对外周反馈信号的敏感性大大增加等。目前在国外从事运动控制研究的实验室多数是用这种技术作为主要研究手段，我国内已有个别实验室开始应用这种新的研究技术。鉴于这种研究途径对运动控制机制研究的特殊重要性，大力加强这种技术的研究是值得重视的。

三、开展在人体进行的研究工作。

由于新的理论假说的推动和研究技术的进步，国外很多实验室开展了在人体进行的实验研究，并且取得很大的成绩。比较重要的工作如英国的Matthews用震动肌腱的方法，证明肌梭传入对肢体的位置觉是关重要的，瑞典Vallbo等用钨丝微电极插入人的外周神经记录运动时来自肌梭的传入神经使人纤维的活动，也得到很有意义的结果。这类研究工作的独特优点是能得到受试者的亲自合作，记录到的实验资料神经和受试者的主诉密切结合，这对研究随意运动和运动控制机制的一些想法等问题都是很有利的。

关于运动控制机制的研究的一些想法

此稿7页，1983年作，27×19.4cm
2017年吴建屏后人捐赠

（刘明辉）

# 徐匡迪

徐匡迪，1937 年出生。钢铁冶金专家，教授、博士生导师，中国工程院主席团名誉主席，中国经济工业联合会会长。1995 年当选为中国工程院院士。曾任第十届全国政协副主席、中国工程院院长、上海市市长等职。先后被选为英国皇家工程院外籍院士、瑞典工程院、美国工程院、澳大利亚工程院等国院士。2018 年获第十二届光华工程科技成就奖。

## 讲学笔记

此为徐匡迪 1986 年至 1987 年的讲学笔记。内容包括 1986 年从瑞典 Scandinavia Lancer AB 回国后所作的学术报告草稿；1986 年 5 月至 6 月为钢铁冶金专业博士生讲钢铁冶金过程理论的讲稿；1987 年应邀赴澳大利亚 Newcastle 大学、新南威尔士大学参观实验室及座谈时所作札记及 1987 年为钢铁冶金博士生用英语讲授的特种冶炼技术（Special Melting Process）等。

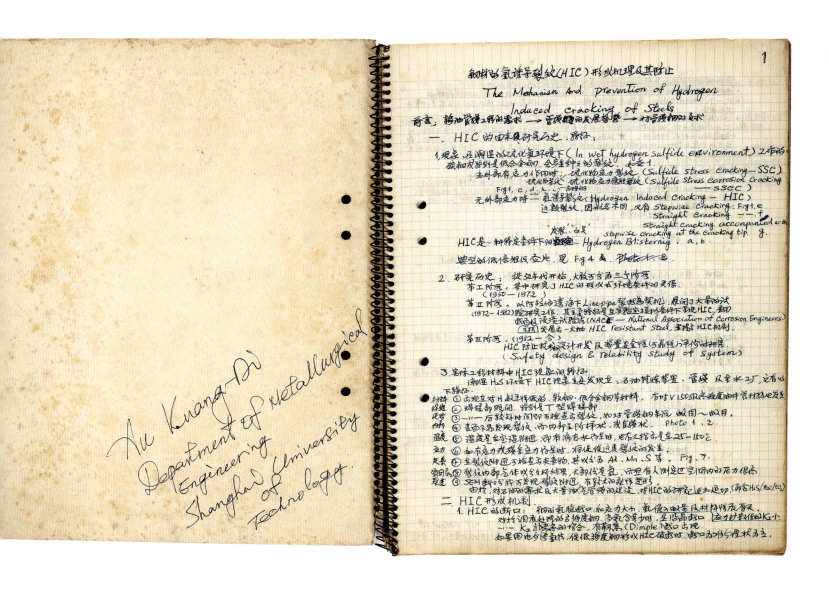

Xu Kuang-Di
Department of Metallurgical
Engineering
... University
... Co.,

$$\ln [P]/[P]_0 = -\frac{k_r}{k_0} \cdot \frac{1}{P_{O_2}} \cdot \Delta c$$

from experement date : $\lg [P]/[P]_0 = 2.35 \cdot \Delta c$

decrease the oxygen blowing rate, the de-p will faster then dec. In other hand, de-p Rate also depending on the stirring energy.

$$-\frac{d[\%P]}{dt} = 1.56 \cdot \dot{\varepsilon}^{0.6}$$

· 君津製鉄所.  (「鉄と鋼」'81. S936 )

de-si first, untill $Si < 0.1 \sim 0.2 \%$ then injection in $320^T$ torpedo car.     Powder : mill scale  CaO  CaF₂

carray gas ;  $N_2$  $4 \sim 6 \ NM^3/min.$

powder injection rate :  $300 / 400 \ Kg/min.$

After injection, if $R > 3$. $Lp = 2000 \sim 3000$.
$\eta_s \geq 50\%$   CaO comsuption $\sim 15kg/t$

· Kawasaki (「日本金属学会報」 21 (1982), p.546 )

CaO-based    CaO-CaF₂-FeOre-O₂
               CaO-CaCl₂-Fe, ore

Na₂CO₃ based :  Na₂CO₃ - Fe, ore - O₂.

If only ask for de-p, CaO-based powder is good enogh, but for de-p and de-S, the Na₂CO₃ based powder is necessary !

---

## II. Top and Bottom Blowing

### 1) History of Converter Steelmaking.

1860 H.Bessemer  ⎱ Air Blowing into Converter.   problem.
1899 J. Thomas   ⎰                                $[N]\uparrow$  $T\downarrow$

From the early beginning, peoples knows that this problem can be solved by using $O_2$. but the $O_2$ is very expensive before 1940 and also it need high facility refractories.  After 2nd war, LD converter was installed at Austria. The advantages of this process is high productivity, lower Investment, and lower phosphour content hot-metal refining.  1956 - 1966 LD growth rapidly and became a main steelmaking process.  In Europe, for refining the high P hotmetal, the bottom blowing oxygen converter was developed since 1968, the first $30^t$ bottom blowing converter was put in production in W-Germany. It's named OBM process. ( More than $30st$ )
lining life > 200 heats   $N$  20ppm

1972, US steel use $3 \times 200^t$ Q-BOP to refining low-p hot-metal.
1977, Kawasaki use $2 \times 230^t$ Q-Bop
可变式炉体 (炉底多接式).  $12 \sim 20$支风口, 双层, 内吹 $O_2 + CaO \cdot CaF_2$ powder
外吹 Hydrocarbide.(2层)
MgO-C brick.

### 2) 实绩 ($230^t$ Q-BOP) ;   $Q_{O_2}$ $2.5 \sim 3 NM^3/min \cdot t$.  Cooling agent. Fe ore scale
状况是
<1> [O] 低, near the 2e.p. 接近或低于平衡 $P_{CO}=1atm$ 时的 平衡氧值. 低O.吸. 起泡少. $(T\cdot Fe)_{LD} \geq 20\%$
<2> (FeO) or (T·Fe) 低,  $(T \cdot Fe)_{K-Bop} \leq 15\%$
<3> Mn高, 反因有三种观点.
   a, $(FeO) + \underline{Mn} = (MnO) + Fe$. K-Bop中(FeO)低  →  $\underline{Mn}\uparrow$
   b, $a_S$ 低,  $[O] + \underline{Mn} = (MnO)$. $a_O\downarrow$ $\underline{Mn}\uparrow$
   c, 风口处 $O_2$介入 $Mn \to (MnO)$ 或固溶 $[Mn]\uparrow$
   上吹时被 CaO 捕集, 冷凝成 Mn 雾. 后时效.
<4> 即使 P 低. Why (FeO) 低, 但 de-P. 这是 powder Injection from tyer.

$$\lg \left(\frac{(\%P)}{[\%P]}\right) = \frac{10773}{T} + 0.6\lg (\Sigma T \cdot Fe) + 3.273 \lg (\%CaO) + 1.133 (\%MnO)$$
$$- 0.822 [\%Mn] - 11.362.  \quad (回归统计)$$

风口喷吹石灰起机理. 让石灰 $50 \sim 70\%$ 先生成石灰经上浮返中再吹以
即所谓迟被 铁酸钙 ($\Sigma FeO \cdot nCaO$) 上浮中被[最终以脱磷酸钙.
$$2P + 5FeO \cdot nCaO \to P_2O_5 \cdot nCaO + 5Fe$$

# Special melting process

# I. Introduction

## I-1. Background & Development of Special melting process.

<u>Background</u> • To meet the high quiality requiments of materials from — Aircraft
Space navigation.
Nucleus power and atomic reactor.

• Melting of reactive elements alloys.

• Melting of high melting point metal.
(Nb · Ta · Mo · W)

<u>Development</u>;

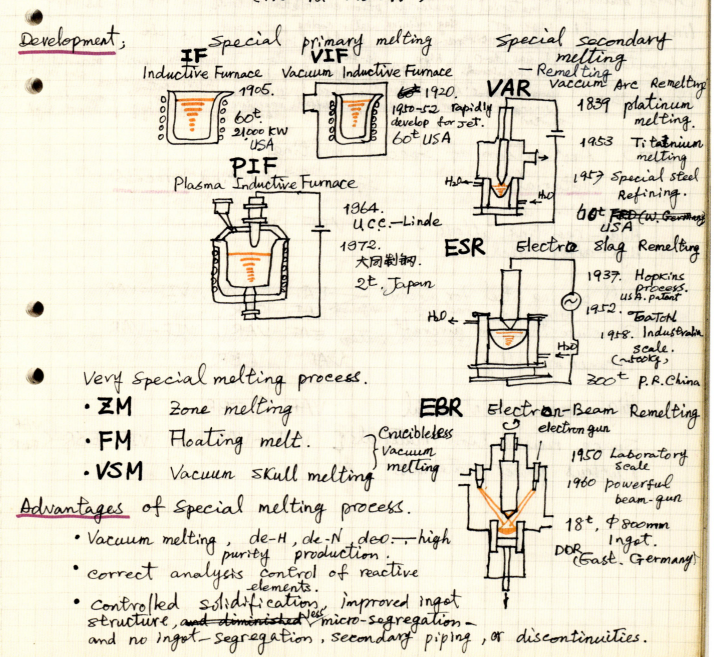

Special primary melting

**IF** Inductive Furnace
1905.
60ᵗ
21,000 KW
·USA

**VIF** Vacuum Inductive Furnace
1920.
1950-52 rapidly develop for Jet.
60ᵗ USA

**PIF** Plasma Inductive Furnace
1964.
U.C.C.—Linde
1972.
大同製鋼.
2ᵗ, Japan

Special secondary melting
— Remelting

**VAR** Vacuum Arc Remelting
1839 platinum melting.
1953 Titatnium melting
1957 Special steel Refining.
60ᵗ FRD (W. Germany)
USA

**ESR** Electro Slag Remelting
1937. Hopkins process.
U.S.A. patent
1952. Boaton
1958. Industrian scale.
(~500kg)
300ᵗ P.R.China

Very Special melting process.

• **ZM** Zone melting
• **FM** Floating melt.  } Crucibleless Vacuum melting
• **VSM** Vacuum Skull melting

**EBR** Electron-Beam Remelting
electron gun
1950 Laboratory scale
1960 powerful beam-gun
18ᵗ, φ800mm Ingot.
DDR (East. Germany)

<u>Advantages</u> of special melting process.

• Vacuum melting, de-H, de-N, deo—, high purity production.

• correct analysis control of reactive elements.

• controlled solidification, improved ingot structure, and diminished less micro-segregation — and no ingot-segregation, secondary piping, or discontinuities.

## Ⅱ-4-2. Process Operation

### Ⅱ-4-2-1. Cold charge operation

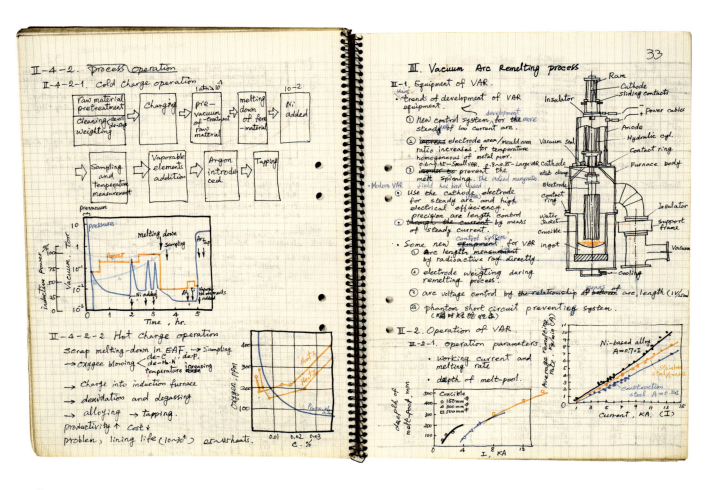

Ⅱ-4-2-2 Hot Charge operation

Scrap melting-down in EAF → Sampling
Oxygen blowing { de-C ⌐ de-P.
de-H₂, N ⌐ de.P.
temperature increasing
→ Charge into induction furnace
→ deoxidation and degassing
→ alloying → tapping.
productivity↑ cost↓
problem; lining life (10~30ᵗ) or 15 heats.

## Ⅲ. Vacuum Arc Remelting process

### Ⅲ-1. Equipment of VAR.
· trends of development of VAR equipment.
① new control system for the more steady of low current arc.
② electrode area/mould area ratio increases, for temperature homogeneous of metal pour.
0.6~0.8 — Small VAR. 0.8~0.85 — Large VAR
· to prevent the melt spinning, the added magnetic field has been used.
· Modern VAR
① Use the cathode electrode for steady arc and high electrical efficiency.
② precision are length control through the current by means of steady current.
· Some new equipment for VAR ingot control system
① arc length measurment by radioactive ray directly.
② electrode weigting during remelting process.
③ are voltage control by the relationship between of are length (1V/mm)
④ phantom short circuit preventing system.

### Ⅲ-2. Operation of VAR.

Ⅲ-2-1. operation parameters.
· working current and melting rate
· deepth of melt-pool.

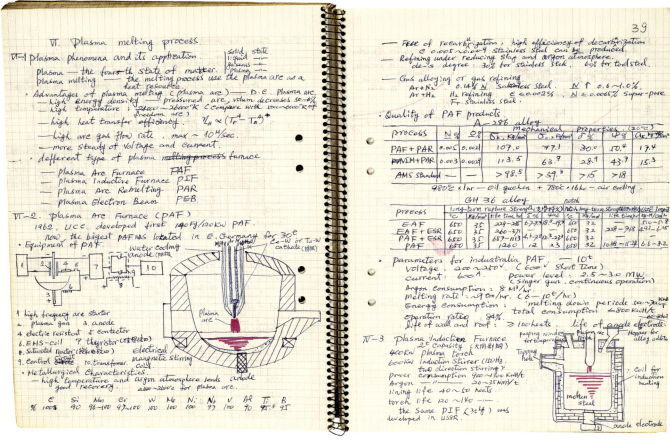

## Ⅵ. Plasma melting process

### Ⅵ-1 plasma phenomena and its application.
Plasma — the fourth state of matter. { Solid state, Liquid, gaseous, plasma — }
Plasma melting — the melting process use the plasma are as a heat resource.
· Advantages of plasma melting (plasma arc) — D.C. Plasma are
— high energy density ; pressured arc, volum decreases 50~%
— high temperature ; 24000~26000°K (compare with 6000°K of freedom arc)
— high heat transfer efficiency. $\eta_H \propto (T_r - T_m)^4$
— high are gas flow rate, max ~ 10⁴/sec.
— more steady of voltage and current.

· different type of plasma melting process furnace
— Plasma Arc Furnace      PAF
— Plasma Inductive Furnace PIF
— Plasma Arc Remelting     PAR
— Plasma Electron Beam     PEB

### Ⅵ-2. plasma Arc Furnace (PAF)
1962, UCC developed first 140kg/120kW PAF.
Now, the biggest PAF was located in E. Germany for 30ᵗ
· Equipment of PAF.

1 high frequecy are starter
2. plasma gun  3. anode
4. electic resistent  5. contactor
6. EMS-coil  7 thyristor
8. Saturated reactor  Electrical
9. Control circuite 10. transformer. magnetic stirring coil
· Metallurgical Characteristics.
— high temperature and argon atmosphere leads good recovery.  2100~2600°C for plasma arc.

| C | Si | Mn | Cr | W | Mo | Ni | N₂ | V | Al | Ti | B |
|---|----|----|----|----|----|----|----|----|----|----|----|
| % 100% | 90 | 96~100 | 97~100 | 100 | 100 | 100 | 93 | 100 | 90 | 95.8 | 95 |

— Free of recarbrization ; high efficiency of decarburization. C 0.005~0.009 stainless steel can be produced.
— Refining under reducing slag and argon atmosphere. de-S degree ; 30% for stainless steel. 60% for toolsteel.
— Gas alloying or gas refining
Ar+N₂  0.14% N stainless steel. N↑ 0.6~1.0%
Ar+H₂  H₂ refining C ≤0.002% N ≤ 0.005% super-pure Fr. stainless steel.

· Quality of PAF products

A-286 alloy

| process | N% | O% | Mechanical properties (20°C) | | | | |
|---------|----|----|----|----|----|----|----|
| | | | σb, kg/mm² | σ0.2 kg/mm | δ % | ψ% | αK kg/cm² |
| PAF+PAR | 0.005 | 0.002 | 107.0 | 77.1 | 30.0 | 50.4 | 17.4 |
| PVIM+PAR | 0.003 | 0.002 | 113.5 | 63.7 | 28.9 | 43.7 | 15.3 |
| AMS standard | — | — | >98.5 | >59.3 | >15 | >18 | |

980°C × 1hr, oil quench + 780°C × 16hr, air cooling

GH 36 alloy

| process | long-term rupture strength (主应力) | | | notch long-term strength | | | LCF impac |
|---------|------|------|------|------|------|------|------|
| | σ kg/mm² | life time, hr | δ% | ψ% | σ kg/mm² | life time, hr | αK kg/cm |
| EAF | 650 | 35 | 224~28 | 6.7~18.5~13.6 | 650 | 32 | 228~368 | 50~5.8 |
| EAF+ESR | 650 | 35 | 260~371 | | 650 | 32 | 228~368 | 4.72~6.25 |
| PAF+ESR | 650 | 35 | 687~1113 | 4.1~7.812.7~23.3 | 600 | 32 | | 6.6~8.2 |
| PAF | 650 | 35 | 1260 | 12 | 23 | 650 | 32 | 10.98~11.32 | 6.6~8.2 |

· parameters for industrial PAF. — 10ᵗ
Voltage : 200~250ᵛ    (600ᵛ short time)
current : 600A.    power level : 2.5~3.0 MW (singer gun, continuous operation)
Argon consumption : 8 M³/hr.
Melting rate : ~9 ton/hr.  (6~10ᵗ/hr)
Energy consumption : melting down period total consumption
operation ratio : 84%. ≥100heats. life of anode electrode.
life of wall and roof ; ≥800 kW·h/t.

### Ⅵ-3 Plasma Induction Furnace
400kW plasma torch
600kW induction stirrer (150Hz)
two direction stirring
power consumption 900~1300 kWH/t
Argon 20~35 NM³/t
lining life 40~60 heats
torch life 120~140 —
the same PIF (30ᵗ) was developed in USSR.

此稿 88 页，29.4×22cm
2018 年徐匡迪捐赠
（刘明辉）

# 杨秉辉

杨秉辉，1938年出生。复旦大学上海医学院内科学教授、博士生导师。曾任上海中山医院院长、上海市科学技术协会副主席、上海市科普作家协会理事长、中华医学会全科医学分会主任委员、《中华医学杂志》副总编、《中华全科医师杂志》总编辑等职。曾因"早期肝癌"研究成就获国家科技进步一等奖等奖项。主编《现代内科学进展》《全科医学概论》等学术专著10部，在国内外发表学术论文140余篇。

## "小肝癌"的概念及临床意义

上海图书馆藏有杨秉辉科学文稿三十余件，主要为肝癌防治研究和健康知识普及的学术研究手稿。作者的笔迹和字体结构具有艺术性，飘逸潇洒，运笔弧度较多，具有鲜明的个人特点。在空白稿纸上写作时，通常在左侧留有空隙，以便后续修改补充。整体行文呈现向右上方倾斜的角度，呈现出文思流畅的创作状态和性格中细腻感性的一面。在医学名家的身份之外，杨秉辉也是一位周游世界的钢笔画家，多次在报刊上发表画作并曾举办个人画展。

扫一扫 更精彩

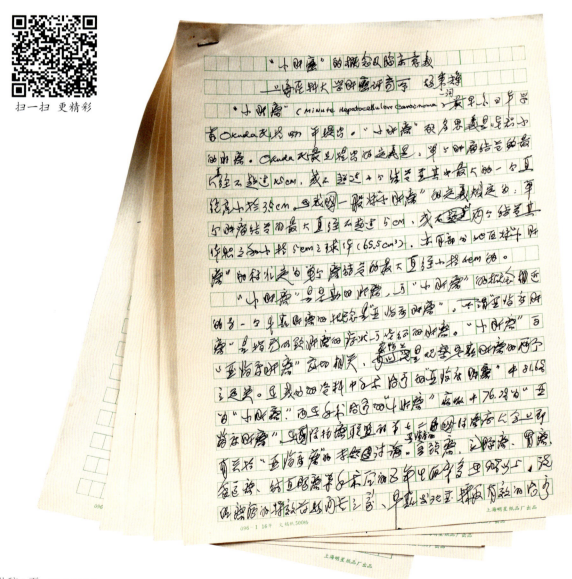

此稿5页，26.9×19.1cm
2013年杨秉辉捐赠

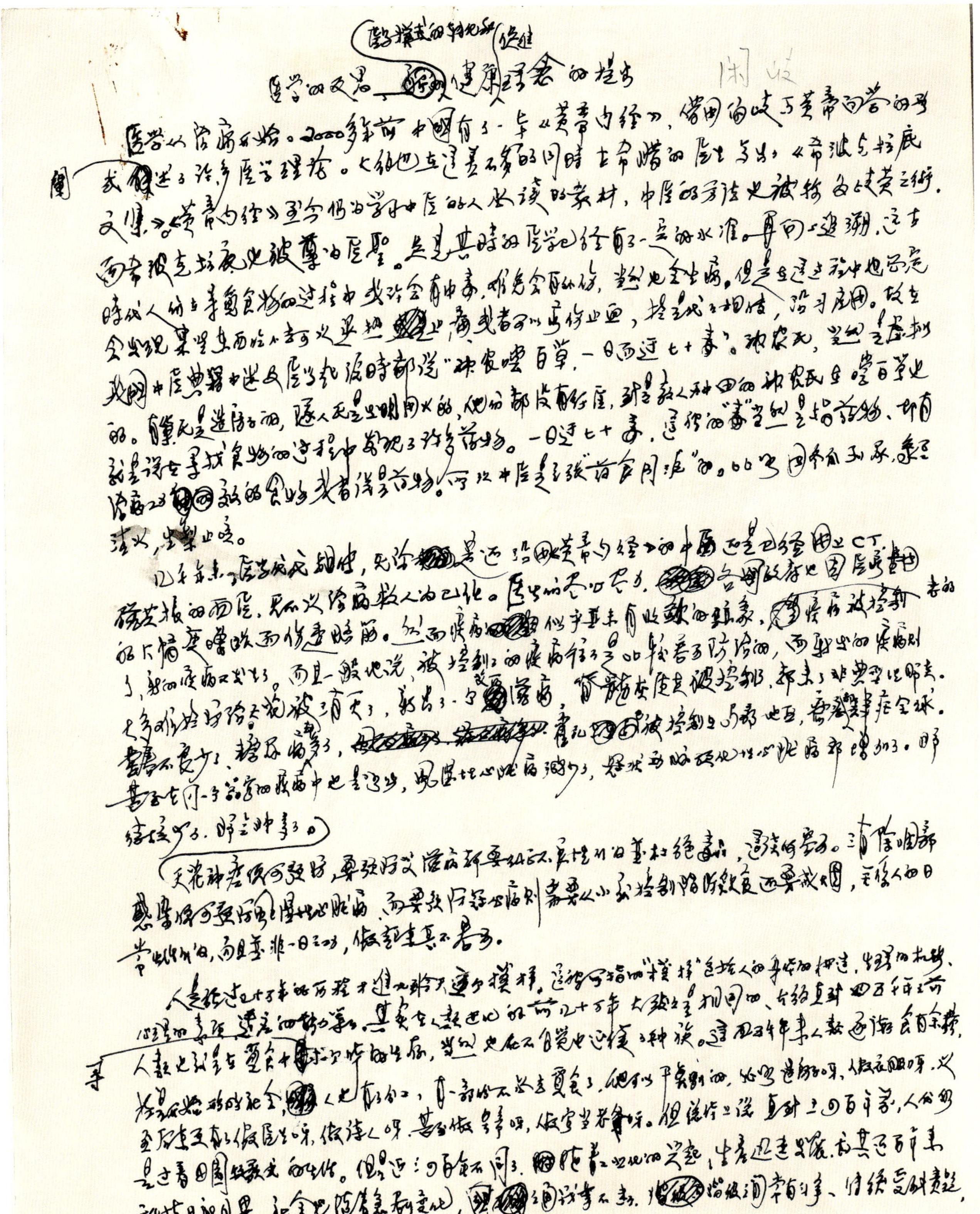

医学的反思——医学模式的转化和健康促进理念的提出

此稿 18 页，28×20.5cm
2013 年杨秉辉捐赠

（刘明辉）

# 杨雄里

杨雄里，1941年出生。神经生物学家、生理学家。1963年毕业于上海科技大学生物系。1982年获日本国立生理学研究所学术博士学位。研究员、所长。1985年至1987年先后在美国哈佛大学、贝勒医学院从事合作研究。1988年至1999年任中国科学院生理研究所所长。1991年当选为中国科学院学部委员（院士）。现任复旦大学神经生物学研究所所长、脑科学研究院院长。主要研究方向为应用免疫组化、膜片钳、细胞内记录、钙成像等多学科技术，研究视网膜神经元回路的信号传递、调制的基础及其机制。1989年、1996年分获中国科学院自然科学一等奖、二等奖；2006年获教育部自然科学一等奖，上海市自然科学一等奖。

## 《实用神经病学》序

此为杨雄里2013年《实用神经病学》（上海科学技术出版社，2014）序言初稿的手稿。黑色和红色字迹皆系作者笔迹，可以看到其写作和修改时严谨入微的治学态度。

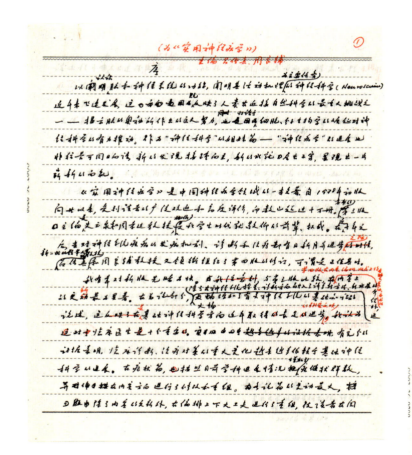

此稿2页，19×16cm
2013年杨雄里捐赠

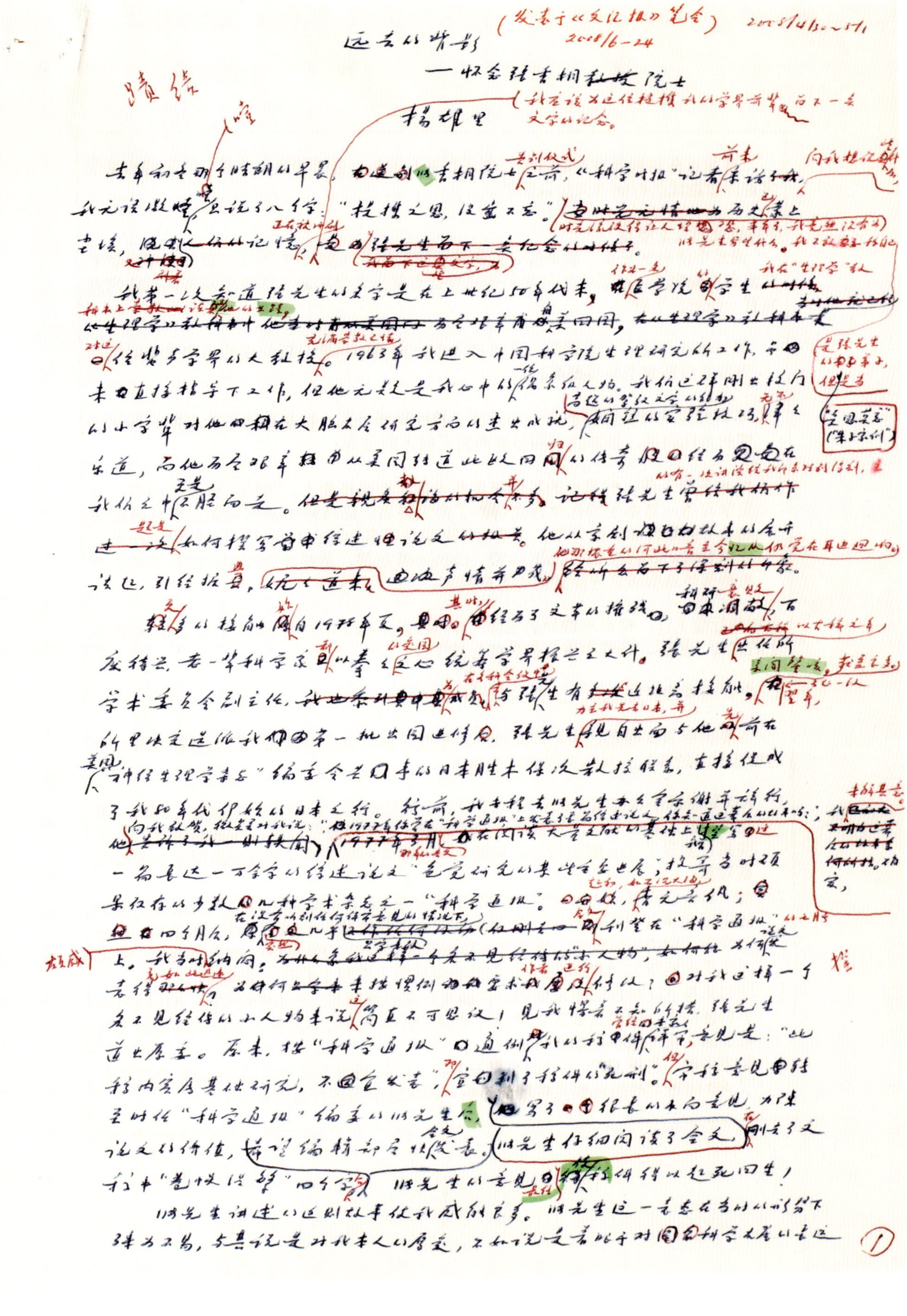
（发表于《文汇报》笔会）
2008/6/24
2008/4/30～5/1
远去的背影
——怀念张香桐院士
杨雄里
①

远去的背影——怀念张香桐院士

此为杨雄里2008年为怀念张香桐院士所写的回忆文章手稿。修改之处较多，字斟句酌，细致入微，敬仰之情跃然纸面。此文定稿后发表于《文汇报·笔会》。

此稿3页，30×21cm
2013年杨雄里捐赠
（刘明辉）

# 周克希

作者简介参见第 110 页

翻译家周克希 1964 年至 1992 年在华东师范大学从事数学研究，以黎曼几何为重点，在数学教学与研究中均有出色的成绩。

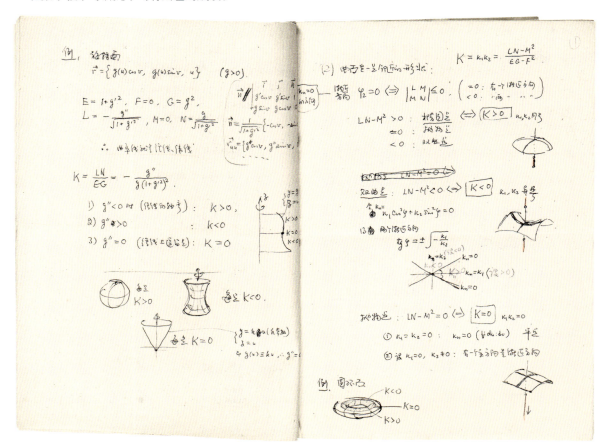

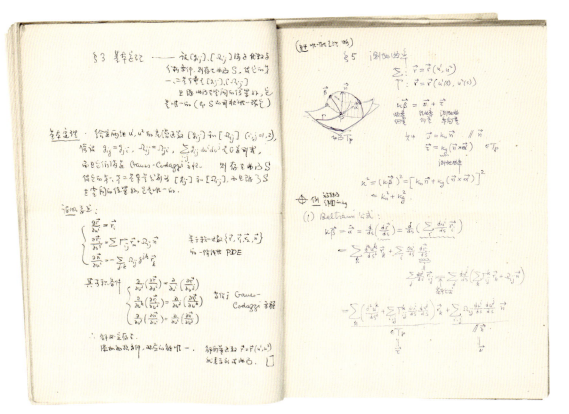

**《微分几何》备课笔记**

此为 1986 年周克希为数学系四年级指定选修课《微分几何》所撰写的备课笔记，主要参考了华裔美国数学家陈省身在数学研究所的演讲内容。

此稿 56 页，27×19.5cm
2014 年周克希捐赠

292

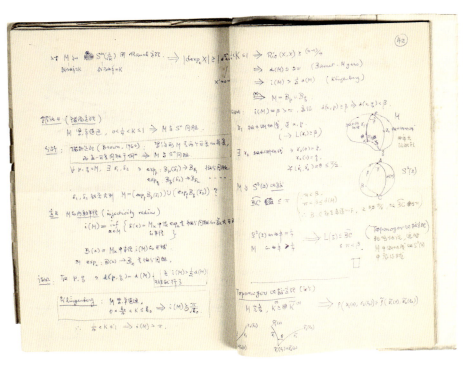

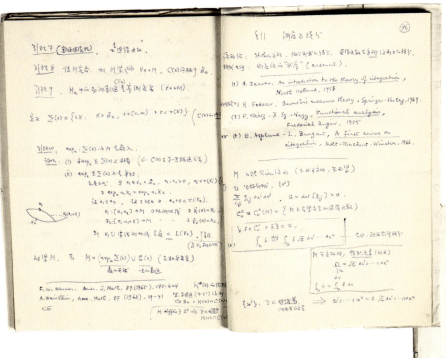

《黎曼几何》研究生课程备课笔记

　　此为 1985 年周克希为研究生授课期间撰写的《黎曼几何》备课笔记，主要参考了美籍华裔数学家伍鸿熙在北京数学研究所夏季讲习班上的讲课内容。

《黎曼几何》备课笔记

d'après H. Wu, Lecture Notes for Summer School Course on Differential Geometry

此稿 117 页，28×19.8cm
2014 年周克希捐赠

## 《微分流形》备课笔记

此为 1986 年周克希为函数论教研室同仁讲《微分流形》的讲课提纲。

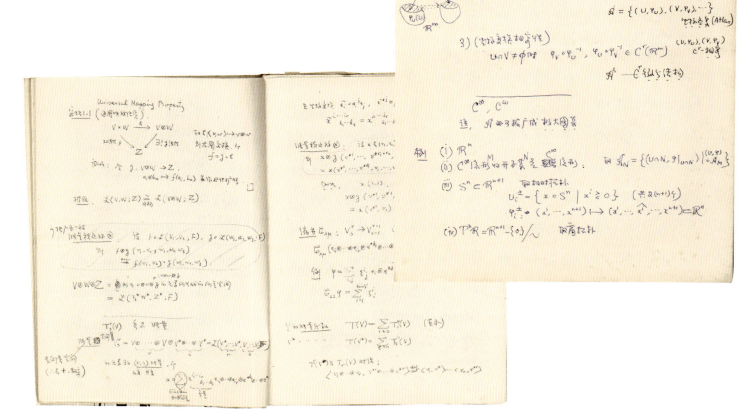

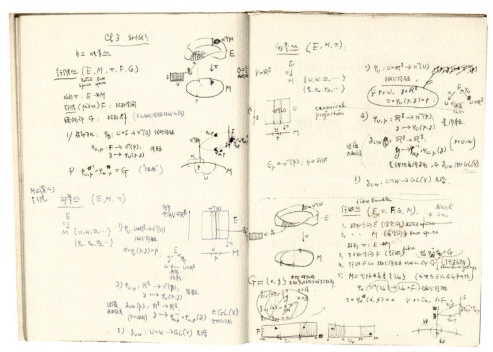

此稿 39 页，27.5×19.8cm
2014 年周克希捐赠
（刘明辉）

# 杨玉良

杨玉良，1952年出生。科学家、教育家。中国高分子化学领域的首席科学家，国家重大基础研究"攀登计划"高分子凝聚态物理基本问题专家组首席专家，中国科学院院士。曾任国务院学位委员会办公室主任、教育部学位管理与研究生教育司司长、复旦大学校长等职务。现为复旦大学中华古籍保护研究院院长。

## 大学的使命和大学生的责任

2009年3月杨玉良担任复旦大学校长后不久，应学校团委和学生会的邀请，就"大学的使命和大学生的责任"做了一次演讲。本手稿即这次演讲的底稿，作于2009年，由钢笔写成，共8页。内容分三部分：第一部分从大学担负着人类文明与民族文化的积淀与传承、大学必须进行思想文化学术的创造及服务于国家与社会三个方面论述了大学的使命和功用；第二部分结合复旦大学实际情况，论述大学生的责任。提出在求学阶段，大学生应抱有理想主义的情怀，尽量充实自己，并在社会服务的实践中锻炼自己的能力；第三部分演讲在"今天我们以复旦为自豪，明天复旦以我们为骄傲"中结束。大致来讲，这篇讲稿初步反映了作者执掌复旦期间所秉持的一些基本治校理念。

此稿8页，29.7×21cm
2019年杨玉良捐赠
（计宏伟）

295

# 乐 谱

*Music Manuscripts*

  乐谱是用符号来记录音乐的方法。作曲家以不同的记谱法记录音乐的手稿，是承载作曲家音乐创作过程的记录。世界上通用的记谱法是五线谱，作曲家以笔在五条平行等距的横线上，以不同的音符和记号组成音乐语言。另一种记谱法是数字简谱，以1、2、3、4、5、6、7代表音阶中的七个基本音阶。作曲家以这两种记谱法创作的手写乐谱是手稿中的一个类别，它同样有从初稿到定稿的不同文本，还有适应不同演奏配器所需要的版本。这类具有独特书写形式的音乐文献中还包括各种原作曲家之外的改编稿和指挥家的批注稿等。作曲家的创作乐谱常以铅笔书写，便于随时修改。

  上海图书馆的音乐文献资源颇具特色，不仅有数万张年代悠久的老唱片，还在2001年设立乐谱阅览室，在国内率先开展乐谱专题公共服务，为上海专业演出机构提供了国际规范的演奏乐谱，并与上海音乐学院图书馆合作，连续专题采购了许多国外出版的乐谱资料，成为国内公共图书馆新版音乐文献收藏最丰富的机构。本馆在此基础上拓展了手稿征集的范围，将乐谱手稿的收藏纳入其中，这是近十余年来本馆从传统的手稿征集向艺术手稿延伸过程中的新收获。这个过程犹如一段美妙的乐章，那一页页乐谱让我们深深地沉浸在悠扬的音符中，耳畔久久回荡着往日熟悉的乐曲。从《唱支山歌给党听》到《接过雷锋的枪》，从《黑猫警长》到《梁山伯与祝英台》选段等，这些具有标志性的音乐之声在几代人的心中都留下了难忘的回响。因此，本馆收藏的乐谱具有明显的时代性，这些音乐作品多为传播广、影响大的名作，深受人民群众的喜爱。这里选收的几位作曲家和指挥家均为上海的乐坛

名家，从 2012 年至今，朱践耳、马革顺和他们的家人连续多次捐赠了乐谱等相关手稿文献，旅居美国的作曲家刘念劬把存沪多年的乐谱全部捐藏于本馆，还有歌唱家陈海燕提供的一批上海名家的名曲名歌手稿。这些文献不仅奠定了本馆乐谱手稿的收藏基础，而且还是上海城市文化建设的宝贵遗产，既令人珍视，也令我们肃然起敬。

2019 年初秋，上海著名指挥家曹鹏和著名作曲家贺绿汀的女儿得知上海图书馆今年的展览计划后，热情地向我们捐赠了一批重要的乐谱，不少是数十年前的手稿。其中既有抗日战场的《游击队之歌》，也有充满乐观精神的《春天里》；还有为普及交响乐、为工人、为自闭症儿童改编的著名乐曲。我们从乐谱中不同时期手写的音符间，可以深切地感知作曲家与指挥家跳动的脉搏和时代的"强音"。

奥地利著名作家茨威格是手稿收藏家，他在回忆录《昨日的世界》中说："我亲眼见到一张贝多芬的手稿，尽管上面涂改得乱七八糟，开始时乐谱和删掉的乐谱纠缠在一起。几处铅笔删去的地方都凝聚着他的才气横溢的创作热情，这时我不胜兴奋，因为从它上面会引起我思想上的无限遐想。"（茨威格《昨日的世界：一个欧洲人的回忆》，三联书店 1991 年版，第 179 页）确实，面对眼前的音乐家手稿，纸上余音犹在，我们怎能不"无限遐想"，静心聆听呢？

# 王云阶

王云阶（1911—1996），曾用名雪林。作曲家。早年积极投身抗日救亡运动，参加冼星海组织并指挥的星海歌咏队，创作了《东北我们的家乡》《我们在炮火中长大》《我们不流泪》《大家站在一条线》等救亡歌曲。此外，主要作品还有《傲蕾·一兰》《新闺怨》《万家灯火》《丽人行》《三毛流浪记》《林则徐》《阿Q正传》等二十余部影片配乐及交响乐、室内乐和歌曲。其中歌曲《小燕子》（电影《护士日记》插曲）获第一届"当代少年儿童喜爱的歌"奖。

傲蕾·一兰

《傲蕾·一兰》是王云阶电影配乐的代表作之一。1977年，王云阶接受了为影片《傲蕾·一兰》作曲的任务，他认为，"作曲家在接受一个新的剧本、接触新的题材之后，需要一个足够的学习酝酿过程，不仅要熟悉新的题材、形式、风格，而且还要熟悉新的音乐语言"。因此自影片成立筹备小组深入生活开始，他就进驻到摄制组中，跟随作家、导演、摄影师等深入黑龙江省和内蒙古自治区体验生活，交流对影片的主题思想、人物性格和风格样式的理解，最后创作了影片配乐，获得了观众的好评。此为《傲蕾·一兰》配乐曲谱手稿。

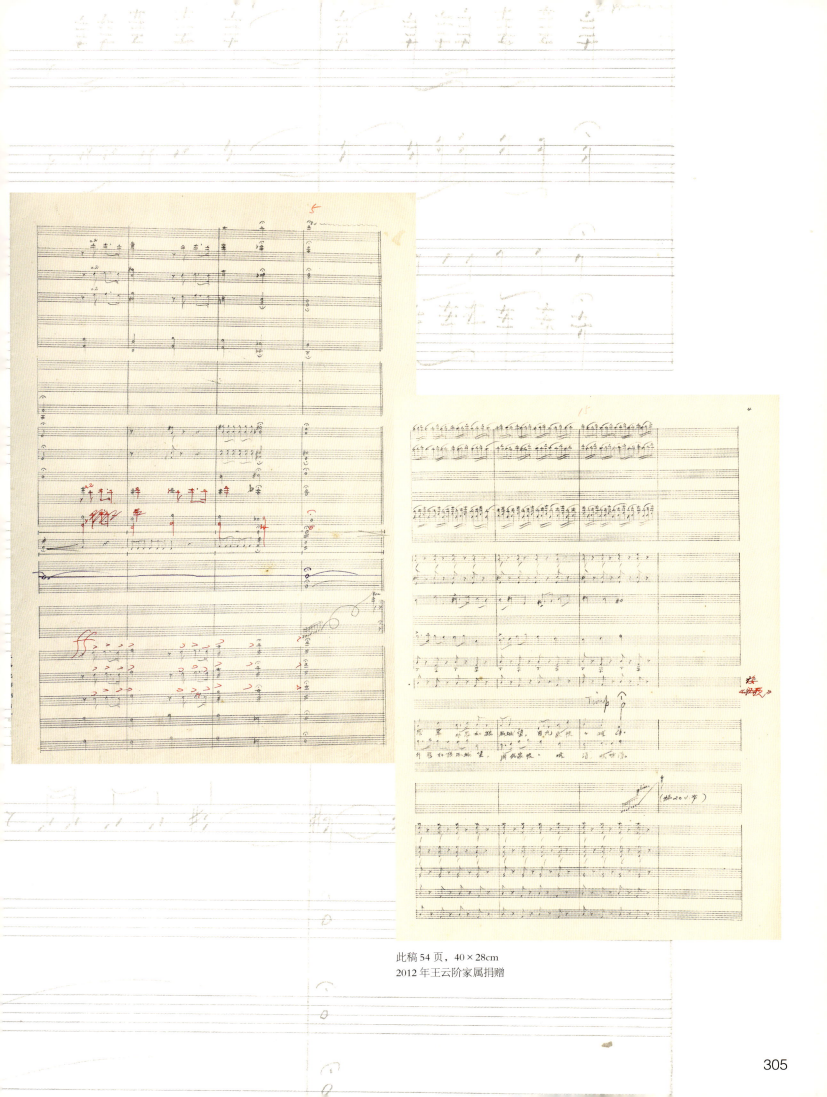

此稿 54 页，40×28cm
2012 年王云阶家属捐赠

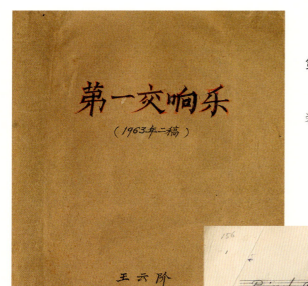

## 第一交响乐

《第一交响乐》是王云阶的交响乐代表作之一。作者自行装帧了曲谱手稿的封面，并注明此稿为"1963年二稿"。

此稿 241 页，40×28cm
2012 年王云阶家属捐赠
（刘明辉）

# 马革顺

马革顺（1914—2015），音乐家，指挥家。1937 年毕业于中央大学音乐系。1947 年赴美国攻读硕士学位。1949 年回国任教于上海音乐学院。1963 年出版合唱学术专著《合唱学》。1981 年美国威斯敏斯特合唱学院授予其"荣誉院士"、1987 年获美国瓦特堡学院"音乐艺术荣誉博士"学位、2001 年获首届中国音乐金钟奖"终身荣誉勋章"、2013 年获"中国合唱协会终身成就奖"、2015 年获国际合唱联盟颁发的"终身成就奖"。

### 淞沪战歌　不久就要天明

抗日战争期间，马革顺怀着爱国热情投身于抗日宣传工作中。他在自传中曾回忆与同学王问奇共同创作《淞沪战歌》《不久就要天明》的过程。王问奇先作了词，"我看了歌词，觉得虽不太规范，但立意很高，直抒胸臆，极富激情。我很快地为这两首词谱了曲，并与我的弟弟马西拉、马以利一起到电台去演唱，我弹伴奏。我们用歌声表达我们坚信'不久就要天明'；我们用歌声颂赞'淞沪抗战'中英勇抗敌的将士，用歌声去激发同胞的民族尊严和抗敌决心"。此为 1937 年马革顺为《淞沪战歌》《不久就要天明》谱曲时的曲谱手稿。

扫一扫　更精彩

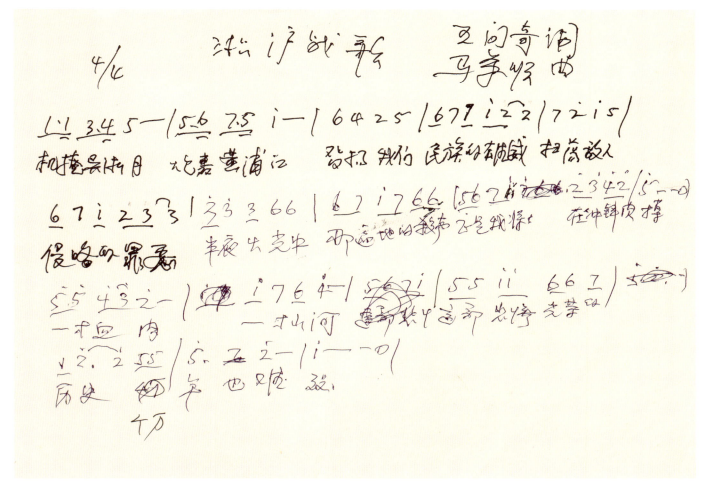

淞沪战歌
此稿 1 页，20.8×29.7cm
2015 年马革顺夫人薛彦莉捐赠

不久就要天明
此稿 2 页，20.8×29.6cm
2015 年马革顺夫人薛彦莉捐赠
（刘明辉）

# 朱践耳

朱践耳（1922—2017），作曲家。上海交响乐团驻团作曲家。朱践耳本名朱荣实，后将名字改为"践耳"，意在决心追随聂耳的足迹，走革命音乐之路。1945 年，朱践耳加入新四军苏中军区前线剧团，1949 年起从事电影作曲，1955 年赴苏联莫斯科音乐学院作曲系深造。在交响乐、室内乐、民乐合奏等创作方面涉猎极广，成就卓越。1991 年获上海首届文学艺术奖杰出贡献奖，2001 年获首届中国金钟奖终身荣誉勋章。代表作有《节日序曲》《黔岭素描》《唱支山歌给党听》《第一交响曲》《接过雷锋的枪》《英雄的诗篇》等。

2013 年起，上海图书馆持续入藏朱践耳及家属捐赠的朱践耳音乐手稿等文献，迄今已入藏 2681 件。文献共涉及九大类，主要是乐谱手稿，包括管弦乐作品、声乐作品、电影及纪录片配乐、独奏作品、歌舞剧音乐、室内乐、乐理练习等。其中有多部朱践耳代表作，如他在苏联留学时创作的交响曲大合唱《英雄的诗篇》手稿。这部作品曾被苏联国家广播电台作为永久性曲目录音收藏，手稿中记录了作者多次修改的面貌以及 1962 年上海之春国际音乐节首演前夕，指挥家曹鹏在排练中作的标记，兼具艺术及史料价值。除乐谱手稿外，还有朱践耳平日作曲时的笔记、创作构思、演讲稿等文字手稿。2017 年朱践耳去世后，他的家属继续向上海图书馆捐赠手稿。

### 《黔岭素描》交响组曲

《黔岭素描》交响组曲 Sketches in Mountains of Guizhou（symphonic suite），包括乐谱 80 页，以及题名、目录、演出信息 8 页。作品作于 1982 年，首演于 1982 年 5 月 10 日第 10 届上海之春国际音乐节，上海交响乐团演奏，指挥曹鹏。收入《朱践耳管弦乐曲集》，由上海音乐出版社出版。

此稿 88 页，39×27cm
2013 年朱践耳捐赠

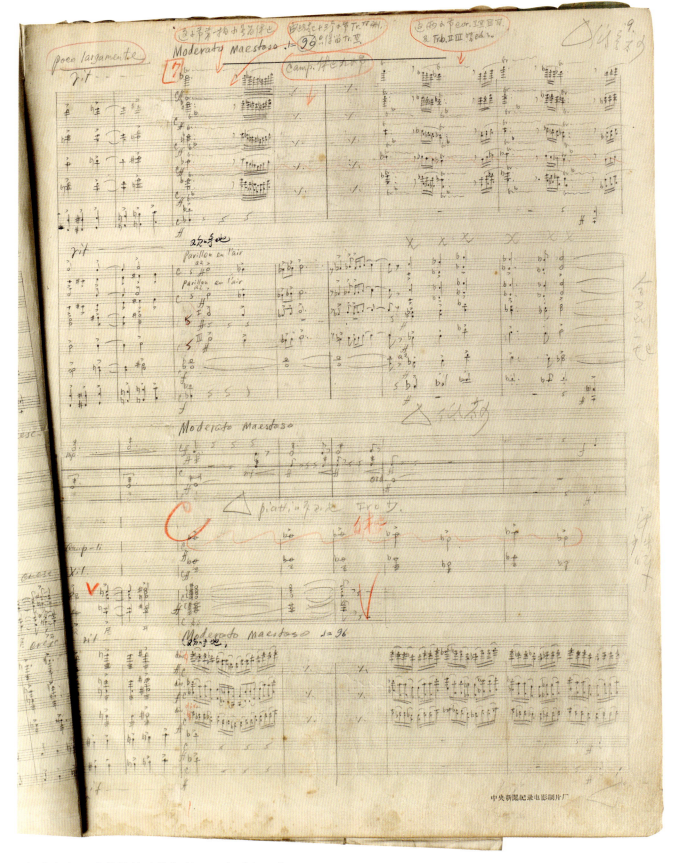

## 交响大合唱《英雄的诗篇》第五乐章《长征》

上海图书馆藏有朱践耳交响大合唱《英雄的诗篇》完整手稿共 762 页，此为第五乐章《长征》。1959—1960 年朱践耳创作于莫斯科，1962、1964 年两度修改，手稿中红笔系 1962 年第 3 届上海之春国际音乐节首演前夕指挥家曹鹏在排练中作的标记。《英雄的诗篇》收入《朱践耳管弦乐曲集》，由上海音乐出版社出版。

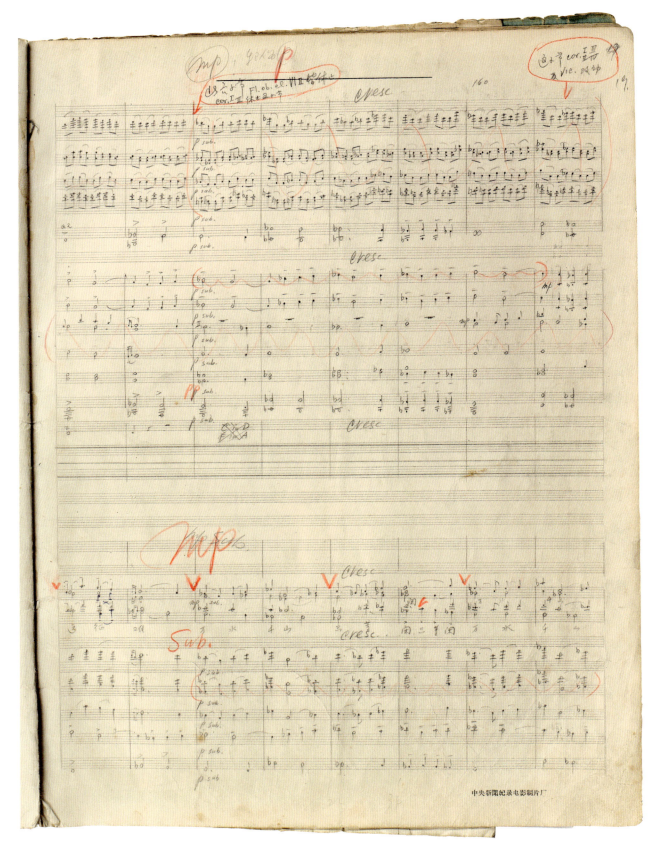

此稿 40 页，44.5×33cm
2013 年朱践耳捐赠

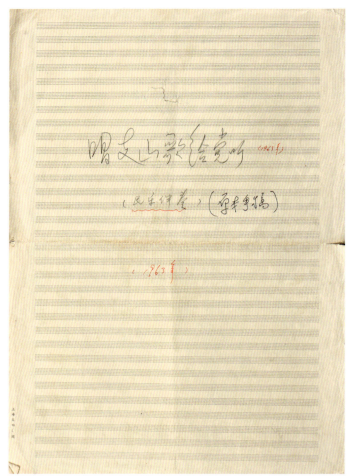

## 《唱支山歌给党听》民族管弦乐队伴奏谱

　　此稿作于 1963 年，标注有"原本手稿"字样。
1963 年 2 月 21 日《文汇报》刊载了这首歌曲，署名"焦萍词，践耳曲"。

此稿 3 页，42×29cm
2013 年朱践耳捐赠

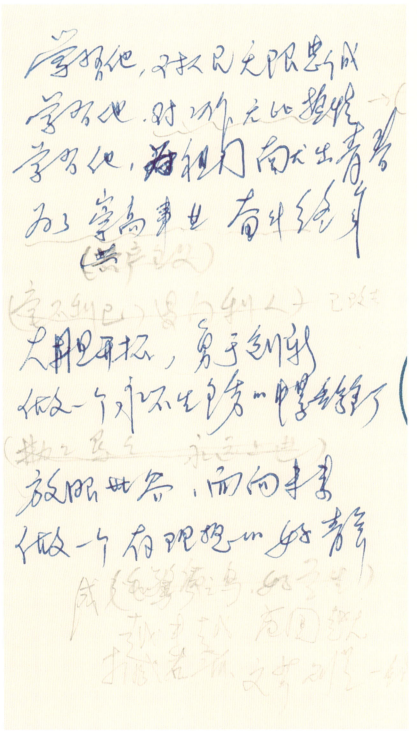

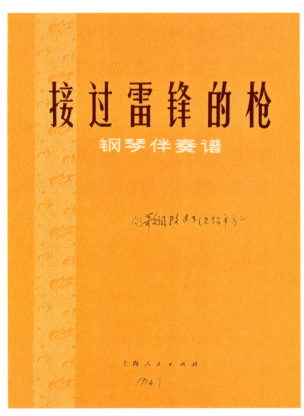

## 《接过雷锋的枪》歌词稿

　　歌词书于卡片背面，蓝色笔迹是初稿，后用铅笔修改，接近发表时的歌词。1963年，《接过雷锋的枪》混声四部合唱谱署名"践耳"，发表于《音乐创作》4月期中。1964年，《文汇报》以"《唱支山歌给党听》《接过雷锋的枪》表达万千群众共同心声，一年来在全国各地广泛传咏，有力地鼓舞着人们奋发向上"为题宣传了这首歌曲。

此稿1页，13.5×11.5cm
2013年朱践耳捐赠
（刘明辉）

# 曹鹏

曹鹏，1925 年出生。指挥家，教育家，慈善活动家。国家一级指挥。1961 年毕业于莫斯科柴可夫斯基音乐学院。回国后历任上海交响乐团常任指挥、音乐顾问，上海乐团总监兼首席指挥，上海室内乐团团长兼首席指挥，上海交通大学兼职教授，上海大学音乐学院名誉院长，上海大学生交响乐团、上海中学生交响乐团总监兼首席指挥。2005 年成立曹鹏音乐中心，创办了国内第一支非职业交响乐团——城市交响乐团和关爱自闭症患儿的"天使知音沙龙"。获国家表演艺术突出贡献奖，全国文化系统先进工作者，上海十大杰出志愿者，上海市教育发展基金会设立的首批"关爱青少年成长特别贡献奖"等荣誉称号。

曹鹏的音乐生涯映衬中国交响乐的发展史。2019 年 9 月曹鹏在女儿曹小夏的陪伴下集中向上海图书馆捐赠了指挥谱手稿多部和使用多年的指挥棒，这些曲谱手稿记录着曹鹏对音乐事业不断奋斗的艺术追求和认真严谨的创作态度，既具有音乐文献价值，又是研究中国交响乐史的宝贵资料。

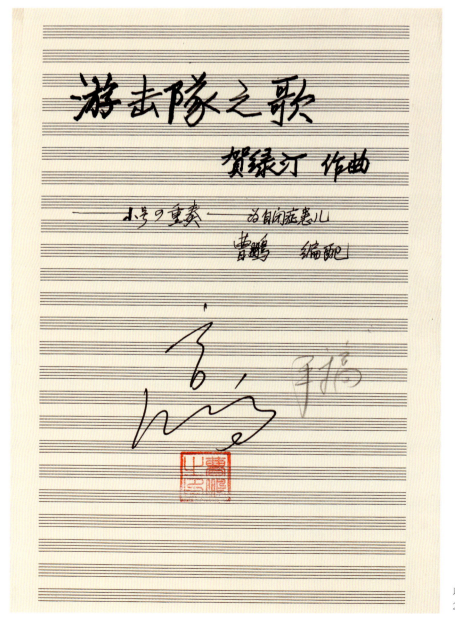

**游击队之歌**

此为曹鹏在《游击队之歌》印刷本上为自闭症患儿编配的乐谱，留有多处手迹，封面有曹鹏的钤印和编配说明。纸页有拼接。

此稿 7 页，39.5×27.5cm
2019 年曹鹏捐赠

曹鹏工作中使用的指挥棒。总长 45cm

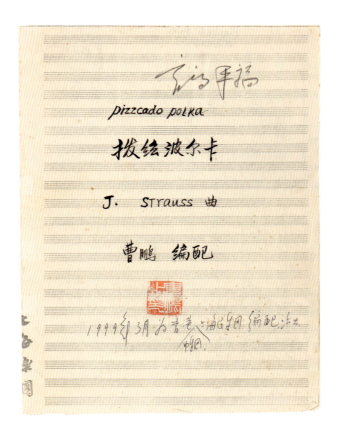

拨弦波尔卡

　　此为 1999 年 3 月曹鹏为香港中乐团、上海民乐团演出编配《拨弦波尔卡》的乐谱手稿，封面有曹鹏的钤印和手稿说明。

此稿 8 页，34×25.5cm
2019 年曹鹏捐赠

## 花儿与少年

　　此为曹鹏编配青海民歌《花儿与少年》的乐谱手稿，含有多种颜色的笔迹。纸页有拼接。

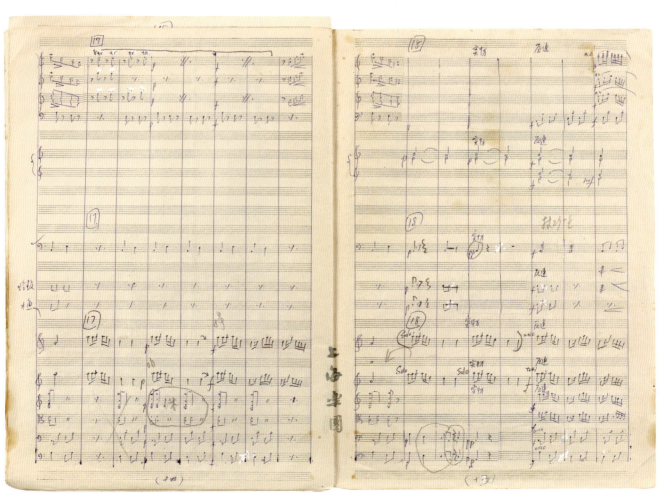

此稿 16 页，38.8×26.5cm
2019 年曹鹏捐赠
（刘明辉）

# 陈钢

陈钢，1935 年生。早在学生时代即以小提琴协奏曲"梁祝"（与何占豪合作）斐声乐坛。之后创作的《金色的炉台》《苗岭的早晨》《阳光照耀着塔什库尔干》和小提琴协奏曲《王昭君》等，均已成为著名的中国小提琴音乐文献。他还创作了中国第一首双簧管协奏曲《囊玛》和第一首竖琴独奏曲《渔舟唱晚》。近年创作的戏曲风三重奏《惊梦》《情殇——霓裳骊歌杨贵妃》等乐曲，将中国戏曲与室内乐融为一体，创造了独树一帜的美丽音画。

## 《梁祝》选段 "楼台会"

此手稿 20 世纪 80 年代作，系陈钢将《梁祝》中的"楼台会"改编成弦乐队（加入钢琴）伴奏的曲谱手稿，以铅笔创作。陈钢至今保持用铅笔作曲的习惯，创作过程流畅，曲谱手稿常在不经意间加入美学元素，体现作者细腻唯美的情怀。

扫一扫 更精彩

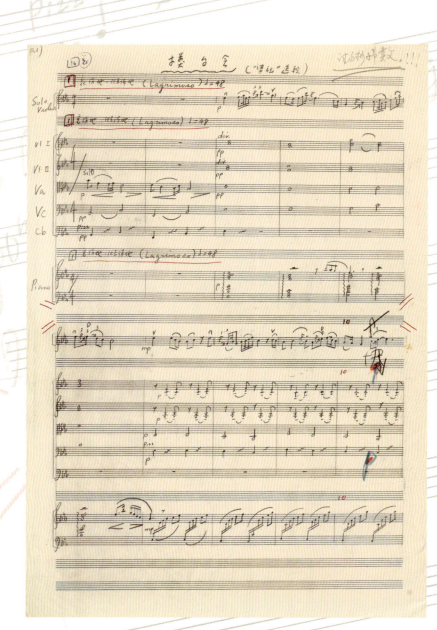

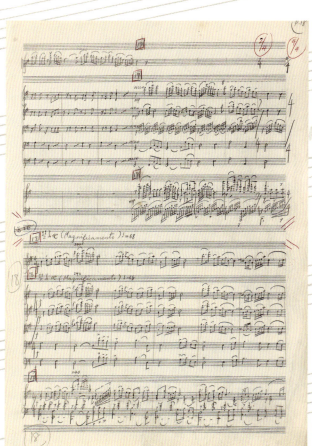

此稿 1 册，20 页，39×27cm
2014 年陈钢捐赠

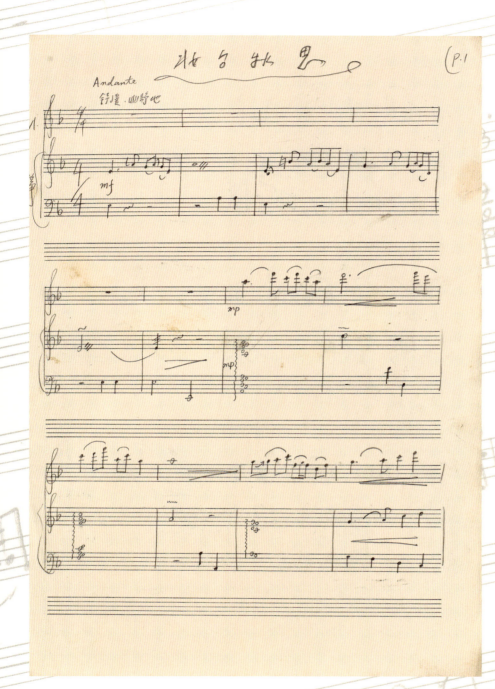

## 妆台秋思

　　《妆台秋思》作于 20 世纪 80 年代，手稿为小提琴与钢琴合奏谱，以铅笔书写，在乐谱封面和首页分别有以艺术字书写的作品名，体现了作者对美感的不懈追求。陈钢在专业作曲家的身份外还是一位散文作家及艺术设计者，亲自设计了上海音乐学院工作室的配色与布局，使其充满音乐的韵律和节奏感，曾获多家媒体报道，他还为自己的散文著作封面、音乐会册页做美术设计，将自己对音乐的理解融入到现实生活中的各个方面。

此稿 1 册，9 页，39×27cm
2014 年陈钢捐赠
（刘明辉）

# 刘念劬

刘念劬，1945 年出生。国家一级作曲家，钢琴家，英国剑桥第 54 届世界文化名人。现任上海音乐学院专聘教授、上海音乐学院社会教育学院首席顾问教授。曾任上海市文化局常务副局长、上海音乐家协会副主席。曾获首届上海文学艺术奖及上海艺术成果奖等荣誉。代表作有第一交响曲《天伦》（2015 年）、大提琴协奏曲《漫步——我走进庄严的一大会址》（1979 年）及六场神话舞剧《凤鸣岐山》（1983 年）等。

### 电视剧《封神榜》舞蹈音乐

从 1980 年代初开始，刘念劬着手创作商周题材的音乐作品，以古曲原素为切入点，塑造了富有想象力的远古人物音乐主题，同时呈现出经典音乐通俗化的特色。他还作为主创人员，参与了电视剧《封神榜》全剧音乐的创作，作曲家马友道、潘国醒完成配器，奚其明任音乐顾问。

扫一扫 更精彩

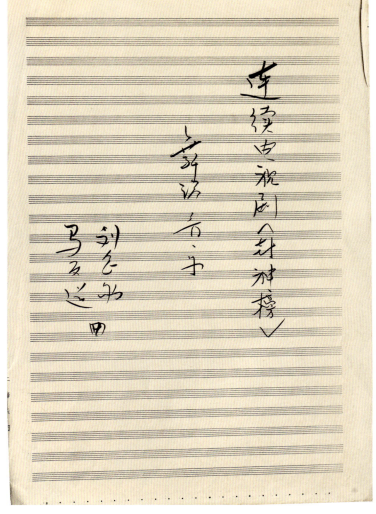

此稿 5 页，39×27cm
2014 年刘念劬捐赠

美术片《黑猫警长》音乐

　　1984 年刘念劬还与女作曲家蔡璐共同完成了美术片《黑猫警长》主题曲和全片配乐的创作。作品旨在体现主人公除暴安良、守护森林公民的大爱，对社会大众产生了积极向上的影响。

扫一扫　更精彩

此稿 62 页，39×27cm
2014 年刘念劬捐赠
（刘明辉）

# 画 稿

Sketches of Paintings and Designs

　　在视觉艺术作品的创作过程中，设计作为一种主观的形象思维，是实现创作目标的表现形态。这一创作过程中的不同形态的设计稿，显现了艺术家的造型能力与抽象或具象的表达方式。此类画稿为人们理解作品的形象生成与意义提供了观察的视角。画稿作为手稿的一个类别，其生成形态具有多重性，它以线条、色彩、构图及其组合规律的艺术语言塑造艺术形象，以追求形式美为价值取向，不断更改变换，为作品最终呈现出来的物化形式，留存了不同层次不同阶段的创作意图。绘画手稿与完成创作目标的作品相比，虽然会有程度不一的形式与结构差距，但它正是艺术家创作的语言，是艺术构思与内容叙述的视觉化形象记录，素描、速写均是一种表达的方式。通过画稿可透视艺术家多维的艺术心灵世界，直达作品的丹青底色。

　　本馆视觉艺术作品的收藏主要始于上海图书馆淮海中路新馆落成时向国内书画家的征集。这批作品奠定了中国文化名人手稿馆艺术作品的馆藏基础，之后陆续接收了北京著名诗人、书籍装帧艺术家曹辛之夫人赵友兰，上海著名书籍装帧艺术家钱君匋捐赠的画稿，其中有书刊封面、篆刻字体等设计稿。近年来本馆主动征集的画稿以上海画家彭鸣亮所捐赠的数量最多，2013 年元旦，我们在本馆举行了首个画稿展览——《彭鸣亮画稿作品展》，同时由上海书画出版社出版了《线之美：彭鸣亮画稿作品选录》，成为手稿馆画稿征集的成功范例。因此，画稿成为我们在文字手稿之外又一新增的手稿文献类型。本书选录了近年征集的部分特色收藏，主要有漫画家张乐平、丁聪、戴逸如、郑辛遥的画稿，版画家

《三毛学法》画稿一组

《三毛学法》之"戳穿西洋镜",1985 年至 1986 年作
此稿 1 页,27×39.1cm
2009 年张乐平后人捐赠

《三毛学法》之"爱绿化,结大果",1985 年至 1986 年作
此稿 1 页,27×39.1cm
2009 年张乐平后人捐赠

《三毛学法》之"马路不能当球场"，1985 年至 1986 年作
此稿 1 页，27×39.1cm
2009 年张乐平后人捐赠

《三毛学法》之"天晴何来雨"，1985 年至 1986 年作
此稿 1 页，27×39.1cm
2009 年张乐平后人捐赠

《三毛流浪记选集》封面设计稿

1954 年作，由华东人民美术出版社于 1954 年 8 月出版。

此稿 1 页，25.4×28.1cm

2009 年张乐平后人捐赠

（刘明辉）

# 杨可扬

杨可扬（1914—2010），版画家。历任上海人民美术出版社副总编辑、中国版画家协会副主席、上海市美术家协会副主席、上海版画会会长、《辞海》编委会委员、《中国美术大词典》副主编等。20 世纪 30 年代开始抗日宣传活动，全身心投入由鲁迅先生倡导的新兴木刻运动。被国家授予"中国新兴版画杰出贡献奖"。享受国务院政府特殊津贴。作品被国内外美术馆、博物馆、图书馆等机构收藏，有《杨可扬画集》《可扬藏书票》等著作近十种。

扫一扫 更精彩

上海图书馆藏有杨可扬版画和藏书票作品百余件。杨可扬的作品在线条和色彩方面具有鲜明的个人特色，画稿中亦有充分的体现。上海图书馆的版画收藏工作与杨可扬的捐赠与支持密不可分。1996 年，杨可扬率先向本馆捐赠了其在全国美术作品展览的获奖作品。2008 年，上海图书馆版画收藏工作正式启动，杨可扬再次带头捐赠作品，并积极动员上海版画家参与本馆的版画专藏捐赠。十余年来，上海图书馆版画手稿收藏工作取得了丰硕成果，受到了国内版画界与图书馆界的关注。

### 鱼米之乡

画稿，约 1986 年作，毛笔，卡纸。画稿背面标有作品名称。

此稿 1 页，15×19.5cm
2016 年杨可扬之女杨以平捐赠

328

山村小路

画稿。彩色水笔，卡纸。

此稿 1 页，19.8×14.6cm
2016 年杨可扬之女杨以平捐赠

黄山写生

画稿。1980 年作，
彩色水笔，卡纸。

此稿 1 页，19.8×14.6cm
2016 年杨可扬之女杨以平捐赠

陆家嘴

画稿。水笔，卡纸。

此稿 1 页，17.5×14.8cm
2016 年杨可扬之女杨以平捐赠

瓶花

画稿。彩色水笔，卡纸。

此稿 1 页，8.6×7.4cm
2016 年杨可扬之女杨以平捐赠
（刘明辉）

# 丁聪

丁聪（1916—2009），漫画家，文化艺术活动家。20世纪30年代开始发表漫画。抗日战争期间从事画报编辑、舞台美术设计、艺专教员和抗战宣传画创作，曾主编《清明》文艺杂志。中华人民共和国成立后，历任《人民画报》副总编辑，全国青联常委兼副秘书长，中国美术家协会理事和漫画艺术委员会主任，全国政协委员。在《读书》杂志开辟漫画专栏达20年。主要作品有《鲁迅小说插图》《丁聪插图》《古趣集》《丁聪漫画选》《丁聪画集》《丁聪漫画》《丁聪插图集》等，为鲁迅、茅盾、老舍等众多作家的文学作品创作了大量插图作品，以形象概括、线条凝练、富有神韵闻名海内外。

## 《二马》插图画稿

此为丁聪应胡絜青之邀为老舍创作的《二马》插图画稿。此前他已为老舍作品《骆驼祥子》《四世同堂》《牛天赐传》《老张的哲学》创作了插图。据丁聪自述，他"爱读也爱画老舍先生的小说"，在作画之前先后重读了三遍此作品，每读一遍都不断令他"发出含泪的微笑"，也不断使他激动、气愤。由此，他怀着爱国主义热情投入创作，将这部作品视为"极为深刻的爱国主义课本"，在画稿中使用有力的笔触和果断的线条，再现了鲜明的人物性格和生动的故事情节。创作画稿前，丁聪还特意单独设计了情节中涉及的建筑和摆设。发表后的作品基本按照画稿的构图和形象，完善了细节，成为一套成功的名著插图作品。

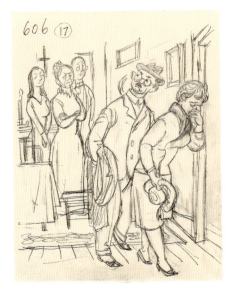

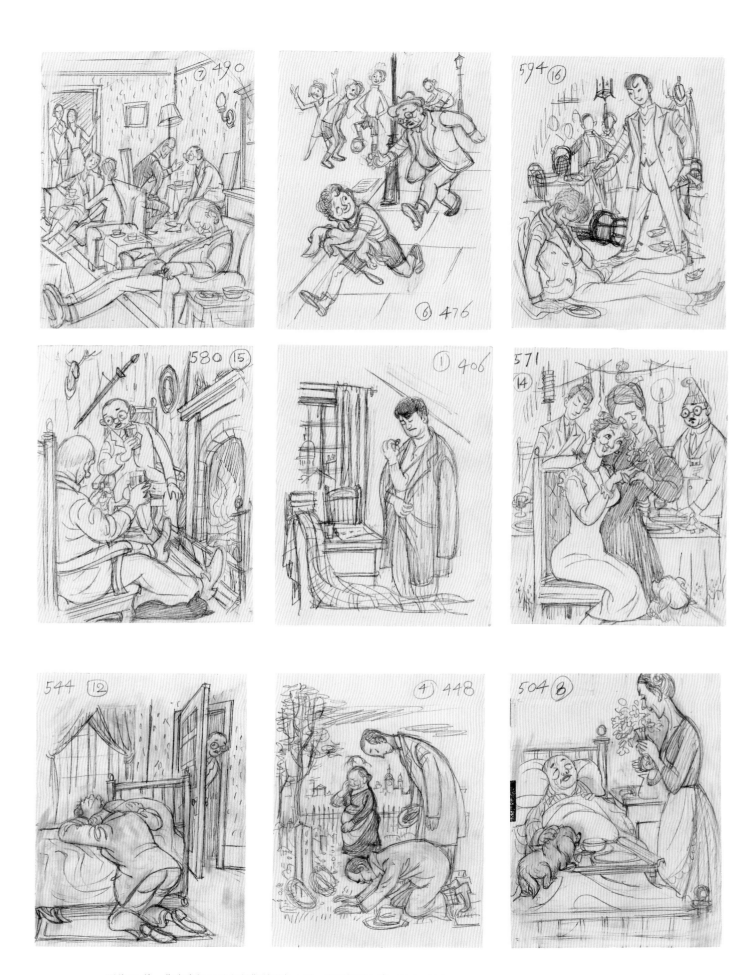

画稿 22 件，作者自拟目录和创作说明各 1 页，附原信封 1 件。13.4×10.1cm

2019 年丁聪之子丁小一捐赠

（刘明辉）

# 杨秉辉 作者简介参见第 286 页

### 上海外滩

钢笔速写画稿。2012
年作，卡纸。

扫一扫 更精彩

此稿 1 页，26.5×36.7cm
2013 年杨秉辉捐赠

### 加拿大多伦多

钢笔速写画稿。2010
年作，卡纸。

扫一扫 更精彩

此稿 1 页，19.5×27cm
2013 年杨秉辉捐赠
（刘明辉）

# 赵佐良

赵佐良，1944 年出生。高级工艺美术师，享受国务院政府特殊津贴。设计经历逾五十年，代表作品有留兰香牙膏、凤凰珍珠霜、石库门上海老酒，以及光明乳业、红宝石食品、可的便利店、上海之春国际音乐节、大世界基尼斯纪录等标志设计。凤凰珍珠护肤品礼盒设计荣获"中国之星"和"世界之星"包装大奖。

赵佐良于 2015 年向上海图书馆集中捐赠了设计手稿 200 余件，上海图书馆在"上海客堂间"为其举办"上海色香味——赵佐良设计手稿展"，获得市民读者的共鸣和好评。

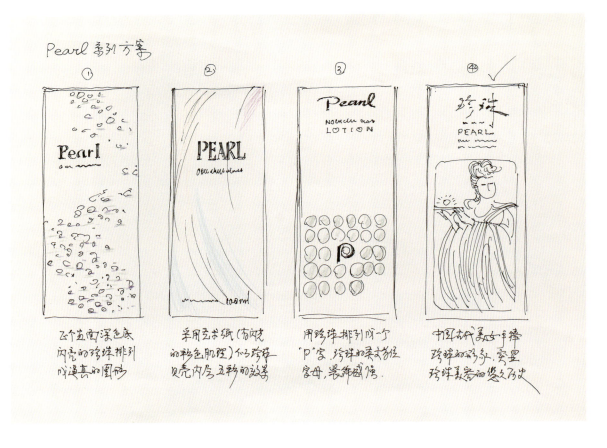

此稿 2 页，尺寸不一
2015 年赵佐良捐赠

## 珍珠护肤品系列包装设计

此为凤凰珍珠护肤品系列包装设计手稿，1979 年至 1980 年作。设计手稿中尝试了四种不同的包装设计画面，最终选择的方案是手捧珍珠的古代仕女形象，较好地表现了中国珍珠美容的悠久历史。瓶身造型借鉴中国传统瓷器花瓶，采用哑光银色艺术纸包装，体现出古朴典雅的艺术效果。该设计荣获 1995 年"中国之星"和"世界之星"双重包装设计大奖。

扫一扫 更精彩

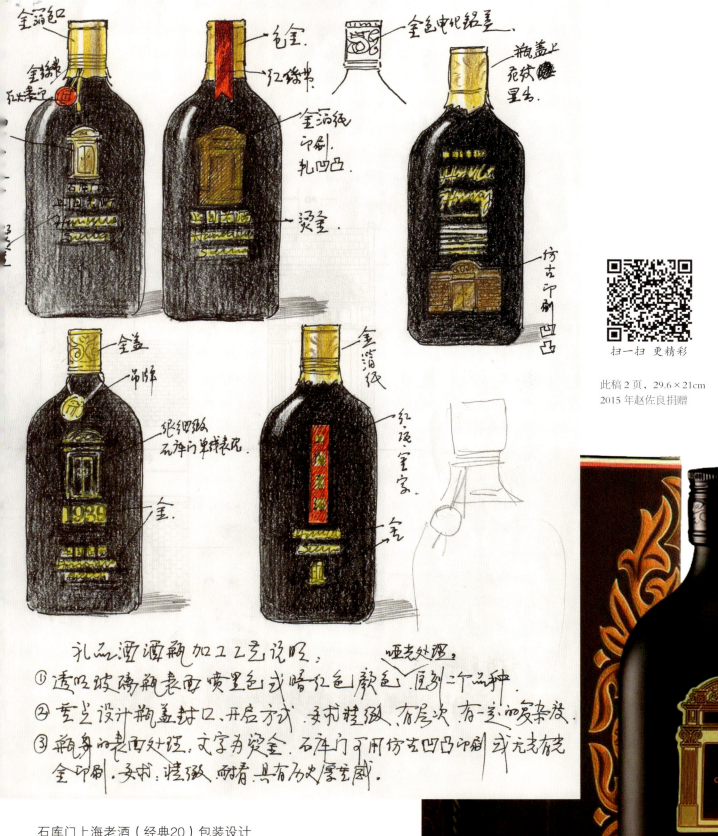

此稿 2 页，29.6×21cm
2015 年赵佐良捐赠

## 石库门上海老酒（经典20）包装设计

　　此为赵佐良 2003 年创作的石库门上海老酒（经典 20）包装设计手稿。瓶身设计为哑光黑色玻璃瓶，在装饰上作了多种尝试，以求塑造高雅的产品形象。在黑色瓶身上加入一扇金色的石库门，代表上海文化记忆中的经典形象。设计将产品名直接烫印在瓶子上，包装盒设计突出了石库门的门头花样，以期在统一中实现变化和个性。

## 王宝和酒包装设计及效果图

　　这款 2000 年创作的设计手稿分别是品牌形象和造型设计的构想，赵佐良对品牌形象设计作了多种尝试，最终借鉴了绍兴兰亭中二王碑里双龙戏珠的图案，并把"王宝和"三字融入其中，上下左右书写了两个"王宝和"，以表达"通达为王，风物为宝，平正为和"的品牌理念。产品造型设计受到了绍兴当地温酒壶形状启发，加以演变而设计了酒瓶形象，包装图形色彩庄重。

扫一扫 更精彩

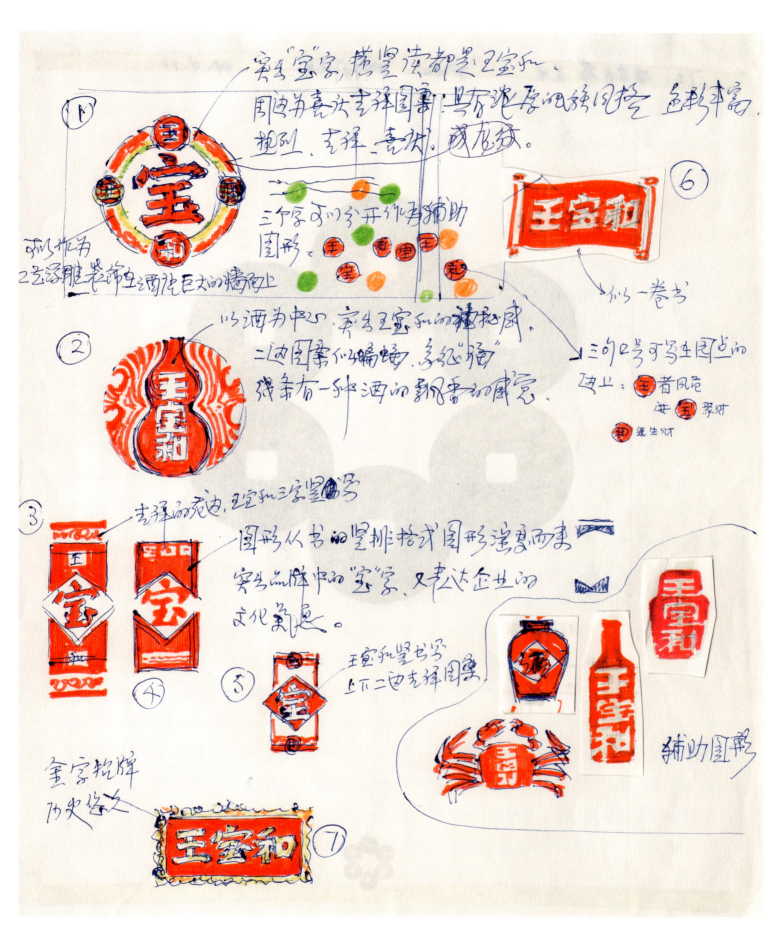

此稿 3 页，尺寸不一
2015 年赵佐良捐赠

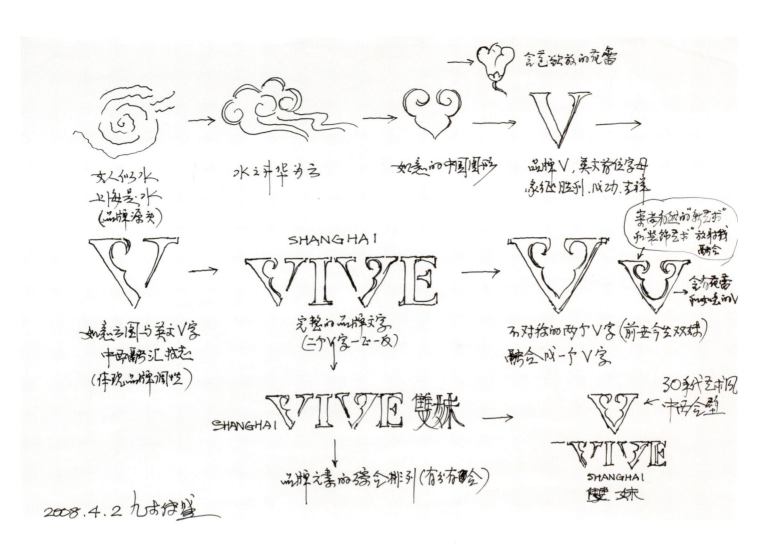

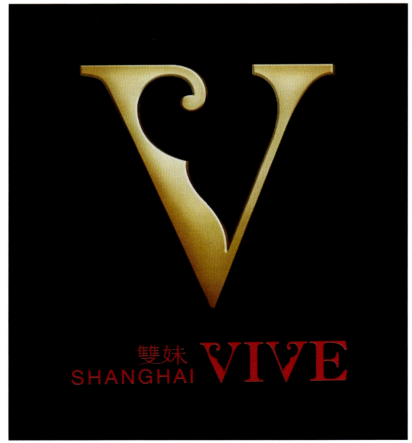

"双妹"品牌设计及效果图

  2008 年作，手稿表现了设计思维的创意过程，将 "V" 字和中国如意祥云融合，表达了 "东情西韵" 品牌理念，在 VIVE 四个字母中，嵌入了两个具有设计感的 "V"，左右相对，隐藏了 "双妹" 中 "双" 的含义，在应用和传播中取得了良好的效果，是一个新颖独特的英文品牌设计。

扫一扫 更精彩

此稿 2 页，尺寸不一
2015 年赵佐良捐赠

### 光明乳业标志设计及效果图

　　1998 年作，原标志为红色，犹如一把火炬，手稿中的设计方案是在原标志基础上的改进和提升，采用了红、白、蓝三色，红色代表热情，白色代表牛奶，蓝色则代表了科技，三种色彩都与光明乳业经营理念相关，具有强烈的辨识度。效果图为光明乳业企业门口标志与企业名称的组合，与旗帜的视觉效果和谐统一。

（刘明辉）

# 戴逸如

戴逸如，1948 年出生。作家、画家、创造学学者。以文并图独树一帜，创造"牛博士"形象，引进卡通开水墨新风。出版作品《天·人·书》《思想是舍利子》《随想录绘本》《我在天上读人间》《上海标记》《般若花开》《樱桃好吃》《航标灯》等数十种。

此稿 1 页，26.8×19.3cm
2019 年戴逸如捐赠

上海图书馆藏有戴逸如画稿一百余件，其中包括他创造的"牛博士"形象画稿和定稿，以及为巴金《随想录》所绘插图的画稿和定稿等。作者多在文稿纸背面以铅笔进行绘画创作。

95.12.27《新民晚报》

### "牛博士"形象画稿和版权注册像

"牛博士"是戴逸如创造的卡通形象，1995 年在上海市新闻出版局版权处注册，是我国最早获得国家版权机构注册的卡通形象。1997 年起举办了多场"牛博士"展览会，在多张报纸上开设"牛博士"专栏。"牛博士"形象结集出版近二十种。《新民晚报》牛博士专栏获中国新闻奖报纸副刊好专栏一等奖。此为"牛博士"形象画稿和版权注册时的标准像。

### "牛博士"不同时期的造型

约 2000 年作，在稿纸背面以铅笔进行绘画创作。

此稿 2 页，26.8×19.3cm
2019 年戴逸如捐赠

“牛博士”之“琴音心声”初稿和定稿

“牛博士”之“琴音心声”定稿，2019 年作，宣纸
此稿 1 页，23.5×21.7cm
2019 年戴逸如捐赠

扫一扫 更精彩

“牛博士”之“琴音心声”初稿，2019 年作
此稿 1 页，26.8×19.3cm
2019 年戴逸如捐赠

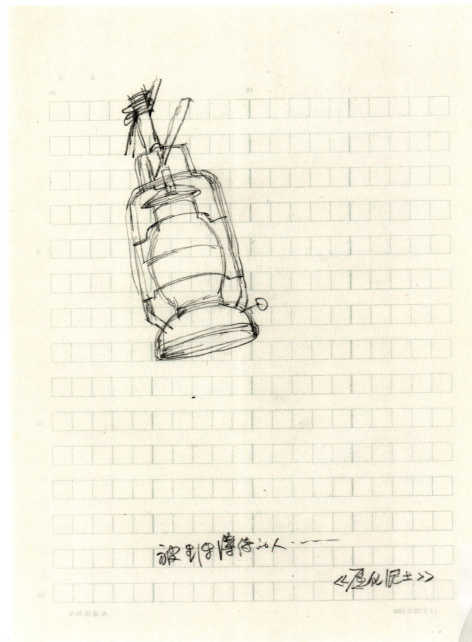

《随想录绘本》"愿化泥土"插画画稿
此稿 1 页，26.8×19.3cm
2019 年戴逸如捐赠

### 《随想录绘本》画稿两种

　　《随想录》是巴金晚年力作，闪烁着不朽的思想光芒。2003 年，为庆贺巴金百岁寿诞，戴逸如创作了《随想录绘本》。戴逸如精选警句，然后用打散构成的手法，把这些语录处理得有头有尾、起承转合，宛如一篇篇散文。然后配图百幅。《随想录绘本》，2003 年由上海辞书出版社出版，2019 年由海豚出版社重版。作者于 2009 年将该书 101 幅插图手稿捐赠本馆收藏。

《随想录绘本》"愿化泥土"插画定稿，卡纸
此稿 1 页，29.6×21cm
2009 年戴逸如捐赠

《随想录绘本》"我和文学"插画画稿
此稿 1 页，26.8×19.3cm
2019 年戴逸如捐赠

《随想录绘本》"我和文学"插画定稿，卡纸
此稿 1 页，29.6×21cm
2009 年戴逸如捐赠

（刘明辉）

# 徐龙宝

徐龙宝，1952 年出生。上海大学美术学院教授。曾任上海市美术家协会理事，上海市美术家协会版画艺术委员会副主任。出版木刻作品集、版画教材等 8 本，多次在国内外举办个人画展，作品获第七届全国美术作品展银奖、全国第六届藏书票展金奖、第十八届全国版画展中国美术提名奖、中国鲁迅版画奖及上海市优秀人才奖。作品"中国神舟五号首次载人飞行成功纪念藏书票"曾随神舟五号遨游太空。

《中国神舟5号首次载人飞行成功纪念藏书票》设计稿

版画家徐龙宝也是藏书票艺术家，2003 年初应《中国航天报》和上海贝塔斯曼公司之邀创作藏书票，历经上百次的修改和逐层评审，最终入选。作为神舟五号搭载物之一，于 2003 年 10 月 15 日 9 时在酒泉发射中心随神舟五号升空，历时 21 小时 23 分，于 16 日 6 时 23 分着陆，成为世界上首张由载人飞船搭载巡天的藏书票。本馆共入藏此藏书票草稿 8 张，尺寸不一。

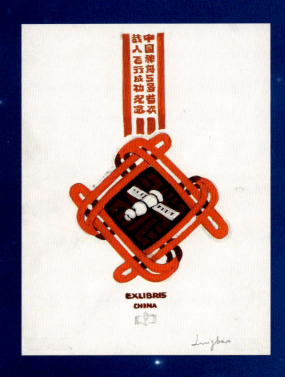

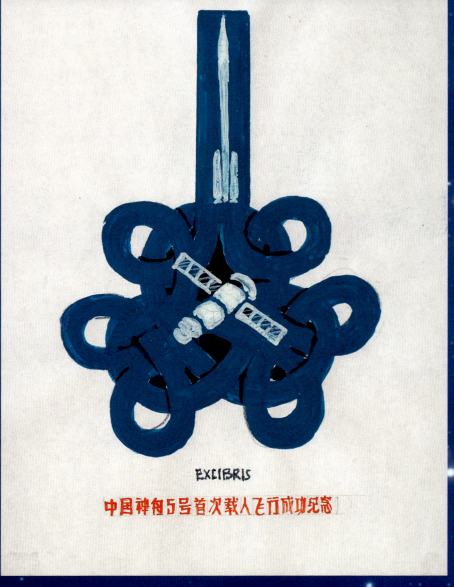

此为最接近定稿的两张设计稿
2003年徐龙宝捐赠

附：中国神舟 5 号首次载人飞行成功纪念藏书票

此为同批上天的 25 张藏书票之一。票面上有中国载人航天工程飞船系统总指挥袁家军、中国载人航天工程系统总指挥黄春平、中国载人航天工程飞船系统总设计师戚发轫和中国载人航天工程火箭系统总设计师刘竹生签名。此藏书票附有公证书。

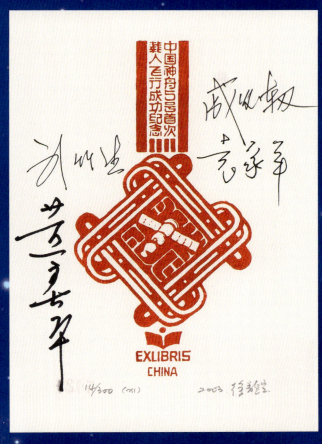

15×11cm

2003年上海贝塔斯曼公司和徐龙宝共同捐赠
（刘明辉）

# 郑辛遥

郑辛遥，1958 年出生。漫画家。现任中国美术家协会理事、中国美术家协会漫画艺术委员会副主任、上海市美术家协会主席、上海市文联副主席。曾任新民晚报社《漫画世界》常务副主编、《新民晚报》美术部主任，第 9 至 13 届全国美术作品展览评委。漫画作品曾在比利时、意大利、日本等国际漫画大赛中获奖。其代表作品《智慧快餐》系列漫画曾获第八届全国美术作品展优秀奖、第三届上海文学艺术优秀成果奖，三次获上海新闻漫画一等奖。1998 年被评为上海首届德艺双馨文艺家，2009 年获第 9 届上海长江韬奋奖。

《智慧快餐》漫画

郑辛遥《智慧快餐》系列漫画专栏开设于 1992 年 10 月，发表于《新民晚报》副刊"夜光杯"，二十七年来共发表作品 1300 余幅。《智慧快餐》系列漫画先后由上海人民出版社、华东师范大学出版社、联经出版社、三联书店（香港）等汇集出版。此为郑辛遥《智慧快餐》专栏作品"若想抬头，先得埋头"画稿，2008 年 7 月 27 日发表于《新民晚报》。

扫一扫 更精彩

若想抬头，先得埋头

此稿 1 页，32.7×28cm
2019 年郑辛遥捐赠

## 《漫条思理》封面设计稿

《漫条思理——郑辛遥智慧快餐漫画大全集（1）》，2012年8月由华东师范大学出版社出版。该书封面由郑辛遥设计，利用作品中的"漫画线条"，把五幅漫画连接起来，成为该书的封面。

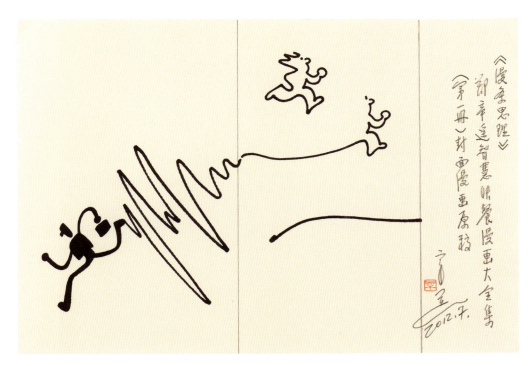

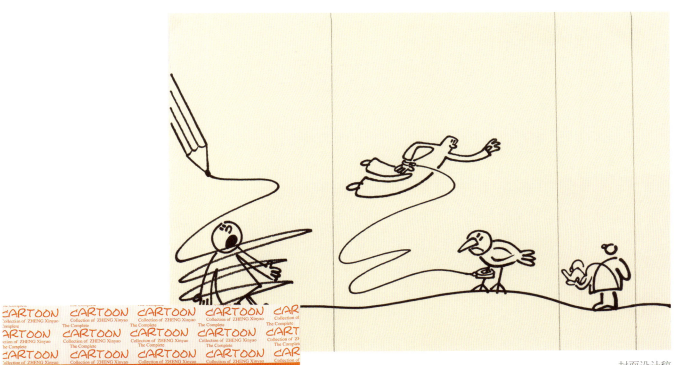

封面设计稿
此稿 2 页，26.5×38cm
2019 年郑辛遥捐赠

封面效果图
此稿 1 页，30.5×40.5cm
2019 年郑辛遥捐赠

（刘明辉）

# 彭鸣亮

彭鸣亮，1960年出生。画家。1987年举办首次个人画展。2012年，获第二届上海慈善奖"爱心捐赠个人"称号，成为目前唯一获得该奖项的艺术家。2014年，"链接未来"彭鸣亮艺术大展在上海展览中心中央大厅展出，成为目前唯一在上海展览中心中央大厅举办个人画展的艺术家。2003年，彭鸣亮独创的"彭氏艺术符号"首次出现在上海主要商业街道及公共空间。"彭氏艺术符号"的灵感来自于青铜器纹样和女性形体线条，表达的是对未来的想象，对生命力的讴歌，对美好的向往。

扫一扫 更精彩

### 《彭鸣亮的世界》画稿簿

此稿2006年作，主要收录了彭鸣亮运用"彭氏艺术符号"，通过炭笔、钢笔、水笔和毛笔等媒介在纸上形成的画面。这些画面形成的架构主要是线条，无论是点触或迂回，画家对笔端的严格操控跃然纸上，而这些线条所形成的整体画面，或立体，或律动，都能让观者产生无限的想象。

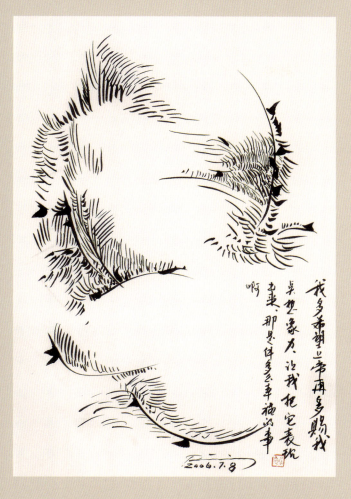

我多希望上帝再多赐我
只想象力，让我把它完表现
出来，那是许多故事，福的故事
啊

2006.7.8

彭鸣亮
2006.7.8

此稿 63 页，29.7×21cm
2013 年彭鸣亮捐赠

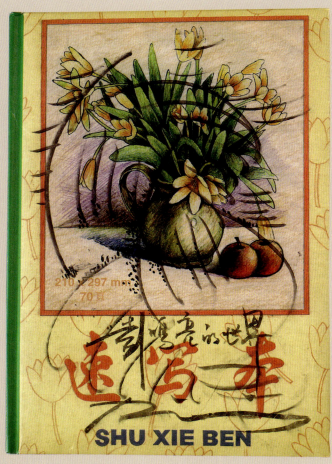

210 x 297 mm
70 页

彭鸣亮的世界
速写本

SHU XIE BEN

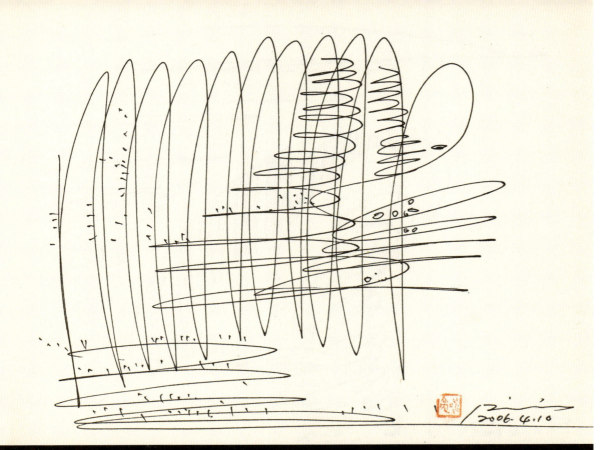

## 速写簿

  此为彭鸣亮速写簿，是彭鸣亮日常用于记录创意线条、触目所及的世间美景和心中迸现的美好想象的载体，体现了画家活跃的思维和丰富的想象力。

扫一扫 更精彩

此稿 66 页，12×21cm
2013 年彭鸣亮捐赠
（刘明辉）

## 姜寻

姜寻，1970 年出生。诗人、画家、设计师及古籍收藏家。全国传统印刷产业技术创新联盟副秘书长、文津雕版博物馆馆长、煮雨山房艺术总监、模范书局创始人。曾获"第一届中国出版政府奖装帧设计奖"、作品连续三次获"中国最美的书"称号等。2016 年被北京印刷学院聘为客座教授，2018 年应邀任北京大学现代出版研究所特聘研究员。

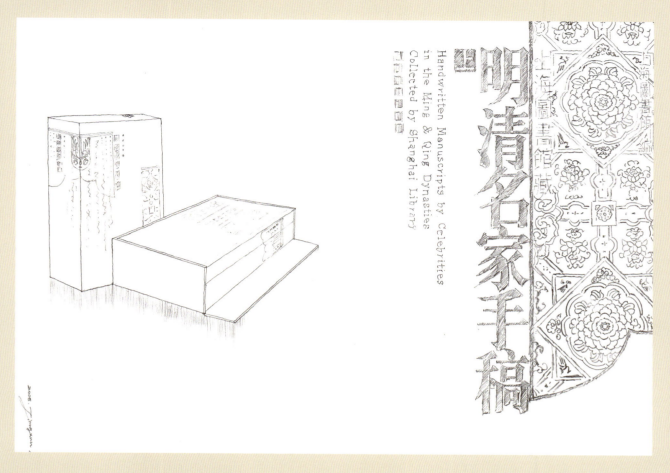

**《上海图书馆藏明清名家手稿》装帧设计稿**

《上海图书馆藏明清名家手稿》的装帧设计荣获 2006 年度"中国最美的书"称号，第一届中国出版政府奖装帧设计奖。此设计手稿融入了中国传统文化中双鱼的意象和传统书写载体——宣纸，其中包括"鱼雁传书说"——书的盒套封面以双鱼烫金工艺；"鱼尾说"——将自宋代以来在书口处刻双鱼尾及单鱼尾的习俗运用于扉页及内文，以类双鱼尾形式出现，在书的盒套上下两端，也采用单鱼尾手抠的开启设计，上、下册书脊合并呈现双鱼尾的合璧状；"蝴蝶说"——借鉴古籍的蝴蝶装形式，双鱼边缘展开图案类似蝴蝶的双翅，体现了现代装订方式与古代装帧形式遥相呼应。本书环衬、扉页及内文多以宣纸的元素为基础，配色、用料与印制别具匠心，在整体上淡雅、和谐，与本书内容完美统一。

扫一扫 更精彩

上为装帧设计手稿，此稿 1 页
27×37.7cm
右为成品
2019 年姜寻捐赠
（刘明辉）

**图书在版编目(CIP)数据**

妙笔生辉：上海图书馆藏名家手稿/上海图书馆中
国文化名人手稿馆编；周德明，刘明辉主编.—上海：
上海人民出版社，2019
ISBN 978 - 7 - 208 - 16127 - 6

Ⅰ.①妙…　Ⅱ.①上…②周…③刘…　Ⅲ.①名人-
手稿-中国-选集　Ⅳ.①K820

中国版本图书馆 CIP 数据核字(2019)第 213339 号

**责任编辑**　曹　杨　王　蓓
**封面装帧**　胡　斌
**版式设计**　汪　昊　夏　芳

**妙笔生辉**
——上海图书馆藏名家手稿
上海图书馆中国文化名人手稿馆 编
周德明　刘明辉 主编

出　　版　上海人民出版社
　　　　　(200001　上海福建中路 193 号)
发　　行　上海人民出版社发行中心
印　　刷　上海雅昌艺术印刷有限公司
开　　本　635×965　1/8
印　　张　47
插　　页　6
版　　次　2019 年 11 月第 1 版
印　　次　2019 年 11 月第 1 次印刷
ISBN 978 - 7 - 208 - 16127 - 6/K · 2901
定　　价　680.00 元